北京人口发展研究中心　编

北京人口发展
研究报告
（2013）

Report on Beijing's
Population
(2013)

社会科学文献出版社
SOCIAL SCIENCES ACADEMIC PRESS (CHINA)

目 录

第四篇　流动人口研究

第五篇　人口政策与服务管理

第一篇　人口形势分析

2012 年北京市人口发展的特点、问题及对策研究

尹德挺　闫萍　杜鹃　侯亚非　洪小良　马小红*

摘　要：

结合 21 世纪以来北京市人口发展的基本态势，本研究报告重点对 2012 年北京市人口发展的关键特点和重大挑战进行了深入研究，基本判断为：人口增速趋缓、流动人口占比增加、人口素质改善、出生率回升、少子化与老龄化并存以及核心区人口密度不降反增，人口问题对北京市的环境保护、经济转型、城市融合、社会管理以及城市安全带来巨大压力；同时，人口计生工作也面临重大转型。

---

* 尹德挺，北京市委党校社会学教研部副主任、北京市人口研究所副所长、北京人口发展研究中心副教授；闫萍，北京市委党校社会学教研部讲师，北京市人口研究所、北京人口发展研究中心研究人员；杜鹃，北京市委党校社会学教研部讲师，北京市人口研究所、北京人口发展研究中心研究人员；侯亚非，北京市委党校社会学教研部教授，北京市人口研究所、北京人口发展研究中心研究人员；洪小良，北京市委党校社会学教研部主任、北京市人口研究所副所长、北京人口发展研究中心教授；马小红，北京市委党校社会学教研部副主任、北京市人口研究所副所长、北京人口发展研究中心副教授。本课题研究成果的压缩版载于《新视野》2013 年第 6 期。

　　本研究报告认为：未来应坚持产业升级、城市功能调整对人口管理的双轮驱动；强化人口管理顶层设计，建立分级分类的人口有序管理长效机制；树立"三为"服务理念，推进流动人口的城市融合；加快人口计生部门职能转变，实现由"生育管理"向"生育服务"的转型。

关键词：

　　首都北京　人口发展　关键特点　重大挑战　决策咨询

　　随着时代的发展，人口问题已经成为事关北京市发展大局的重大战略性问题，是影响北京市经济社会发展的关键因素。为推动北京市率先实现创新驱动的发展格局，提升城市的精细化管理水平，本研究在总结提炼 21 世纪以来北京市人口发展轨迹的基础之上，着重探讨了 2012 年北京市人口发展的新形势、新特点、新挑战和新设想，以期为市委、市政府未来的决策工作提供参考依据。为保证数据的客观性和准确性，本研究主要以北京市统计局发布的统计年鉴、统计公报、第六次人口普查数据（以下简称"六普"）及北京市卫生局发布的卫生统计信息等政府公开资料为基础，开展研究工作。

一　北京人口现状

　　总体来看，在人口规模、人口素质、人口结构、人口流动与分布等方面，2012 年北京市人口发展具有以下八大关键特点。

1. 人口总量继续增长，增量下降略显端倪

　　进入 21 世纪，北京市常住人口①规模进入高速增长时期。1949 年，北京市常住人口总量为 420.1 万，1990 年为 1086.0 万，2000 年达 1363.6 万，2011 年首次突破 2000 万，2012 年增至 2069.3 万（见图 1），2000～2012 年这

---

① 常住人口是指实际经常居住在某地区半年及半年以上的人口。常住人口 = 常住户籍人口 + 常住流动人口。

12 年间人口净增 705.7 万，年均增长 58.8 万。2012 年，在四个直辖市中，北京市人口总量排名第三，大约比上海少 311 万；北京市以 0.17% 的国土面积容纳了全国 1.53% 的人口，比 2000 年提高 0.45 个百分点，超大城市的人口聚集效应进一步显现；与世界城市相比，北京市人口约是伦敦的 2.6 倍、纽约的 2.48 倍[①]。

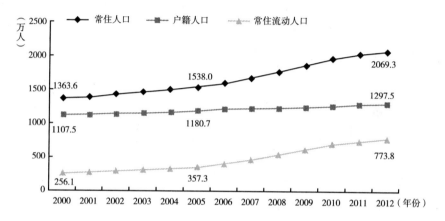

图 1　2000~2012 年北京市常住人口、户籍人口及流动人口变动*

* 户籍人口数据由北京市公安局提供。由于统计口径不同，所以户籍人口与常住流动人口之和与市统计局公布的常住人口数据有略微差距。

资料来源：《北京统计年鉴 2013》。

近两年来，常住人口的增速出现下降趋势。与 2010 年相比，2011 年人口年增加量为 56.7 万，自 2006 年以来增速首次放缓，2012 年人口增量再降至 50.7 万，降幅为 2.51%，为近六年来常住人口增量最少的年份。人口增速下降既与居留成本提升、限购政策出台等因素有关，也与全市产业结构升级、经济增速减缓有关。2012 年北京市经济增长 7.7%，是 2000 年以来经济增长较低的一年。

户籍人口总量稳步小幅增长。2000 年全市户籍人口规模为 1107.5 万，2012 年增至 1297.5 万，12 年间年均增长 15.8 万，年增幅基本稳定在 14 万~20 万。2011 年户籍人口年增量为 20.1 万，创近十年来的最大值，而 2012 年

---

① 2010 年伦敦人口约为 795 万，2012 年纽约人口约为 833 万。

为 19.6 万，与 2011 年相比略有下降，这与北京市实行户籍指标调控人口规模等措施有关。

2. 流动人口膨胀是常住人口增长主因，依然聚集传统行业

常住流动人口（以下简称"流动人口"）规模突破 770 万，占常住人口的比例升至近四成。从规模来看，2000 年以来北京市流动人口总量加速膨胀[①]，2000 年为 256.1 万，2010 年突破 700 万，2012 年增长到 773.8 万，12 年间增加了 517.7 万，年均增加约 43.1 万；从比例来看，流动人口占常住人口的比重由 2000 年的 18.8% 提高到 2012 年的 37.4%，即 2000 年北京市每 5 个常住人口中约有 1 个外地人，2012 年每 3 个人中就有 1 人来自外地。流动人口规模的膨胀既与全国农村劳动力外出务工加速有关，也与北京市贯彻落实经济社会发展"新三步走"战略有关：即到 2010 年率先在全国基本实现社会主义现代化；到 2020 年基本建成现代化国际大都市；到 21 世纪中叶新中国成立一百周年完全实现社会主义现代化，使北京成为当代世界一流水平的现代化国际大都市。再加上奥运经济的强劲拉动，北京市形成新一轮流动人口增长的高峰。

流动人口增量占常住人口增量的比例超六成，但增量近年略降。2001 年流动人口年增加量为 6.7 万，2005 年为 27.5 万，2008 年为 78.4 万，2010 年达到近十年来的峰值 90.5 万，之后逐步下降，2011 年降为 37.5 万，2012 年降至 31.6 万，增速放缓。从增量所占比例来看，2000～2012 年 12 年间，北京市流动人口总增量占常住人口总增量的 73.4%，2008 年、2009 年和 2010 年的年增量占比更是分别高达 82.5%、82.1% 和 88.8%，2011 年回落至 66.1%，2012 年降到 62.3%。近些年，流动人口增速下降一方面与产业升级、产业准入门槛提升相关，另一方面也与北京市人口调控政策有关，如 2012 年北京市进一步落实人口总量调控的属地责任，继续推进各区县、各部门承担人口总量、结构和分布等调控目标责任，并设置一些预期性指标；探索建立重大规划、重大政策、重大项目的人口评估机制；发布《关于公布我市出租房屋人均居住面积标准有关问题的通知（征求意见稿）》等文件，公开征求社会意见，通知中拟规定"出租房人均面积不少于 5 平方米，且一个房间最多只能

---

① 本文中的"流动人口"都是指"常住流动人口"，即在北京居住半年及以上的流动人口。

住 2 人"。

流动人口以务工经商为主，主要聚集于第二产业和传统服务业。从流动人口来源地来看，2010 年"六普"数据显示，河北、河南及山东三省来京流动人口的比例最大，分别达到 22.13%、13.91% 和 8.49%；其次是安徽、黑龙江、湖北和四川。可见，来京距离、流出地的人口规模以及剩余劳动力状况是影响北京市人口流入量的重要因素；从流动人口迁移原因来看，务工经商是主因，家属随迁居第二。2000 年，流动人口"务工经商"的比例为 67.6%，2010 年该比例进一步上升至 73.9%，且男性明显高于女性。在务工经商的流动人口中，"乡 - 城"流动比例很大，2010 年为 76.10%，"城 - 城"流动的比例为 23.90%；从职业构成来看，流动人口在流动后实现了职业构成的"非农化"。根据普查数据，"专业技术人员"的从业构成由 2000 年的 5.32% 上升到 2010 年的 13.1%。不过，在京外来从业人员的职业构成依然以"商业、服务业人员"为主体，从业比例由 2000 年的 43.16% 上升到 2010 年的 48.1%（见图 2）。如果把"商业、服务业人员"和"生产、运输设备操作人员及有关人员"两大职业领域汇总统计，则集中了约 327 万外来从业人员，占流动人口从业人员总数的 72.87%；从行业结构来看，2010 年在第一、第二、第三产业就业的流动人口比例分别为 1.5%、27.5% 和 71.0%。从行业小类来看，流动人口主要分布在批发和零售业、制造业和建筑业，分别占 29.5%、17.7% 及 9.2%（见图 3）。这样的就业结构与北京市存在巨大的相关就业岗位需求和就业机会密切相关。

3. 出生率实现"两连增"，超低生育水平格局未变

常住人口出生率近十年来首次突破 9‰，总和生育率在 0.7 左右波动。在人口学研究中，一般把出生率在 10‰ 以下（总和生育率约在 1.3 以下）称为超低生育水平。2000 年，北京市常住人口总和生育率为 0.67，2005 年为 0.68，2010 年为 0.71。也就是说，在育龄期间，北京市每个常住妇女平均生育子女数可能仅为 0.7 个左右①；从出生率来看，2000 年以来，北京市常住人口出生率一直低于 9.1‰ 且低于全国的出生率，属于超低生育水平。不过，北

---

① 总和生育率是基于假想生育队列估算出来的生育水平，并不能简单等同于终生生育水平。一般来讲，如果总和生育率小于 2.1，新生人口则不足以弥补生育妇女及其伴侣的数量。

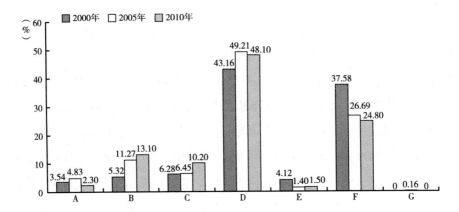

图2　2000～2010年北京市流动人口职业构成状况*

*A：国家机关、党群组织、企业、事业单位负责人；B：专业技术人员；C：办事人员和有关人员；D：商业、服务业人员；E：农、林、牧、渔、水利业生产人员；F：生产、运输设备操作人员及有关人员；G：其他人员。

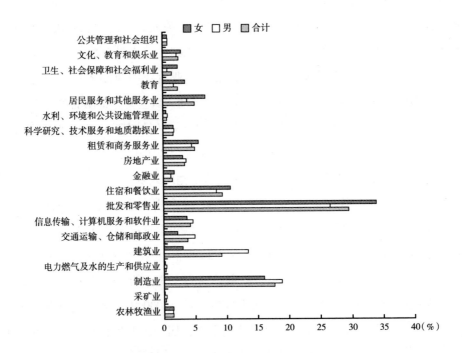

图3　2010年北京市流动人口分性别的行业分布状况

资料来源：2010年北京市"六普"数据。

京市从 2007 年开始正形成新一轮的生育小高峰，2011 年出生率升至 8.29‰，2012 年达 9.05‰，比 2000 年上升 2.85 个千分点，比 2011 年上升 0.76 个千分点（见表 1）；从常住人口出生数来看，2000 年北京市仅出生 8.08 万人，2011 年上升到 16.5 万人，2012 年增至 18.49 万人。2012 年出生人口规模回升的原因主要有三：一是受户籍人口年龄结构的周期性波动影响，2007 年以后出现的生育小高峰与 20 世纪 80 ~ 90 年代出生高峰人口进入婚育期有关；二是由于"双独"家庭逐步增多，政策内生育水平略有上升；三是与 2012 年居民想要"龙宝宝"导致"扎堆生育"有关。本次"生育堆积"也会加剧该批人群在未来入托、入学、就业、婚育等领域的堆积和竞争。

户籍人口出生率先降后升，2012 年创新高。2000 年以来，户籍人口出生率由 2000 年的 6.5‰降至 2003 年的 3.92‰，创近十余年的最低点，之后回升至 2012 年的 11.18‰，比 2011 年上升 1.4 个千分点，出生率自 2000 年以来首次超过 10‰（见表 1）。尽管如此，北京市户籍人口的生育状况仍属于超低生

表1　2000 ~ 2012 年北京市常住人口、户籍人口出生率及出生人数变动

单位：‰，万人

年　份	常住人口		户籍人口		全国出生率
	出生率	出生人数	出生率	出生人数	
2000	6.20	8.08	6.50	7.2	14.03
2001	6.10	8.38	5.35	6.0	13.38
2002	6.60	9.26	5.28	6.0	12.86
2003	5.06	7.34	3.92	4.5	12.41
2004	6.13	8.99	5.68	6.6	12.29
2005	6.29	9.53	6.35	7.5	12.40
2006	6.22	9.76	6.43	7.7	12.09
2007	8.16	13.37	8.16	9.9	12.10
2008	7.89	13.59	8.62	10.6	12.14
2009	7.66	13.90	8.75	10.9	11.95
2010	7.27	13.90	8.11	10.2	11.90
2011	8.29	16.50	9.78	12.5	11.93
2012	9.05	18.49	11.18	14.5	12.10

资料来源：①北京市常住人口出生人数和出生率源于相应年份的《北京统计年鉴》。2000 年和 2010 年数据为人口普查推算数，1995 年和 2005 年数据为 1% 人口抽样调查推算数；其余为人口变动抽样调查数。北京市户籍出生人口数源自《北京统计年鉴 2013》，出生率根据出生人口与户籍人口总数计算得出。

② 2000 ~ 2003 年全国出生率源于国家统计局国民经济综合统计司编《新中国 55 年统计资料汇编》，中国统计出版社，2005，第 6 页；2004 ~ 2009 年数据源于国家统计局人口和就业统计司编《2010 中国人口和就业统计年鉴》，中国统计出版社，2011，第 7 页；2010 ~ 2012 年数据源于相应年份的《中国统计年鉴》。

育水平。与常住人口相比，2001～2004 年，户籍人口出生率略低于常住人口，2005 年之后户籍人口实现反超。

4. 少子化与老龄化并存，劳动年龄人口维持八成

常住人口少儿比例整体性下降，老龄化因人口流入而得到部分缓解。从少儿比例来看，2000 年以来，0～14 岁人口比例在波动中下降，2000 年为 13.6%，2010 年急剧下降为 8.6%。即使之后略微回升，2011 年升至 9%，2012 年达 9.4%，但与 2000 年相比，仍下降了 4.2 个百分点（见表 2）。国际上通常认为，0～14 岁人口占总人口的比例在 15% 以下为"超少子化"。目前，"少子化"是北京市长期低生育水平造成的结果，预示着未来人口减少的内在趋势，这对北京市的社会经济发展将产生重大影响。

表 2　2000～2012 年北京市常住人口年龄构成

单位：%

年　份	常住人口			
	0～14 岁	15～64 岁	65 岁及以上	老少比
2000	13.6	78.0	8.4	61.8
2005	10.2	79.0	10.8	105.9
2006	10.0	78.8	11.2	112.0
2007	9.7	80.2	10.1	104.1
2008	9.7	80.1	10.2	105.2
2009	10.1	79.8	10.1	100.0
2010	8.6	82.7	8.7	101.2
2011	9.0	82.0	9.0	100.0
2012	9.4	81.5	9.1	96.8

资料来源：2000 年数据来自第五次人口普查数据，2005～2012 年数据来自相应年份的《北京统计年鉴》。

从常住老年人口比例来看，2000 年以前，北京市就已进入老龄化社会，且老年人口规模大，增长速度快，人口老龄化程度一直高于全国平均水平。2000 年北京市 65 岁及以上老年人为 114.29 万人，占总人口的比重为 8.4%，2005～2009 年徘徊在 10%～11%，2010 年降为 8.7%，2012 年 65 岁及以上老

年人 190.4 万人，占总人口的比重回升至 9.1%，比 2000 年上升了 0.7 个百分点，比 2011 年上升 0.1 个百分点（见表 2）。2009 年之后北京市人口老龄化程度略微有所缓解，主要得益于户籍迁移人口和流动人口年龄结构的年轻化，北京市享受着来自于全国的人口红利。2010 年 "六普" 数据显示，60 岁及以上流动人口占流动人口总数的比例仅为 3.39%。

常住劳动适龄人口规模在增长，比例近年出现下降。2000 年以来北京市 15~64 岁人口规模一直在增长。2000 年、2010 年、2011 年和 2012 年北京市劳动年龄人口规模分别是 1058.3 万、1621.6 万、1653.2 万和 1684.4 万，但劳动适龄人口占常住人口的比例，在 2000 年为 78%，2010 年达到峰值，为 82.7%，2011 年首降为 82%，2012 年再降至 81.5%（见表 2）。与全国相比，北京市劳动年龄人口的比重从 2011 年开始下降，比全国早一年，这可能与北京市低生育率、高老龄化以及流动人口回流等因素有关。

从家庭户规模来看，随着少子化和老龄化的加剧，家庭户的平均户规模日趋缩小。2012 年常住人口家庭户以二人户为主，占 30.9%，其次是三人户占 29.8%，一人户占 22%。家庭户的小型化和核心化将对家庭养老和照料护理等产生重大影响。

户籍人口老龄化程度不断加深，形势十分严峻。2011 年户籍人口中 65 岁及以上人口的比例为 14.1%，2012 年进一步上升到 14.6%，人数达到 187.9 万。国际上通常认为，当 65 岁及以上人口占总人口的比例超过 14%，则进入 "深度老龄化社会"；超过 20% 则进入 "超级老龄化社会"。近些年，少子老龄化导致的养老问题逐渐由隐性转为显性，人口老龄化引发的社会经济问题将逐步凸显。

5. 常住人口平均受教育年限突破 11 年，流动人口大专以上比例接近 1/4

常住人口受教育水平全国领先。2000 年常住人口平均受教育年限为 10.0 年，每十万人中拥有大专及以上学历人数为 16843 人，2010 年平均受教育水平是 11.5 年，居全国首位，每十万人中拥有大专及以上学历人数为 31499 人，而同期上海为 21952 人，北京比上海高出 9547 人；2010 年，北京市文盲率为 1.7%，北京比上海低 1.04 个百分点；2012 年北京市平均受教育年限为 11.4 年（见表 3），每 10 万人中拥有大专以上学历人数达到 32059 人。

表3　6岁以上北京市常住人口受教育程度变动

年　份	小学 (%)	初中 (%)	高中和中专 (%)	大专及以上 (%)	平均受教育年限 (年)
2000	17.67	35.82	24.14	17.50	10.0
2005	13.77	30.96	24.20	23.58	—
2010	10.40	32.70	22.10	32.80	11.5
2012	11.06	32.49	22.34	32.06	11.4

资料来源：1. 2000年、2010年数据来自历次人口普查。

2. 2005年和2012年数据来自相应年份的《北京统计年鉴》。"—"代表没有找到准确数据。

　　流动人口受教育水平迅速提高。2000年以来，6岁以上流动人口中文盲、小学、初中学历人口比例均呈现稳步下降趋势，初中人口比例由2000年的53.16%下降到2010年的45.92%；而高中、中专、大专及以上学历人口比例则明显上升，三者合计由2000年的26.73%激增到2010年的43.9%，增长超过17个百分点，特别是大专及以上人口比例由2000年的9.88%迅速提升到2010年的24.35%（见表4）。流动人口学历水平的提升，折射出北京市吸纳高层次就业人口的能力在提升。

表4　北京市6岁以上流动人口受教育程度变动比较

单位：%

年份	不识字或很少	小学	初中	高中、中专	大专及以上	样本量（人）
2000	3.05	17.06	53.16	16.85	9.88	2399227
2005	2.50	14.90	44.0	19.40	19.20	61989
2010	0.80	9.38	45.92	19.55	24.35	6808673

　　北京市人口受教育水平的提高是多方面因素共同作用的结果：一是北京市处于经济结构升级和调整的关键时期，人口素质尤其是劳动力素质的提高必然要求与经济发展相适应。二是北京市加大了教育投入。2012年，北京市在教育方面的财政投入为628.7亿元，比上年提高20.9%。随着教育投入的增加，更多的外来务工人员随迁子女享受到了在北京市平等接受义务教育的权利。北京市出台了《北京市随迁子女升学考试工作方案》，为接受完整的初中教育和高中教育的随迁子女提供了选择在京参加升学考试的机会，降低了随迁子女在京报考中等、高等职业学校的门槛（见表5）。

表5　2012 年非本市户籍学生就学状况

项　目	非本市户籍学生数			
	公立学校(人)	比2011年增长(%)	民办学校(人)	比2011年增长(%)
普通中学	112489	14.81	20027	27.46
初　中	93073	15.24	13956	30.48
高　中	19416	12.77	6071	21.03
中等职业教育	66869	7.13	6431	2.96
小　学	324183	12.12	43988	51.36
特殊教育	790	11.11	35	0.00
幼儿园	84202	6.51	39504	7.08
合　计	588533	11.19	109985	25.06

资料来源:《北京统计年鉴2013》。

6. 户籍人口平均预期寿命升至81.35 岁,恶性肿瘤居死因首位

户籍人口平均预期寿命居全国第二,与世界高收入水平国家齐平。2000 年北京市户籍人口的平均预期寿命为77.46 岁,2012 年提高到81.35 岁,12 年提高了3.89 岁。与全国其他地区相比,2012 年北京市居民预期寿命略低于上海市的82.41 岁,居全国第二;从性别差异来看,男女性的平均预期寿命差异在拉大。2000 年男性为75.81 岁,女性为79.15 岁,二者相差3.34 岁,而2012 年男性为79.35 岁,女性为83.43 岁,二者相差4.08 岁(见图4);从死亡率的变化来看,户籍人口由2000 年的6.16‰下降到2012 年的4.38‰,常住人口由2000 年的5.3‰下降到2012 年的4.31‰。

户籍人口婴儿死亡率持续下降,孕产妇死亡率降至2000 年以来的最低点。随着北京市医疗卫生状况的改善,北京市婴儿死亡率不断降低。婴儿死亡率从2000 年的5.36‰降至2011 年的2.84‰、2012 年的2.87‰,远低于全国婴儿死亡率10.3‰的水平,且已低至发达国家水平。婴儿死亡率的降低,充分体现了北京市医疗技术的进步和卫生事业的飞跃;近十年来,孕产妇死亡率最高值出现在2008 年,为18.52/10 万,之后迅速下降,2010 年降至12.14/10 万,2012 年低至6.05/10 万(见表6)。为了降低孕产妇死亡率,从2009 年起,北京市开始实施农村孕产妇分娩补助政策,夫妇双方一方具有本市农村户口即可

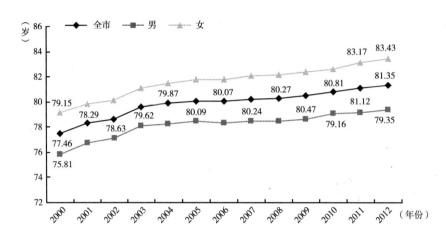

图 4　2000~2012 年北京市户籍人口平均预期寿命变动

资料来源：2000~2012 年数据源于北京市公共卫生信息中心提供的卫生统计公报，
http://www.phic.org.cn/tonjixinxi/weishengshujutiyao/jiankangzhibiao/201103/t20110323_35687.htm。

享受住院分娩 600 元的补贴。2011 年本市又开始实施孕产妇保健基本公共卫生服务项目，凡在北京市分娩的常住人口孕产妇都可享受免费建立《北京市母子健康档案》以及产前检查和产后访视补助政策，即对未参加医疗保障制度的孕产妇，只要其按照规定进行了 5 次产前检查和 2 次产后访视后，可持费用票据得到 695 元的补助。这些措施的出台有效地推动了孕产妇死亡率的降低。

死因顺位发生显著变化，生活方式方面的健康素养有待提高。2000~2002 年，脑血管疾病是当时北京市居民的首要死因，心脏病和恶性肿瘤次之；2003~2006 年，脑血管病和心脏病交替位列北京市居民死因首位，恶性肿瘤紧随其后。2007~2012 年，恶性肿瘤跃居首位。2012 年，恶性肿瘤、心脏病、脑血管病作为前三大死因的构成比例分别高达 26.76%、25.08% 和 21.45%。北京市政府发布的《北京市 2012 年度卫生与人群健康状况报告》指出，北京市户籍人口报告恶性肿瘤发病率为 303.25/10 万，比上一年上升 0.44%；急性冠心病事件发病率逐年增高，尤其是 35~44 岁男性人群，三年中急性冠心病事件发病率增加了 30.3%。可见，未来北京市居民对于慢性病预防和日常保健的健康素养亟待提高。

表6　2000～2012 年北京市户籍人口婴儿死亡率、孕产妇死亡率变动

年　份	婴儿死亡率(‰)	孕产妇死亡率(1/10 万)
2000	5.36	9.70
2001	6.01	11.71
2002	5.56	15.12
2003	5.89	15.60
2004	4.61	15.19
2005	4.35	15.91
2006	4.66	7.87
2007	3.89	16.74
2008	3.70	18.52
2009	3.49	14.55
2010	3.29	12.14
2011	2.84	9.09
2012	2.87	6.05

资料来源：2000～2010 年源于《北京六十年 1949～2009》，2011 年和 2012 年数据源于《北京统计年鉴 2012》《北京统计年鉴 2013》。

7. 人口继续向城市发展新区转移，首都功能核心区人口密度继续上升

人口分布呈现由城市功能拓展区向城市发展新区、首都功能核心区以及生态涵养区梯次递减的分布特征。2005 年以来，北京市常住人口总量最多的是城市功能拓展区，2012 年依然占 48.72%；城市发展新区人口比例明显增加，由 2005 年的 26.76% 上升到 2012 年的 31.56%，而首都功能核心区和生态涵养区人口比例有所下降，2012 年分别降至 10.61% 和 9.11%（见表7）。北京市人口分布出现由核心区向城市新区转移的现象与北京市产业布局调整以及城市功能疏解等因素有关。近年来，为了缓解核心城区的交通和人口压力，北京市通过建设科技园区、新城区，把核心城区产业和人口逐渐向城市新区转移，再加上核心城区生活成本不断走高，人口随之流入新城区。

市内人户分离现象加剧。2010 年"六普"数据显示，在全市常住户籍人口中，人户分离人口占常住户籍人口的比例为 27.5%，平均人户分离时间长达 5.5 年；"户在人不在"的人口主要集中在东城、西城和海淀，而"人在户不在"的人口主要集中在丰台、昌平和朝阳。

表7 2005～2012 年北京市常住人口的分布

年　份		2005	2006	2007	2008	2009	2010	2011	2012
首都功能 核心区	人数（万人）	205.2	206.1	206.9	208.3	211.1	216.2	215	219.5
	比例（%）	13.34	13.04	12.67	12.29	12.03	11.02	10.65	10.61
城市功能 拓展区	人数（万人）	748.0	773.6	805.4	835.6	868.9	955.4	986.4	1008.2
	比例（%）	48.63	48.93	49.32	49.30	49.51	48.72	48.87	48.72
城市发展 新区	人数（万人）	411.6	424.7	446.2	470.8	491.7	603.2	629.9	653.0
	比例（%）	26.76	26.86	27.32	27.78	28.02	30.76	31.20	31.56
生态涵养 发展区	人数（万人）	173.2	176.6	174.5	180.3	183.3	186.4	187.3	188.6
	比例（%）	11.26	11.17	10.69	10.64	10.44	9.50	9.28	9.11

资料来源：历年《北京统计年鉴》。

常住人口密度增加，首都功能核心区人口密度最大且存在提升趋势。2000年以来北京市常住人口密度一直呈现逐年攀升的态势，2008 年突破 1000 人/平方公里，2012 年达 1261 人/平方公里（见图5），中心过密、外围过重、整体失衡的空间格局并没有发生显著变化。城六区集中了近 60% 的常住人口，每平方公里为 8972 人，高于大伦敦（5437 人）和东京都（5948 人），特别是首都核心功能区人口密度高达 23758 人（见表8），流动人口的快速聚集填补了因旧城改造而疏散出去的户籍人口，削弱了人口疏散的效果。

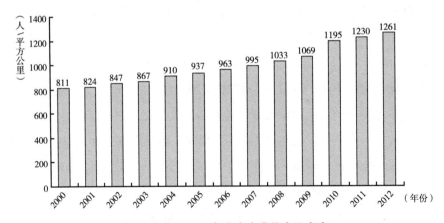

图5 2000～2012 年北京市常住人口密度

资料来源：2000～2008 年数据源于北京市统计局、国家统计局北京调查总队编《北京六十年 1949～2009》，中国统计出版社，2009，第 73 页；2005 年为 1% 人口抽样调查推算数；2000 年为第五次人口普查快速汇总推算数；2009～2012 年数据源于历年《北京统计年鉴》。

表8　2005～2012 年北京市四大功能区常住人口密度

单位：人/平方公里

年份	首都功能核心区	城市功能拓展区	城市发展新区	生态涵养区
2005	22210	5862	654	198
2006	22308	6063	675	202
2007	22394	6312	709	200
2008	22546	6549	748	206
2009	22849	6810	781	210
2010	23407	7488	958	213
2011	23271	7731	1001	214
2012	23758	7902	1037	216

资料来源：历年《北京统计年鉴》。

8. 人口城市化水平达 86%，居世界发达国家水平行列

人口城市化达到世界发达国家水平。2000 年北京市城镇人口比例是77.54%，2005 年首次突破 80%，达 83.62%，2012 年升至 86.20%（见图6），12 年间增加 8.66 个百分点，城镇化状况已达世界发达国家的水平。北京市人口城市化的提速，前期源于县改区和乡改镇，之后郊区县户籍人口农村城镇化进程加速以及流动城镇人口数量增加等因素也起到了推动作用。

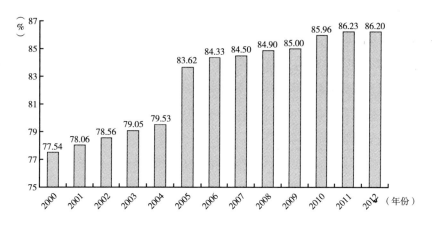

图6　2000～2012 年北京市常住人口中城镇人口比例

资料来源：《北京统计年鉴 2013》。

二 北京人口压力与挑战

2012 年政府工作报告中"人口调控"四字消失，取而代之的是"人口服务管理"的新提法，并提出"实有人口服务管理全覆盖"的管理新模式。然而，随着人口规模的增长，北京这座特大城市在协调人口发展与经济转型、资源平衡、环境保护、公共服务和城市安全等关系方面面临一系列重大考验。

1. 人口增长加剧生态超载

目前，北京市人口增长与资源、环境承载能力之间的矛盾更加尖锐，特大型城市的人口资源环境约束进一步强化，通过改革创新破解城市生态超载难题日益紧迫。

首先，水资源短缺成为制约北京市经济社会发展最紧迫的第一瓶颈，城市正常运转的不确定性增加。北京市水资源总量由 2001 年的 19.2 亿立方米提高到 2012 年的 39.5 亿立方米，人均水资源量由 2001 年的 139.7 立方米上升到 2012 年的 193.3 立方米，但仍明显低于 500 立方米的国际极度缺水标准，仅约为全国平均水平的 1/10，纽约、巴黎、东京的 1/20，甚至比不上中东、北非一些沙漠国家的水资源人均占有量；从生活用水总量来看，北京市由 2001 年的 12 亿立方米攀升到 2012 年的 16 亿立方米，比 2011 年增长 2.6%，生活用水量占全年用水量的比例也由 2001 年的 30.8% 上升到 2012 年的 44.6%，达到近十余年来的最高值。然而，人均生活用水量由 2001 年的 86.64 立方米下降到 2012 年的 77.39 立方米，其中，人口规模激增是人均生活用水量下降的重要原因。如果人口持续膨胀，未来南水北调的水量将被快速的人口增长所吞噬。人口膨胀和生活用水结构变化导致的用水刚性需求居高不下，将对北京市的供水安全产生严重威胁。

其次，生活类污染成为北京市环境污染的主导因素，环境污染带来的居民健康风险增加。北京市环保局发布《2012 年北京市环境状况公报》称，目前全市污染排放总量居高不下，每年污染减排速度都是艰难"跑赢"污染排放增量，全市污染物排放量大致相当于在 2011 年全市污染排放总量的基础上增加一个小到中型城市的排放量。污染物排放量虽有所下降，但仍远超环境承载力。从空气污染物来看，2012 年臭氧逐渐替代 PM2.5，成为首要空气污染物，而臭氧源于人类活动，汽车、燃料、石化等是臭氧的重要污染源。目前，北京市每百户城镇居民家用汽车拥有量由 2001 年的 3 辆增加到 2012 年的 42 辆，每百户农民家用汽车拥有量由 2001 年的 5 辆增加到 2012 年的 21 辆，从而带动汽油的人均生活用量迅速提升，即由 2001 的 31.4 升提高到 2012 年的 174.4 升。此外，本地机动车排放导致的 PM2.5 也超过了工业污染排放，北京市目前的污染物排放更多来自生活而非生产；从能源污染来看，2012 年生活消费的能源量占能源消费总量的比例由 2001 年的 13.3% 上升到 2012 年的 19.5%，2012 年北京市全社会用电量比 2011 年增长 6.4%，但城乡居民生活用电量同比增加了 11.8%，这说明人口增加带来了生活能源消耗和污染排放的进一步增加；从生活垃圾来看，人口快速膨胀导致生活垃圾大增。2012 年全市生活垃圾产生量 648.31 万吨，日产生量 1.78 万吨，但全市垃圾处理能力仅为每日 1.27 万吨，缺口很大。

2. 人口发展与经济转型的联动性有待优化

目前，北京市正处于经济转型的关键时期，企业生产经营成本上升和创新能力不足问题并存，新增长点和新区域培育面临诸多问题。在全市推进创新驱动和精细化管理的过程中，人口与经济的良性互动关系还有待进一步改善，主要表现在以下三个方面。

一是"城业联动"的同步性有待提升。目前，各区县的城市功能有待明晰，各类资源配置有待优化，"建城"与"兴业"的联动性有待统筹规划和动态调整，特别是在高端产业发展、新城以及园区建设中，人口的就业、居住以及公共服务配套尚未实现基本同步，这也给城市管理带来一系列问题，比如"钟摆式"的人口交通问题以及职住分离的矛盾等。

二是常住人口城乡居民的收入增长落后于经济增长，更落后于财政收入增长。在 2007~2012 年的 5 年中，全市城镇居民人均可支配收入由 21989 元上升到 36469 元，农村居民人均纯收入由 9559 元上升到 16476 元，而地区生产总值则由 9846.8 亿元激增至 17879.4 亿元，地方财政收入由 1882.04 亿元猛增至 4512.86 亿元，四者近 5 年年均增长率分别为 10.7%、11.5%、12.7% 和 19.1%，这样的增速差距不利于增加居民财富宗旨的实现。此外，从收入差距来看，北京市常住人口城乡居民收入差距没有得到明显改善，2004年、2007年、2012年城镇人均可支配收入与农民人均纯收入之比分别是2.18∶1、2.3∶1和2.21∶1，2012年还略高于2004年的水平。

三是人口的就业结构略微滞后于产值结构。总体来看，全市产值结构和就业结构基本保持一致，产值结构的调整推动了就业结构的升级。2001年，全市三次产业的产值结构分别为2.2%、30.8%和67.0%，而三次产业的就业结构分别为11.3%、34.3%和54.4%，到了2012年全市三次产业的产值结构分别更新为0.8%、22.7%和76.5%，而三次产业的就业结构分别变更为5.2%、19.2%和75.6%（见表9）。不过从中可以看出，与产值结构相比，2012年第一产业的就业人口比例明显偏高，而在第二产业和第三产业中就业人口比例略微偏低，未来北京市农村人口城镇化的进程有待纵深推进。与此同时，北京市的人口管理也应加大对高端人才的吸引力度，以配合"高端、高效、高辐射"的产业转型。

表9　2001~2012年北京市产值结构和就业结构变化对比

单位：%

		第一产业	第二产业	第三产业
2001年	就业比例	11.3	34.3	54.4
	产值比例	2.2	30.8	67.0
2010年	就业比例	6.0	19.6	74.4
	产值比例	0.9	24.0	75.1
2012年	就业比例	5.2	19.2	75.6
	产值比例	0.8	22.7	76.5

资料来源：相应年份的《北京统计年鉴》。

3. 流动人口基本公共服务均等化纵深推进艰难

流动人口社保参保率低于本市居民。2012年北京市地方财政在公共服务方面投入大幅提高，达3685.3亿元，比2011年提高了13.6%。2012年北京市先后出台相关政策，规定农民工按照1%比例参加医疗保险的参保人员，自2012年4月起，全市已统一按照城镇职工缴费标准参加医疗保险，并将外地农民工的生育费用纳入基本医疗保险报销范围。然而，目前流动人口参保率仍旧低于本市居民，一方面是由于用工单位为了控制用工成本，不规范办理外来务工人员的各项保险；另一方面是由于存在政策真空，部分劳动者无法被纳入以个人、企业和政府三方共同担责的社会保障体系中，从而限制了流动人口的社会保险参保率。

随迁子女基础教育和升学机会仍旧受限。2012 年北京市教委出台了《北京市教育委员会关于 2012 年义务教育阶段入学工作的意见》（京教基二〔2012〕10 号）。此意见指出，除了往年需要的居住证明、户口簿外，还需要由其父母或其他法定监护人持本人在京暂住证、在京实际住所居住证明、在京务工就业证明等五种证件或证明，到居住地所在区县教委确定的学校联系就读。此政策的出台，在规范和强化管理方面的确有一定的积极作用，但客观上加大了非京籍随迁子女义务教育阶段入学难度，造成部分学龄儿童不得不选择进入一些办学条件简陋、缺少合法办学资质的打工子弟学校学习。

随迁子女在基础教育阶段公立学校就读难的同时，高考等升学机会也面临很大挑战。2012 年 12 月北京市出台的《北京市随迁子女升学考试工作方案》对学生教育年限、随迁子女家长社保和职业年限进行了详细规定。面对户籍制度、高考招生体制、招生计划等体制限制以及区域发展不平衡的客观影响，如何有效平衡京籍学生和非京籍学生的升学利益，难度很大。

4. 人口无序聚居加剧潜在社会风险

城中村逐渐向外扩散，利益共生加大拆迁改造难度。2012 年北京市城乡结合部发生的最引人注目的事件是完成了 50 个重点村的旧村拆除。随着北京市五环内行政村城市化改造进程的加快，流动人口聚居区外移现象明显，已由城市功能拓展区向城市发展新区推进。人口聚集是北京市城市内生性风险的一个重要源头。在这些聚居区里，违章建筑林立，犯罪行为高发，消防隐患众多，社会矛盾频发；城乡结合部地区二元社会管理体制导致"村居并存"现象普遍；城中村的原住民和流动人口形成利益共生的次生经济圈，加大了拆除改造的难度。

地下空间和"群租房"造成局部人口密度大，存在消防、治安、卫生等不可预期风险，为城市管理和应急管理埋下隐患。

5. 人口信息不清导致城市人口安全预警机制脆弱

北京市现有人口基础信息底数不清、情况不明，难以构建有效的人口预警机制。现有人口调控预警机制主要考虑了经济发展效率、资源环境承载力、社会风险和公共服务供给压力等四大类预警指数，但在具体的指标选择上对社会风险的考虑并不全面，缺少具体有效的人口密度、人口动态分布等指标，在一定程度上忽视了人口对城市安全的潜在影响，科学、灵敏、有效的人口与城市安全预警机制亟待建立。

6. 人口计生工作面临重大转型

近些年，北京市低生育水平持续保持稳定，统筹解决人口问题迈出坚实步伐，在人口发展战略研究、创建幸福家庭活动、利益导向政策体系建设、流动人口服务管理等方面均取得了新的进展和成效。然而，从全市全局发展的角度来看，人口计生工作自身仍有四大难题需要破解。

第一，生育政策和利益导向机制亟待完善。目前，北京市人口生育意愿已经发生深刻变化，北京市完善生育政策的内外部条件基本成熟，生育政策调整的机会窗口已经逐步开启，因此，应加快推进生育政策的改革创新；在利益导向机制方面，某些奖励政策仍沿用三十余年以前制定的执行标准，与当前的发展形势不相适应，奖励扶助的作用有限；在政策制定环节，应更加贴近基层，减轻基层的工作压力；在生育证审批环节，应尽早解决群众反映强烈的办理生育服务证环节众多、手续繁杂等问题，强化便民意识。

第二，人口工作综合协调沟通机制亟待强化。在人口规模、结构、素质等各要素之间以及人口与社会经济、资源环境之间的统筹协调上，人口计生部门的作为空间和职能相对有限，难以形成部门合力，难以达到明显的人口调控和人口优化效果；在基本国策的执行上，一些惠民政策的陆续推出对计划生育基本国策的"上位性"形成一定的挑战。例如，在某些地区、特定时段内，拆迁补偿办法与计划生育政策存在冲突，基本国策的政策制定、执行、监督审查和反馈机制有待强化。

第三，人口服务管理工作体制机制亟待创新。建设中国特色世界城市对北京市的人口工作提出了更高要求，人口计生工作转型迫在眉睫。一方面，目前的人口行政管理体制、组织方式与新的社会格局及形势存在不匹配、不衔接的问题，重大规划、重大政策、重大项目实施前的人口评估机制落实尚有一定难度；流动人口计划生育服务不到位的现实问题依然存在，人口计生服务体系建设有待加强。

第四，家庭发展服务体系建设亟待推进。在管理理念上，以家庭为单位的政策制定意识仍处起步阶段；在制度体系上，家庭发展政策仍显碎片化特征；在服务体系上，以家庭为着力点的人口计生服务体系和服务能力建设仍有提升空间。

三　北京人口发展的对策思路

针对 2012 年北京市人口发展的关键特点和重大挑战，本研究认为可以在以下四个方面推进北京市的人口服务管理工作。

1. 坚持产业升级、城市功能调整"双轮驱动"人口管理，"城业联动"须"量水而行"

在产业调整方面，逐步建立起产业退出机制和产业准入制度，着重淘汰调整低端产业，控制低级次产业吸纳流动人口的规模；在城市功能定位上，根据城市空间结构的调整方向和功能定位，统筹考虑中心城与新城的协调发展，强化"城业联动"，推动新城由"居住型"向"综合型"转变，合理布局各类各级公共服务设施，提高人口服务能力。同时，应"因地制宜，量水而行"，即要将水资源承载量作为支撑城市发展和人口规模的决定性因素，最终实现人口、产业、生态的良性循环。

2. 强化人口管理顶层设计，建立分级分类人口有序管理长效机制

注重人口管理的顶层设计和统筹规划，做好人口管理与相关社会经济政策的衔接，进一步推动体制机制创新。统筹解决人口问题不仅需要顶层设计，还需要建立制度化的"部门联动"。尽早建立以人口有序管理为导向的政策统筹协调机制和会商制度，降低因政策冲突导致区域流动人口过度聚集的政策成本，减少政府对市场的干预行为，还原流动人口正常的就业成本和生活成本；强化以流动人口服务管理为导向的部门统筹机制，降低因政策设计和执行漏洞导致人口流动成本费用不实的问题，例如，尽快出台违法居住和出租的处罚性法律法规等；综合运用行政、法律、税收、规划、市场、福利、信息等各种手段，吸引人口主动登记和接受管理，实现人口有序管理。

在顶层设计的同时，还要对不同人群采取分类分级的管理措施，明确重点管理的对象和区域。对流动人口，要寓管理于服务之中，加快实施居住证制度并推进流动人口聚集区的拆迁改造；对市内人户分离人口，可考虑给予一定补贴，鼓励实现人户一致，重点解决人户分离带来的社会管理问题；对各级政府，应逐步明确其在人口管理中的职责和绩效考核标准，把经济增长指标同人口资源环境和社会发展指标有机结合起来，以实现全市人口规模的适度发展以及人口分布和人口结构的优化。

3. 树立"三为"服务理念，推进流动人口城市融合

流动人口既贡献于北京的城市建设，又减缓了户籍人口的老龄化进程，但其个人发展遭遇体制障碍和政策壁垒。为了让流动人口共享北京城市发展成果，推动社会公平正义，相关部门应在做好"以证管人、以房管人、以业控人"的基础上，向"民生为本、服务为先、融合为要"的"三为"工作理念转变。加强流动人口计划生育服务管理与户籍管理、劳动就业、教育、医疗、社会保障、住房等政策制度的衔接，形成部门协同推进流动人口基本公共服务均等化的工作合力，真正实现流动人口经济立足、社会接纳、身份认同、文化交融的一体化发展。

4. 加快人口计生部门职能转变，实现由"生育管理"向"生育服务"转型

2013年推行的卫计大部制改革要求全面推动人口计生部门的职能转变。北京市作为长期处于超低生育水平的超大城市，应尽快实现"生育管理"向"生育服务"的转型。根据人群需求，调整人口组织管理方式，逐步完善特大城市的生育政策；继续贯彻"幸福家庭，和谐人口"的核心理念，打造完整的人口与家庭公共服务体系，切实提高家庭发展能力；完善人口动态信息，使人口数据成为监测社会风险的重要风向标。

第二篇 生育意愿与生育决策

北京户籍人口生育意愿调查报告

——以东城区为例

马小红 闫萍 张小玉 孙超*

摘 要:

东城区人口计生委和北京市人口研究所于 2013 年 6～9 月对居住在东城区的 1000 名 20～44 岁户籍人口，开展了生育意愿调查，并对其中 30 人进行了深度访谈。调查结果显示：户籍人口平均理想子女数为 1.42 个，呈现低生育意愿；二孩生育意愿不高，只有37.7% 的被调查者明确表示愿意生育二孩；比较而言，单独家庭二孩生育意愿最强，非独家庭其次，双独家庭最弱。在调查基础上，本报告提出建议二孩生育政策应全面放开，同步放开；计生部门应将工作重点转移到家庭服务和建设上来；对计划生育家庭

* 马小红，北京市委党校社会学教研部副主任、北京市人口研究所副所长、北京人口发展研究中心副教授；闫萍，北京市委党校社会学教研部讲师，北京市人口研究所、北京人口发展研究中心研究人员；张小玉，北京市委党校硕士研究生；孙超，中国人民大学博士研究生。

该调查报告为国家社会科学基金项目"低生育率下北京市生育意愿与生育行为的追踪研究"（批准号：13BRK019）的阶段性成果，感谢原东城区人口和计划生育委员会对调查的大力支持。

进行细化分类，提供有针对性的服务；改善政出多门弊病以及条块分割导致的孤岛现象，加强政府组织内部协调机制；把居民生育意愿调查监测工作纳入部门常规工作等政策建议。

关键词：

北京　户籍人口　生育意愿

一　问题的提出

（一）研究背景

北京长期处于超低生育水平，东城区作为核心城区情况更为突出。自北京市首次提出"提倡一对夫妇只生育一个子女，对终生只生育一个子女的夫妇给予表扬和奖励"已经有34年之久，"双独政策"出台已有31年时间，第一批独生子女也已经进入生育高峰期。在这三十多年时间里，北京市独生子女数量不断攀升，而北京市户籍人口自然变动增长缓慢，人口自然增长率徘徊在4‰以下，有若干年甚至出现了负增长。而东城区近年来总和生育率一直在1以下，2010年进一步下降到0.89，为超低生育水平。

生育政策关乎国家安全，少子老龄化、"人口红利"减弱以及失独家庭问题等带来的挑战使全社会对生育政策是否调整高度关注。北京市60岁及以上老年人数量不断增长，老龄化问题严重。近年来劳动力的减少，使得中国的"人口红利"作用减弱。东城区作为北京市老城区，老龄化情况更为严重，15~64岁人口逐步减少，2013年65岁及以上人口占全区户籍人口数的16%以上，已经进入超老龄期（65岁及以上人口比例占总人口14%）。调整生育政策是缓解人口老龄化的重要途径，那么生育政策是否应该调整？如何调整？这已成为东城区政府和居民共同关注的问题。

作为北京市核心城区的东城区，其经济社会发展水平接近发达国家水平，居民生育观念是否也接近发达国家，成为值得研究的问题，是开展计划生育工作的认识基础。发达国家在20世纪60年代后出现了长期的超低生育现象，人口学者在人口转变的基础上提出第二次人口转变理论，为解释这一现象提供了分析视角。有学者认为，第二次人口转变现象在我国较为发达的大城市已初现端倪，但认识上也存在分歧。长期以来，我国计划生育政策基本已经内化为人们自觉的生育观念，加上社会发展以及西方文化的流入，独身主义者增加，晚婚队伍不断壮大，丁克家庭也被很多年轻家庭接受，另外还有未婚生育以及同性婚姻等都对我国传统生育观念以及生育行为产生很大影响。那么在这种文化背景下，经济水平接近发达国家的东城区是否已出现第二次人口转变的特征？这些转变对人们的生育意愿会产生什么影响？这些问题都会影响东城区以及北京市未来若干年的生育率水平。

新一轮国务院机构改革，人口计生委和卫生部合并，计生委职能发生转变。人口计生委职能应随着机构改革发生转变，这就需要政府部门更深入地了解居民生育意愿以及计划生育家庭的生育需求，更好地为居民提供适合需要的优质服务。因此，深入了解居民生育意愿以及计划生育家庭的需求，成为既有重要的现实意义又有一定前瞻性的研究课题。

（二）研究目的

通过本课题，我们希望达到三个目的。

首先，了解东城区育龄人群在生育数量、生育偏好和生育时间等方面的意愿和变化，分析生育意愿和生育行为的关系，探讨影响生育意愿的相关因素，为北京市生育政策调整提供一手资料。

其次，政府机构调整后，原人口计生委的职能发生改变，真实地了解居民的生育需求及计划生育家庭的服务要求，能为计生委职能转变后的工作提供参考依据。

最后，进行相关生育理论的探索研究。作为首都功能核心区的东城区，其社会变迁、价值观念和生活方式等都已经与西方发达国家相似，而在发达国家出现的第二次人口转变现象是否适用于本区值得研究，这项研究在国内具有前瞻性。

（三）研究方法

问卷调查法。本次问卷调查对象为 2013 年居住在东城区年龄为 20～44 岁的户籍人口。抽样方法严格采用多阶段分层抽样方法。第一阶段，在新东城区[①]全部 17 个街道 189 个社区中等距抽取了 32 个社区作为抽样社区。第二阶段，利用东城区户籍人口信息系统，在抽样社区中等距抽取户籍人口被访者，合计抽取 1000 人；由社区工作人员入户进行问卷访谈，共获得调查问卷 1500 份，同时还回收了与户籍被调查者共同居住的父母问卷 567 份。经样本评估，户籍人口样本的情况能代表总体，流动人口的样本除性别比例女性偏高外，其他结构符合总体情况。

追踪调查法。本次问卷调查还对参加过 2006 年和 2011 年东城区生育意愿调查的 242 名户籍人口（其中 2006 年 157 人、2011 年 184 人和三次均被调查者 99 人）进行了追踪调查，对其生育意愿的稳定性和生育意愿与生育行为的一致性进行了研究。

深入访谈法。在问卷调查基础上，为了进一步了解形成被访者生育意愿的深层次原因，本研究对部分接收问卷调查的被访者进行了深入访谈。我们按年龄、婚姻、生育等情况（流动人口还考虑到其职业、流动经历），选取了 20 位户籍人口，由北京市人口研究所专业人员进行了不少于 1 小时的面对面个性访谈，力求使访谈对象具有代表性。另外，我们还与东城区部分社区、街道和区级层面的计生工作人员进行了座谈，了解计生工作人员对群众生育意愿以及生育政策调整的看法和建议。

二　户籍人口生育意愿调查结果

（一）全部户籍人口生育意愿及影响因素

本次调查的户籍人口样本情况见表 1。经与户籍人口信息库全部人口的结构进行比较，该样本结构能代表东城区户籍人口的整体情况。在 1000 份户籍人口有效问卷中，独生子女问卷占样本总量的 69.8%；男女比例基本

---

① 2010 年 7 月，北京市做了行政区划调整，原东城区和原崇文区合并成新东城区，本文所提到的新东城区指合并后的东城区。

平衡；35.1%为未婚者，近60%为已婚者，再婚、离婚及丧偶者共占5.2%；年龄结构方面，各年龄组人口分布比例相对均衡；从家庭类型来看，来自双独家庭（夫妻双方均为独生子女）占22.3%，单独家庭（夫妻一方为独生子女）占20.3%，非独家庭（夫妻双方都是非独生子女）占19.6%；教育结构方面，大专及以上学历者占近83%，高中及以下学历者占17%左右。

表1　户籍人口生育意愿调查样本基本情况*

项目	分类	样本量（人）	样本结构（%）
全部样本		1000	100
是否独生子女	独生子女	698	69.8
	非独生子女	298	29.8
性别	男	499	49.9
	女	501	50.1
婚姻状况	未婚	351	35.1
	初婚	597	59.7
	再婚	30	3
	离婚或丧偶	22	2.2
已婚者家庭类型	非独家庭	196	31.5
	单独家庭	203	32.6
	双独家庭	223	35.9
教育程度	初中及以下	35	3.5
	高中（含中专、中技）	135	13.5
	大专	260	26
	大学本科	469	46.9
	硕士及以上	99	9.9
工作状况	有工作	850	85
	无工作	135	13.5
年龄组	20~24岁	163	16.3
	25~29岁	205	20.5
	30~34岁	254	25.4
	35~39岁	186	18.6
	40~44岁	183	18.3

　*本文图表数据，除特别说明外，均来自对2013年东城区居民生育意愿调查，不再赘述。有些项目有回答不全的情况，在调查中属正常。

通过对问卷进行统计分析发现：

1. 户籍人口理想子女数一孩和二孩比例相当，平均理想子女数为 1.42 个，比 2011 年和 2006 年有所上升，详见表 2。

表 2　户籍人口理想子女数

项目	分类	0 个（%）	1 个（%）	2 个（%）	3 个及以上（%）	平均理想子女数（个）[1]	P[2]
全部样本		9	44.2	42.8	4	1.42	
是否独生子女	独生子女	9.5	47.1	40.2	3.2	1.37	P>0.05
	非独生子女	7.4	37.2	49.3	6.1	1.54	
性别	男	10.1	44.7	40.5	4.7	1.4	P>0.05
	女	7.8	43.6	45.2	3.4	1.44	
婚姻状况	未婚	13.6	51.3	32.2	2.9	1.24	P<0.05
	初婚	5.2	40.2	49.7	4.9	1.54	
	再婚	13.3	43.3	40	3.3	1.33	
	离婚或丧偶	31.8	40.9	27.3	0	0.95	
工作状况[3]	有工作	8.3	43.5	43.9	4.3	1.44	P>0.05
	无工作	11.9	47	38.1	3	1.32	
教育程度	初中及以下	22.9	57.1	20	0	0.97	P<0.05
	高中（含中专、中技）	11.1	54.8	31.9	2.2	1.25	
	大专	9.1	46.5	40.9	3.5	1.39	
	大学本科	7.3	42	46.3	4.5	1.48	
	硕士及以上	9.1	28.3	55.6	7.1	1.61	
年龄组	20~24 岁	12.4	50.9	34.8	1.9	1.26	P<0.05
	25~29 岁	7.4	50.5	38.1	4	1.39	
	30~34 岁	8.3	43.9	45.1	2.8	1.42	
	35~39 岁	8.6	36	47.8	7.5	1.54	
	40~44 岁	9.4	41.1	45.3	3.9	1.44	

①平均理想子女数中理想子女是"3 个及以上"的近似取值 3 个进行计算得出，以下平均子女数为 3 个及以上的计算方法同此。

②P 为差异显著性检验，P<0.05 为组间差异显著；P>0.05 为组间差异不显著。以下表格中的 P 值同此。

③我们把参加工作和自由职业人员合并为有工作，在校学生、待业失业以及全职家务人员合并为无工作人员，以下表格同此。

　　调查发现，户籍人口理想子女数是一孩的比率和理想子女数是二孩的比率基本相等，分别为44.2%和42.8%，平均理想子女数为1.42。2006年调查显示，理想子女数是一孩的比例占49.2%，二孩比例是35.5%，平均理想子女数1.22。而2011年调查中，户籍人口理想子女数是一孩的比例占51.9%，二孩比例占37.9%，平均理想子女数1.30，说明近年来东城区户籍人口平均理想子女数有所上升。通过比较三次调查的样本结构，可以发现被调查者年龄结构、婚姻结构变化是生育意愿变化的重要原因。2006年调查中未婚、已婚人群各占60%和40%；2011年调查中未婚、已婚人群各占51%和49%；2013年未婚占35%，已婚65%，已婚人群比例高会提高理想子女数。另一方面2006年和2011年调查对象以独生子女为主，年龄分别为20～34岁和20～39岁；2013年调查的是20～44岁年龄段的人群，更多非独生子女的加入也提高了理想子女数。

　　独生子女与非独生子女之间、不同婚姻状况、受教育程度和年龄段，理想子女数有显著差异。男女之间以及不同工作状况之间理想子女数没有显著差异。非独生子女平均理想子女数比独生子女要高，理想子女数为二孩的比例也比独生子女高。不同婚姻状况者理想子女数也存在显著差异，未婚者选择一个孩子为理想子女数比例最高，达51.3%；初婚者二孩意愿最高，平均理想子女数也是最高；离婚或丧偶者不要孩子的比例最高（这也是由于这部分人群在本次调查中较少）。不同学历者之间差异显著，平均理想子女数随学历上升而上升。深入调查显示，随着学历的增高，收入水平也在不断上涨，因此有足够的经济能力抚养多个孩子，所以二孩比例会升高，这也再次证明经济状况是影响生育意愿的主要因素。除40～44岁高年龄组之外，平均理想子女数随着年龄的增长而上升，35～39岁组的平均理想子女数最高，达到了1.54个，反映了随着年龄的增长和婚姻状况的变化生育意愿升高的现象。

　　2. 户籍人口二孩生育意愿不高，明确要二孩者占37.7%，二孩生育意愿不清晰的比例较高。

　　在1000名被调查者中只有37.7%明确表示愿意生育二孩，有38.4%明确表示，即使政策允许也不愿意生育二孩，显示了户籍人口低迷的二孩生育意愿。还有相当比例人群对是否生育二孩没想好，这部分人群占23.7%，值得关注（见图1）。

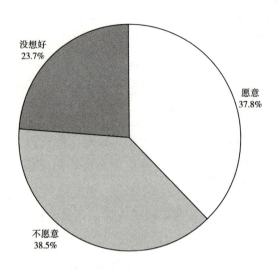

图1　户籍人口的二孩生育意愿

3. 户籍人口及其父母基本不存在生育性别偏好，户籍人口喜欢女孩是喜欢男孩比例的两倍。

被调查者基本不存在男女偏好问题，有约70%的被调查者选择了男孩女孩都一样，其次是选择喜欢女孩的比例占到14.1%，明显高于选择喜欢男孩的7%（见图2）。

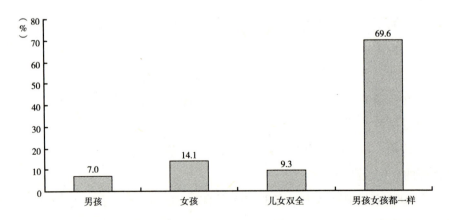

图2　户籍人口生育偏好

567名与被调查者共同居住的父母也显示出类似现象。统计结果显示，73%的父母选择无所谓，有15%的父母选择喜欢男孩，12%的父母选择喜欢女孩。

4. 未育者选择婚后1~3年要孩子最多；已育一孩户籍人口认为生育间隔三年比较合适者居多。

在157名未生育孩子的被调查者中，有16.6%的人选择会在一年以内要孩子，有40.1%的被调查者选择在1~3年内要孩子，说明人们一般在结婚之后3年之内就会要孩子。还有26.1%的人没想好，11.5%的人不打算要孩子，这部分人群是需要关注的对象。政策以及婚姻状况改变、经济状况改善都可能会使其改变计划。对已育一孩者关于二孩生育间隔调查显示，选择二年、三年、四年的最多，分别占到26%、37%、19.9%。

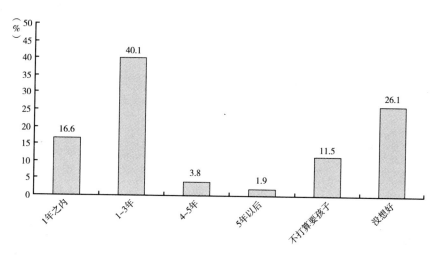

图3　户籍人口未育者的生育时间

5. 户籍人口生育行为自主性较高。在社会因素中，收入是影响户籍人口生育行为的最重要的社会经济因素，其次是住房、政策和孩子照料。

影响自身生育行为最大因素中选择"自己"的比例最高，达62.4%；其次是配偶，为20.9%，父母影响微乎其微。从被访者主观来看，夫妻双方在生育行为决策方面起决定性作用。

此次调查我们在可能会影响生育孩子的社会经济因素中列出下面13项因

素（见表3），要求被访者按最重要、第二重要和第三重要对所选择的因素进行排序。从被访者主观来看，收入是影响生育最重要的因素，其次为住房和政策及孩子照料问题。孩子照料现在是未婚以及已婚家庭都要考虑的问题，调查显示，未育者在回答"生育之后最可能由谁来带"这一问题时，近46%的人选择自己父母带孩子，近28%的人选择自己带，还有约18%的人是让配偶父母带。而已育的调查者中由自己照料占48%，自己父母照料占34%，配偶父母照料占15%，可见主要以自己照料为主，而且平均每天照料的时间以4~7小时居多，孩子照料是已育家庭面临的主要问题之一。

表3 影响户籍人口生育行为的社会经济因素*

排序	影响因素	得分
1	收入	1.99
2	住房	0.98
3	政策	0.89
4	孩子照料问题	0.77
5	儿女教育成本	0.51
6	自己主观意愿	0.29
7	事业发展	0.24
8	个人身体状况	0.22
9	养老压力	0.09
10	社会风气	0.05
11	亲友生育孩子数	0.02
12	其他	0.02
13	宗教信仰	0.01

* 表中得分按照最重要=3，第二重要=2，第三重要=1，没选=0分别赋值后计算得出平均分，分数越高，其重要程度也越高。以下相关研究同此。

（二）不同家庭类型居民生育意愿及影响因素

在1000份户籍人口回收问卷中，已婚者问卷有622份，其中来自非独家庭196份，单独家庭203份，双独家庭223份，分别占到已婚家庭的31.5%、32.6%和35.9%，各家庭类型比例相当，具有显著的代表性，能够反映整体的情况。

表4　不同家庭类型户籍人口调查样本基本情况

单位：%

项　　目	分　类	非独家庭	单独家庭	双独家庭
性　　别	男	52.4	49.7	52.5
	女	47.6	50.3	47.5
受教育程度	初中及以下	5.3	2.1	2.3
	高中(含中专、中技)	23.5	15.5	8.6
	大专	28.9	28.3	27.1
	大学本科	33.7	43.3	50.2
	硕士	6.4	8.0	10.9
	博士及以上	2.1	2.7	1.4
工作状况	有工作	89.9	93	93.7
	无工作	9.6	5.9	5.5
年龄分组	20~24岁	0.6	1.6	0.9
	25~29岁	3.3	12.9	29.5
	30~34岁	8.3	33.3	47.7
	35~39岁	32.6	34.4	13.6
	40~44岁	55.2	17.7	8.2

1. 三种家庭类型的户籍人口理想子女数在1.5~1.6，双独家庭理想子女数最低。

三种家庭类型中，双独家庭平均理想子女数最低（1.5个），其次是单独家庭（1.55个），非独家庭最高（1.59个）。非独和单独家庭选择理想子女数为二孩比例均高于一孩，分别达50.8%和55.1%，双独家庭理想子女数一孩和二孩比例基本持平。无论是非独家庭、单独家庭还是双独家庭，平均理想子女数都在1.5~1.6，理想子女数集中在一孩和二孩之间，但不同家庭类型之间的差异没有统计学上的显著性（见表5）。

表5　不同家庭类型户籍人口理想子女数

家庭类型	样本数(人)	0个(%)	1个(%)	2个(%)	3个或更多(%)	平均数(个)	P
非独家庭	196	3.7	39.6	50.8	5.9	1.59	
单独家庭	203	7.0	34.8	55.1	3.2	1.55	P>0.05
双独家庭	223	5.0	45.2	44.3	5.4	1.50	

2. 不同家庭类型的户籍人口二孩生育意愿有显著差异。单独家庭明确愿意生二孩者为46.2%，非独家庭为43.9%，双独家庭最弱为43%，反映了政策限制对生育意愿的反作用现象（见表6）。值得关注的是，双独家庭二孩生育意愿显著高于2011年（30%）和2006年（25.5%）的调查结果，呈上升趋势，反映出被调查者年龄成熟和社会氛围变化对双独家庭生育意愿的影响。

表6　不同家庭类型户籍人口二孩生育意愿

单位：%

家庭类型	愿意	不愿意	没想好	P
已婚家庭	44.2	35.5	20.3	
非独家庭	43.9	40.1	16.0	P<0.05
单独家庭	46.2	37.6	16.1	
双独家庭	43.0	29.4	27.6	

3. 不同家庭类型都不存在生育性别偏好。不同家庭类型的被访者在子女性别偏好方面没有显著差异，卡方检验P值大于0.05。可见无论家庭类型如何，已经都不存在性别偏好。

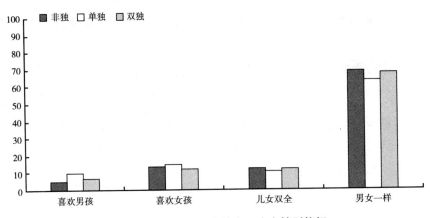

图4　不同家庭类型户籍人口生育性别偏好

4. 不同家庭类型户籍人口都具有很高的生育自主决定权，收入依然是影响三种家庭类型生育行为的最重要的因素，政策约束效应显现，双独家庭受政策影响最小，非独家庭受政策影响最大。不同家庭类型的被访者都认为自己对自身生育行为有决定权，其次是配偶，父母作用很小（见图5）。

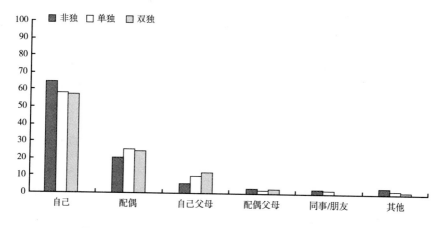

图5 影响不同家庭类型户籍人口生育行为的人的因素

影响生育行为的社会经济因素，得分最高的是收入因素，双独家庭与其他两个家庭的差异出现在对政策影响的选择上，政策得分在非独和单独家庭中都是第二位，而双独家庭中却排在住房、孩子照料问题之后。结合理想子女数的统计结果可见这一结果是合理的，因为其理想子女数在1.5左右，而按照政策双独家庭可以要二胎，所以这一类型家庭政策得分会低一些。

表7 影响不同家庭类型户籍人口生育行为的社会经济因素

影响因素	得 分		
	非独家庭	单独家庭	双独家庭
政策	1.3	1.06	0.79
收入	1.86	1.78	1.92
住房	0.9	0.92	0.95
孩子照料问题	0.72	0.72	0.83
事业发展	0.15	0.22	0.25
社会风气	0.04	0.09	0.05
自己主观意愿	0.23	0.28	0.34
亲朋孩子数量	0.03	0	0.03
儿女教育成本	0.48	0.6	0.56
个人身体状况	0.21	0.26	0.25
宗教信仰	0.02	0	0
养老压力	0.09	0.11	0.07
其他	0	0.01	0.01

（三）追踪户籍人口生育意愿变化及影响因素

2013 年调查中，共有追踪样本 242 个，其中参加 2006 年和 2013 年调查样本 157 个，参加 2011 年和 2013 年调查样本 184 个，三年均参加调查样本 99 个。

1. 追踪研究发现，理想子女数为一孩和二孩的被访者生育意愿较为稳定，不要孩子的意愿不稳定。

2006 年理想子女数是 1 个的被访者有 53.6% 在 2013 年理想子女数依然是 1 个，有 34.8% 增长为 2 个；理想子女数是 2 个的有 59.4% 保持原来的意愿，有近 30% 理想子女数降为 1 个。2011 年理想子女数是 1 个的被访者中有 55.6% 依然是 1 个，有 32.2% 增长为 2 个；理想子女数是 2 个的近 70% 的被访者意愿没有变化。2006 年与 2011 年两个年度理想子女数是 0 的变化较大，只有 25% 被访者依然以 0 个子女作为理想子女数（见表 8）。

表 8　2006 年、2011 年和 2013 年户籍追踪人口理想子女数变化

		2013 年理想子女数(%)			样本合计（人）	P
		0 个	1 个	2 个		
2006 年理想子女数	0	25	45	30	20	P < 0.05
	1	11.6	53.6	34.8	69	
	2	10.9	29.7	59.4	64	
2011 年理想子女数	0	25	50	25	16	P < 0.05
	1	12.2	55.6	32.2	90	
	2	6.1	24.2	69.7	66	

2. 追踪户籍人口二孩生育意愿变动比理想子女数大。选择不要二孩的意愿较稳定，选择要二孩的意愿变动较大。随着时间推移，"没想好"的被访者二孩意愿逐渐明确，较大比例的人最终选择"要二孩"。

对 2006 年被访者的二孩生育意愿追踪调查显示，不要二孩被访者意愿较为坚定，8 年来，53.2% 的人坚持不要二孩的想法，而选择要二孩的被访者意愿变动较大，只有 40% 坚持要，40% 选择了不要，1/5 没想好，这一研究结果再一次体现了人们较低的二孩生育意愿。

表9　2006 年、2011 年和 2013 年户籍追踪人口二孩生育意愿变化

		2013 年二孩生育意愿（%）			样本合计（人）	P
		要	不要	没想好		
2006 年二孩意愿	要	39.6	39.6	20.8	48	P > 0.05
	不要	24.7	53.2	22.1	77	
	没想好	48.4	35.5	16.1	31	
2011 年二孩意愿	要	48	30	22	50	P < 0.05
	不要	25	56.3	18.8	80	
	没想好	30.6	32.7	36.7	49	

三　主要结论

总结以上调查结果，我们得出以下结论。

第一，户籍人口平均理想子女数为 1.42 个。比 2006 年 1.22 个和 2011 年 1.30 个有所上升。非独家庭平均理想子女数最高（1.59），单独家庭其次（1.55），双独家庭最低（1.50）。

第二，二孩生育意愿不高。在 1000 名被调查者中，有 37.7% 的被调查者愿意生育二孩，有 38.4% 的明确表示不愿意生育二孩。被访者明确要二孩比例低于理想子女数为二孩的比例，现实选择低于理想，反映了在生育意愿上理想和现实的差距。同时，选择没想好是否要二孩的比例为 23.7%，这一部分人群的生育意愿和行为需要持续关注。

第三，单独家庭二孩生育意愿最强，非独家庭其次，双独家庭最弱。单独家庭明确愿意生二孩者为 46.2%，非独家庭为 43.9%，双独家庭最弱，为 43%，反映了政策限制对生育意愿的反作用现象。值得关注的是，双独家庭二孩生育意愿显著高于 2011 年（30%）和 2006 年（25.5%）的调查结果，呈上升趋势，反映出被调查者年龄成熟和社会氛围变化对双独家庭生育意愿的影响。

第四，追踪调查发现东城区居民生育意愿基本稳定，但选择要二孩者的意愿改变较大。对 2006 年被访者追踪调查显示，理想子女数为一孩和二孩意愿

比较稳定，超过50%保持了原有，不要孩子的被访者理想子女数不稳定，只有25%保持了原有想法；对二孩生育意愿调查结果显示，不要二孩被访者意愿较为坚定，8年来，53.2%的人坚持不要二孩的想法，选择要二孩的被访者意愿变动较大，只有40%坚持要，40%选择了不要，20%没想好，再一次体现了人们的低生育意愿。

第五，男孩生育偏好基本不存在，在有偏好的人群中，女孩偏好反而高。不同家庭类型在生育性别偏好方面无显著差异。

第六，生育间隔3～4年比较理想。已育一孩的户籍人口认为生育第二个孩子的间隔3～4年比较合适。深入访谈发现，主要基于以下几个方面原因：一是经济考虑，这也充分说明收入对生育行为的影响；二是生理考虑，主要是育龄妇女身体方面；三是孩子照料方面的考虑以及对孩子成长的考虑。

第七，居民生育行为决策主要出自夫妻双方，自己决定的比例最高，其次是配偶，父母影响微乎其微。收入是影响居民生育行为的第一位因素，其次是住房、政策和孩子照料。政策约束效应依然存在，双独家庭受政策影响最小，非独家庭受政策影响最大。

第八，第二次人口转变现象在东城区居民尤其是年轻人中的影响已初露端倪，但尚未成为主流。近年来东城区户籍人口婚育年龄不断延后，深入访谈也发现发生在西方发达国家的第二次人口转变现象如同居家庭模式、未婚先育、丁克家庭和同性婚姻等社会现象被大部分被访者接受，但自己不会选择，价值观念和现实选择之间存在差距。因此我们认为东城区经济水平虽然与发达国家接近，第二次人口转变现象在东城区居民尤其是年轻人中的影响已初露端倪，但中华民族传统的价值观和生活方式仍占主流地位。

四　政策和工作建议

结合问卷调查结果、深度访谈以及座谈会中人口计生委各级层面工作人员的意见观点，我们提出以下政策建议。

（一）从国家和北京市生育政策层面，建议二孩生育政策全面放开，同步放开

1. 在政策策略上，建议全面放开二孩生育。在放开二孩生育政策策略方面，一直存在逐步放开还是全面放开的争论。所谓逐步放开，就是在一部分育龄群众中率先放开二孩生育。如不少学者提出分农村单独、城市单独和全部家庭逐步放开二孩生育的"三步走"战略方案，上海、江苏等7省市在计划生育条例修订时也制定了允许农村单独家庭二孩生育的政策调整。我们认为，逐步放开生育政策容易让居民产生"搭末班车"心理，造成扎堆生育现象，从而出现"补偿性反弹"，导致人口规模突增，人口结构失调；同时会使生育政策难以保持稳定，基层面对的矛盾纠纷多，容易激化干群矛盾；而全面放开生育政策能够消除居民对生育政策不稳定的担忧，按照自身生育意愿和生育计划从容地进行生育安排。

2. 在政策差异性问题上，主张城乡、不同地区同步放开。我国现行生育政策是1984年后对"一孩"政策逐步调整在20世纪90年代形成多样化的生育政策格局。其主要特点是城乡二元性，这一政策在当时缓和了社会矛盾，符合大多数人尤其是农民的意愿，是对一孩政策的改良。但改革开放的深入，以农民工为主体的流动人口大量进入城市，给计划生育管理带来沉重压力。在计划生育管理实践中，产生矛盾纠纷最主要的原因就是不同省、市、区县政策不配套、政策不平衡，政出多门让老百姓觉得受到不平等、不公正待遇，由此引发的问题也导致矛盾丛生。同时，户籍制度改革步伐加快，社会政策城乡一体化的时期已经到来，医疗、养老、低保的城乡居民全覆盖的模式已形成。如果生育政策调整时依旧强化城乡的二元性，势必和社会管理和社会政策发展变革的趋势不相吻合。因此，建议采取全国一盘棋，城乡一体化，地区无差异的二孩生育政策（少数民族和边远山区可有例外）。

（二）从计生工作层面，建议加快职能转变，制定和完善家庭政策

1. 加快转变计生部门职能，将工作重点转移到家庭服务和建设上来。

2013 年推行的卫计委大部制改革要求全面推动人口计生部门的职能转变。过去 30 年，人口计生部门将工作重点定位在干预家庭生育行为上，新时期的人口计生工作不仅要从宏观角度考虑人口与经济、社会、资源、环境的关系，也要从微观角度考虑人口政策对家庭功能、家庭发展的影响。促进计生家庭的和谐幸福，是人口计生工作的起点和归宿。北京作为长期处于超低生育水平的超大城市，应尽快实现"生育管理"向"生育服务"的转变。从街道、社区和家庭三个层面，建立和维护"家庭友善环境"，形成完善的家庭政策，提升家庭发展能力，制定并出台相关法律政策维护家庭安全。

2. 对计划生育家庭进行细化分类，了解不同家庭类型的需求，提供有针对性的服务。目前家庭面临的最大问题不是孩子数量，而是与之相关的孩子养育成本问题、照料问题（尤其是双薪家庭的孩子照料问题）、教育问题、住房问题等。如何提高和维护家庭经济安全、解决学龄前儿童的照料问题、探索目前独生子女家庭教育问题、留守和流动儿童家庭照料和教育问题，以及失独家庭养老问题等是计生部门以及其他部门关注的重点，由此就需要计生部门进一步对计划生育家庭进行细化分类，准确了解不同家庭类型的需求，有针对性地提供服务。

3. 与其他部门联合，改善政出多门的弊病以及条块分割导致的孤岛现象，加强政府组织内部协调机制，达到整体性协调。建立科学、合理、动态的社会管理与公共服务运行机制，政府相关部门形成资源共享，促进良性互动。近年来，计划生育部门形成单打独干的局面。如计划生育二孩审批程序中当事人如果提交虚假材料，很多种情况下计生工作人员是核实不出来的，这需要多部门联动，加强婚姻、生育、户籍等信息的共享机制，才能保障各部门工作人员便利地获得和核实信息，为居民提供快捷方便的服务。

（三）从东城区计生调研工作层面，建议把居民生育意愿调查监测工作纳入部门常规工作，定期进行生育意愿和生育行为的调查和追踪

1. "模糊群体"需要持续关注。近几年追踪调查发现，被访者中有比例较高的生育意愿不明晰的群体，他们最终的决定和生育行为对未来生育水平有着重要的影响，结婚时间、婚姻状况、育龄时间、年龄增长以及社会经济因素

的改变都可能使其意愿发生改变，对户籍人口追踪已经发现这部分群体中很大比例的人最终选择了生育孩子。因此，这一"模糊群体"的未来生育意愿和行为状况值得持续监测。

2. 居民的生育意愿和生育行为的"一致度"需要长期监测，以把握未来居民的生育水平变动。东城区在2006年、2011年进行过同类调查，为"生育意愿和生育行为一致度"研究提供了基础，但是由于政策的限制，目前只有单、双独家庭能生育二孩，由于年龄所限，实施二孩生育行为者比较有限，需要在较长的时间里对其生育意愿和生育行为是否一致进行追踪研究。同时，如果二孩政策放开，政策适用群体的生育意愿和生育行为的追踪调查也是应高度关注的课题，以便为后续政策提供决策参考。因此，建议将居民生育意愿的监测与追踪调查纳入区计生工作的年度调研计划，定期追踪，长期跟踪。

北京流动人口生育意愿研究

马小红 闫萍 张小玉 孙超 张子谏*

摘　要：

本文根据北京市人口研究所于 2011 年和 2013 年对北京市东城区和通州区流动人口进行的生育意愿调查，对流动人口生育意愿从理想子女数、二孩生育意愿、生育性别偏好、生育时间几个维度进行了分析。研究发现，北京市流动人口理想子女数以 2 个孩子居多，平均理想子女数为 1.76 个；二孩生育意愿比较强烈，54% 的被调查者愿意生育二孩，不愿意生育二孩为 27%，还有 19% 没想好；城城流动人口二孩生育意愿低于乡 - 城流动人口，接近北京市户籍人口；基本不存在性别偏好问题。研究显示，收入、政策和孩子照料是影响流动人口生育意愿的主要因素。文章进一步提出加快流动人口计生工作职能转变、以服务促管理和做好生育意愿监测工作的建议。

关键词：

北京市　流动人口　生育意愿

---

* 马小红，北京市委党校社会学教研部副主任、北京市人口研究所副所长、北京人口发展研究中心副教授；闫萍，北京市委党校社会学教研部讲师，北京市人口研究所、北京人口发展研究中心研究人员；张小玉，北京市委党校硕士研究生；孙超，中国人民大学博士研究生；张子谏，北京市委党校硕士研究生。

　　本课题是 2009 年度北京市哲学社会科学"十一五"规划项目（项目编号：09AbSH059）的结项成果，本课题得到北京市人口和计划生育委员会、东城区人口和计划生育委员会和通州区人口和计划生育委员会大力协作，在此表示衷心感谢。

一 研究意义

北京市是全国最重要的流动人口流入地之一。2012 年，在北京市 2069 万常住人口中，半年以上流动人口已占到 774 万，占到常住人口的 37.4%（北京市统计局，2013）。北京流动人口有其自身的特点，表现为：一是城际流动人口占到全部流动人口的相当比例。2010 年人口普查调查显示，北京市流动人口中非农户籍流动人口（即城－城流动人口）占 23.90%，他们在受教育程度、就业能力、职业层次上显示出较强的竞争优势，和乡－城流动人口在思想观念和行为特征存在较大差异（尹德挺等，2013）；二是北京市大多数流动人口有较为明显的移民倾向，"流动人口不流动"（尹志刚等，2008）。"流动人口平均在京居住时间长达 4.8 年"，在京时间超过 5 年者达 38.8%（翟振武等，2007），在相当程度上已是没有北京户籍的北京人，具有和流出地差异明显的观念和理念；三是流动育龄妇女在京生育数逐年递增，占全部出生人口相当大的比例。2012 年北京市常住人口出生人口为 18.5 万，其中流动育龄妇女生育的活产婴儿占 24%（北京市统计局，2013）。1999 年，我国流动人口计划生育工作开始实施"由其户籍所在地和现居住地的地方人民政府共同管理，以现居住地管理为主"的规定。2009 年 10 月 1 日开始施行的《流动人口计划生育工作条例》进一步明确，"流动人口计划生育工作由流动人口户籍所在地和现居住地的人民政府共同负责，以现居住地人民政府为主，户籍所在地人民政府予以配合"。"县级以上地方人民政府领导本行政区域内流动人口计划生育工作，将流动人口计划生育工作纳入本地经济社会发展规划"。流动人口计划生育管理是流入地政府不可推卸的责任；对北京流动人口的人口生育观念和生育行为进行研究，分析其生育特点和发展趋势，为政府决策提供参考，是首都人口研究不可忽视的领域。

本文从生育意愿的角度开展对流动人口的生育观念研究。生育意愿是人们关于生育数量、子女性别和生育时间的态度和看法，其中意愿子女数量是其中最关键的指标（顾宝昌，1992）。在现代社会人们可以运用技术手段控制生育数量后，生育意愿就成为影响生育行为的先行变量（Bongaarts，2001）。在我国，长期实行的城乡二元体制使得城乡在经济、文化、社会保障等领域存在明显差异，使得城乡的生育意愿有显著不同，中国农村居民的理想子女数总体上比城市居民高，有明显的男孩性别偏好；即使同为城镇居民，区域的发展差异也使不同城市的生育意愿存在一定差异，发展速度较慢的地区人们的理想子女数高于大城市居民（风笑天，张青松，2002）。对北京市城市和农村户籍人口的调查则显示，独生子女理想意愿子女数普遍偏低、不存在男孩生育偏好和生育年龄推迟（侯亚非，2003；马小红，2007；马小红、张信锋，2008）。那么，北京的流动人口从农村和国内其他城镇流入北京后，在理想子女数、生育性别偏好及生育时间上有何倾向？生育动机有无变化？哪些因素会影响其生育意愿？与户籍人口的生育意愿呈现趋同还是差异较大？他们的生育意愿和行为选择将对北京市未来人口变动趋势构成什么样的影响？这些既是人口学、社会学需要研究的学术问题，也是政府更有针对性、更有效地开展流动人口计划生育管理必须关注的现实问题。因此，本课题研究有重要的理论意义和实践意义。

二　研究综述

国外研究表明，城市化会冲击传统婚育观念，人们脱离乡村转变到城市生活比较容易接受生育控制（Easterlin，1985）；国外学者在菲律宾、墨西哥、喀麦隆等国的研究中发现，迁移行为对移民生育率下降的影响是明显的，但移民或乡-城流动人口的生育率还是明显高于流入国或流入城市（Jensen，2004；Carter，2000；Lee，1992）。

（一）研究综述的内容

国内学者在流动人口生育意愿方面开展了丰富的研究，本研究从流动人口理想子女数、生育性别偏好、生育时间、生育动机，与流入地人口、流出地人口、流出前后情况的比较研究，以及生育意愿的影响因素等方面进行了综述。

1. 流动人口生育意愿

（1）意愿生育数量，呈现低生育发展态势

意愿生育数量，即理想子女数，即指人们在一定的社会、经济和文化因素影响下对终生生育子女数量的期望。

对流动人口理想子女数的研究结论显示：想要一孩的比例占35%～50%。刘爱玉于2007年6～8月在北京、上海、宁波、东莞、长沙五个城市对1708名流动人口进行了生育意愿调查，结果表明，期望生一孩的比例是39.1%。对深圳外来农村流动人口调查数据显示（伍海霞、李树苗、悦中山，2008），24岁及以下人口想要一孩的比例是39.1%，25～29岁想要一孩的比例是36.2%。以吴江为例，对苏南流动人口生育意愿研究表明，生一孩的意愿为52.1%（沈毅，2005）。在福建省厦门市举行的两次关于流动人口的抽样调查数据表明，新生代农民工中有52.9%倾向生育一孩（庄渝霞，2008）。想要二孩的比例是40%～60%。刘爱玉（2008）的研究显示，想要二孩的比例为56.5%，庄渝霞（2008）的调查中想要二孩比例为43.7%；24岁及以下流动人口想要二孩比例为59.4%，25～29岁的想要二孩的比例为62.9%（伍海霞、李树苗、悦中山，2008）。想要3个及以上的人数较少。想要三孩的比例为2.5%（刘爱玉，2008）。24岁及以下和25～29岁的流动人口想要三孩比例均为0.9%（伍海霞、李树苗、悦中山，2008）。在新生代农民工中，没有人选择生育3孩（庄渝霞，2008）。可以看出，流动人口的理想子女数以2个为主流，一孩也占到相当比例。

（2）意愿生育时间与国家计划生育政策要求存在差距

意愿生育时间，包括意愿初育时间和意愿生育间隔两个方面。意愿初育时间是指流动人口希望自己什么时候生育第一胎，即他们对自己生育第一胎的年龄期望。意愿生育间隔包括两方面内容：一是意愿婚育间隔，指对结婚与生育第一胎之间间隔的期望；二是意愿一、二胎间隔，即人们对生育第一胎后再生育第二胎这段时间间隔的期望。在初育时间上，伍海霞、李树苗、悦中山（2008）研究认为流动人口更倾向于初婚后短期内即生育小孩，沈毅（2005）调查显示，有六成以上的人倾向于在婚后1～2年生育。在生育时间间隔上，研究显示，流动人口一、二胎间隔平均为2～3年，这与我国计划生育政策规定4～5年的间隔存在一定差距（谢永飞、刘衍军，2007；傅崇辉、向炜，2005；徐丽娟，2007；伍海霞、李树苗、悦中山，2006）。

（3）意愿男孩偏好依然存在，但出现减弱趋势

意愿生育性别是指人们期望生男孩还是生女孩，是人们对生育孩子性别的

一种愿望和需求，即意愿性别偏好。意愿生育性别在实际生活中大概包括以下四类：偏好男孩、偏好女孩、儿女双全和无性别偏好。研究显示，流动人口对子女性别的偏好正在逐步发生变化，偏好女孩和无性别偏好的人口比例在上升，但"男孩偏好"依然强势存在，且占到了一半左右。谢永飞、刘衍军（2007）的研究表明在意愿子女数为 1 个的人口中，意愿性别比高达 180.71；在意愿子女数为 2 个的人口中，意愿性别比为 101.87；意愿子女数为 3 个及以上者，意愿性别比为 171.17。这表明意愿子女数为 1 个的流动人口，偏好男孩的程度最为严重；其次为意愿子女数为 3 个及以上者；意愿子女数为 2 个的意愿性别则接近正常的意愿性别比。有学者研究只想要一个孩子的妇女中约有 1/3 的妇女存在着男孩偏好。在想要两个孩子的妇女中，有超过 70% 的妇女想要一男一女（尤丹珍、郑真真，2002）。也有调查显示，外来育龄妇女的子女性别为 1.57∶1，男孩数明显多于女孩数，提示外来妇女仍有较明显的男孩性别偏爱，传统的生育观念没有完全改变（时检喜，2005）。

（4）生育动机多元化，现代性日趋明显

生育动机是人们关于为什么要生育子女问题的看法，指人们对生育子女价值的看法和判断。有学者认为，生育动机是生育意愿中的核心性要素，生育动机对理想子女数、性别偏好、生育时间都有相当的决定性（沈毅，2005）。研究表明，流动人口对生育子女目的的看法已经发生了很大的变化，与以"传宗接代"为核心的传统生育观念相比，当前流动人口生育孩子也注重家庭的幸福、自己精神的需要和满足，总计占到了调查总数的 50.1%，体现了流动人口在生育目的上具有一定的现代性。但"养儿防老"等观念仍然占有一定的比例，体现出了流动人口的一种现实需求（徐丽娟，2007）。也有研究表明，选择"夫妻感情上的需要"的流动人口的比例居首位，达到了 36.3%；选择"养老送终"的比例占 26.9%，居第二位；其次才是选择"传宗接代"，比例占 18.0%（沈毅，2005）。据此可知，流动人口生育意愿呈现多元性，尽管传宗接代的目的仍占很大比重，但表现出了一定的现代性。

2. 流动人口生育意愿比较研究

（1）意愿子女数低于流出地人口

尤丹珍、郑真真（2002）通过对四川、安徽农村外出妇女和不外出妇女对比研究，发现在相同的年龄、文化程度等条件下，外出妇女的理想子女数要少于未外出妇女，外出对妇女理想子女数的减少具有显著的作用；在对子女的性别偏好上，外出妇女和从未外出妇女没有显著差别；外出妇女回到家乡的时间越长，其理想子女数与家乡未外出妇女就越趋近，回到家乡多年的妇女只想要一个孩子的可能性低于那些刚刚回乡不久的妇女。刘爱玉（2008）的研究则显示从农村流入城镇的人口，其生育水平低于流出地人口，与原城镇常住人口基本持平。

（2）流出前后都具有较强的男性偏好

流动人口流动前后在生育行为上均体现出了较强的男孩偏好，且流动后表现得更为显著；外出并没有改变妇女的性别期望，表明性别期望的变化较之生育数量的变化而言具有一定的滞后性（风笑天、张青松，2002）。

（3）生育意愿目的趋于经济理性化

也有学者认为，女性农民工进城后，其生育意愿发生了改变，与农村妇女相比，她们的理想子女数减少，性别偏好不很明显，比较重视孩子的质量，在生育目的上倾向于认为生孩子是夫妻感情的结晶，生育意愿趋于经济理性化（黄玥，2006）。

由此可知，不同流出地流动人口的性别偏好具有一定的差异。外出的流动人口理想子女数偏低，外出对妇女理想子女数的减少具有显著的作用。

3. 生育意愿影响因素分析

（1）对生育意愿影响因素的不同看法

有学者认为应该考虑性别、婚姻状况、受教育程度、流动时间等因素（伍海霞、李树茁、悦中山，2008）；也有人认为年龄、性别、婚姻状况、收入水平、文化程度等客观要素与生育意愿有关（徐丽娟，2007）。有学者认为影响生育意愿有三大因素。一是社会因素，包括国家人口政策、经济情况、传统文化、生产方式、社会保障制度、就业形势与就业水平等。二是家庭因素，包括家庭习俗与传统、抚养子女的成本和子女给家庭提供的收入、是否独生子女等。三是个人因素，包括户口性质、性别、年龄、职业、文化程度、生育与婚姻状况、现有子女数及现有子女性别、健康状况、是否外出打工等（龚德华、甘霖等，2009）。综上所述，对流动人口意愿的影响因素众多，主要有年龄、性别、婚姻状况、收入水平、受教育程度等。

（2）年龄对生育意愿影响显著

随着年龄的增加，外出妇女和未外出妇女理想子女数为一个的比例均下降，而想要两个子女的比例则上升。已婚妇女只想要一个孩子的可能性要小于未婚妇女；在已婚妇女当中，初婚年龄越大的妇女只想要一个孩子的可能性也就越大；曾生子女数越多，只想要一个孩子的可能性越小（尤丹珍、郑真真，2002）。年龄越大，其生育观念也就越为传统，不仅在理想子女数上倾向于多生育子女的比例较大，而且在性别偏好上倾向于生育男孩的比例也较大，在生育时间上也倾向于早生育；而年龄较轻者则不仅在理想子女数上更加倾向于少生育，而且在性别偏好上也更加倾向于"男女都一样"的生育观念，在生育时间上更倾向于晚生育（徐丽娟，2007）。

（3）受教育程度对生育意愿的影响显著

受教育程度提高会弱化流动人口的传统生育动机（传宗接代、养儿防老），强化人们的现代生育动机（增加家庭乐趣、增进夫妻感情、人生无憾和圆满）（龚德华、甘霖，2009）。初婚年龄越大，生育2个及2个以上子女的比例越低，文化程度愈低，生育2个及2个以上子女的比例就愈高（慈勤英、杨慧，2002）。

（二）文献评估

流动人口生育意愿的实证研究发现，流动后农村流动人口的期望子女数减少，以质量替代数量的趋势已初步形成；理想子女性别偏好观念有所弱化，但仍强于城镇户籍人口；农村流动人口初育年龄推迟，一胎与二胎生育间隔延长，传统的生育观在相当程度上被现代生育观所取代。研究也表明，流动人口仍具有较强的男孩偏好特征，社会网络在对农民工的生育观念和行为变迁存在负面影响。同时，研究发现新一代乡－城流动人口从生育观念到现实的生育决策，再到实际的生育行为，受到了各种条件的制约。因此，必须增强政府面向流动人口的城市计划生育服务与管理，完善制度供给（吴帆，2009；李树茁等，2008；刘爱玉，2008；谢永飞、刘衍军，2007；傅崇辉、向炜，2005；沈毅，2005；尤丹珍、郑真真，2002）。

以往的研究为本课题提供了研究思路和基础，具有重要的借鉴意义。但以往的研究存在以下局限性：①对北京的流动人口生育意愿研究还是空白；②对流动人口生育意愿的对象局限在乡－城流动人口，缺乏城际流动人口的样本；③以往的研究基本上是针对流动人口群体本身，缺乏与同背景下的户籍人口比较。

（三）本课题研究重点

在对国内外相关研究进行文献综述的基础上，采用问卷调查和深度访谈的研究方法，对北京市流动人口的生育意愿从理想子女数、二孩生育意愿、生育性别偏好、生育时间几个维度进行描述，对流动人口对生育意愿影响因素进行分析，并对流动人口与户籍人口、乡－城流动人口与城－城流动人口的生育意愿进行比较研究，同时对流动人口接受生育服务现状进行调查，为有针对性地开展流动人口计划生育工作提供决策参考。

三　研究方法

本研究主要采用了问卷调查法、深度访谈法和文献研究法。

（一）问卷调查法

本文的数据主要源于北京人口发展研究中心 2011 年 7 月在北京市老东城区①和通州区进行的居民生育意愿调查和 2013 年在新东城区②进行的流动人口生育意愿调查。

1. 2011 年问卷调查

1）抽样及样本评估

本研究数据主要源于课题组于 2011 年进行的"北京市居民生育意愿调查"的流动人口部分（以下简称 2011 年调查）。本次调查的研究对象是在北

---

① 2010 年 7 月，北京市进行了行政区划调整，原东城区和崇文区合并为新东城区，本报告的老东城区指未合并前东城区区域。

② 新东城区指合并后的东城区，包含原东城区和崇文区。

京市老东城区（不含后合并的崇文区）和通州区辖区居住的1971～1990年出生的20～39岁流动人口，以及和他们同住的父母。首先我们对东城区和通州区各街道的流动人口进行了摸底调查，了解到东城区和通州区流动人口性别、年龄和婚姻状况的基本结构比例。在东城区，以原东城区10个街道126个社区为抽样框，按等距抽样的方法抽取了20个社区，按摸底调查获取的人口比例确定了每个社区的调查样本数，并按照调查总体的年龄、性别、婚姻结构进行样本配额。以同样的方法在通州区的15个乡镇和街道中抽取28个社区，每个社区报上调查者名单和备用名单。确定调查者名单后，聘请北京天元惠中市场调查公司组织专业调查员在社区干部的引导下，进行了入户问卷访问调查。东城区共计回收流动人口有效问卷506份，通州区共计回收流动人口有效问卷498份，合计有效问卷1004份。与第六次人口普查的数据进行比较，从样本结构上看，被调查者基本能够代表研究对象的总体情况。

2）样本基本情况

在流动人口的1004份问卷中，独生子女占17.2%；女性的比例高于男性；20～24岁占28.5%，25～29岁占30.7%，30～34岁占20.6%，35～39岁占20.2%；58.2%的人具有初高中文化程度，36.7%的人具有大专及以上的文化程度；31.7%为未婚者，68.3%为已婚者；78%的人有正式工作，收入在2000～2999元为最多。被调查者的具体情况见表1。

表1　2011年流动人口样本基本情况

项　目	分　类	样本量（人）	百分比
性　　别	男	436	43.4
	女	568	56.6
户口性质*	农业（乡－城流动）	318	67.5
	非农业（城－城流动）	153	32.5
年龄结构	20～24岁	286	28.5
	25～29岁	308	30.7
	30～34岁	207	20.6
	35～39岁	203	20.2
是否独生子女	独生子女	172	17.2
	非独生子女	827	82.8

续表

项　目	分　类	样本量(人)	百分比
婚　否	未婚	315	31.7
	已婚(含离异)	678	68.3
生育情况	已婚未育	125	19.4
	已婚已育1孩	402	62.3
	已婚已育2孩	112	17.4
文化程度	小学及以下	52	5.2
	初中	369	36.9
	高中(含中专、中技)	213	21.3
	大专	151	15.1
	大学本科	188	18.8
	研究生及以上	28	2.8
就业情况	参加工作	776	78.0
	在校学生	10	1.0
	待业失业	24	2.4
	自由职业	139	14.0
	家务劳动	32	3.2
	其他	14	1.4
收　入	无收入	58	5.8
	1~1499元	122	12.2
	1500~1999元	214	21.4
	2000~2999元	266	26.6
	3000~3999元	171	17.1
	4000~4999元	63	6.3
	5000~6999元	60	6.0
	7000~9999元	25	2.5
	10000元以上	21	2.1
职业情况	国家机关、党群组织、事业单位负责人	9	1.0
	专业技术人员	165	18.7
	办事人员及有关人员	215	24.3
	商业服务人员	483	54.6
	生产运输设备操作人员	7	0.8
	其他	5	0.6

　　*本报告中,将调查中回答户口性质是农业的流动人口,定义为乡－城流动人口,将调查中回答户口性质是非农业的流动人口,定义为城－城流动人口。

　　资料来源:北京市人口研究所2011年北京市居民生育意愿调查,若无特别说明,本文2011年数据均源于此。

2. 2013 年问卷调查

近两年，生育政策是否调整成为人们关注的热点之一，为了进一步了解流动人口生育意愿在新的形势下是否发生变化，2013 年，课题组在东城区进行了流动人口生育意愿调查（以下简称2013 年调查）。

1）抽样过程

本次问卷调查对象为 2013 年居住在新东城区（原东城区和崇文区）年龄为 20~44岁的流动人口。抽样方法严格采用多阶段分层抽样方法。第一阶段，在新东城区全部 17 个街道 189 个社区中等距抽取了 32 个社区作为抽样社区。第二阶段，采取信息库抽样和社区提交名单相结合方式，首先从流动人口信息库中在抽样社区抽取流动人口被访者 500 人，考虑到流动人口的流动性，在实际调查阶段，对已流出本区的抽样对象采取由社区替换为同样人口特征的被访者的方法。由社区工作人员入户进行问卷访谈，共获得有效调查问卷 500 份。经与流动人口总体结构进行比较，流动人口的样本除性别比例女性偏高外，其他结构符合总体情况。

2）样本基本情况

2013 年调查的 500 份流动人口有效问卷中，以女性居多；户口性质中以农业为主，占全部调查人口的85%，非独家庭比例大大高于其他家庭类型；各年龄组比例基本相当，以 25~34 岁居多，与东城区流动人口年龄结构类似；被调查者也以已婚（包括初婚和再婚）为主；文化程度则是初中和高中人数最多；被调查者以有工作者居多，占90.6%。与流动人口总体进行结构进行比较，可以判定，本次调查的流动人口结构能大体反映居住在东城区的流动人口结构。

表2　2013 年流动人口生育意愿调查样本基本情况

项　目	分　类	样本量(人)	样本结构(%)
全部样本		500	100
是否独生子女	独生子女	70	15
	非独生子女	425	85
性　别	男	200	40
	女	300	60
婚姻状况	未婚	113	22.6
	初婚	357	71.4
	再婚	12	2.4
	离异和丧偶	8	1.6

续表

项　目	分　类	样本量(人)	样本结构(%)
已婚者家庭类型	非独家庭	303	81.2
	单独家庭	52	13.9
	双独家庭	18	4.8
教育程度	小学及以下	41	8.2
	初中	168	33.7
	高中(含中专、中技)	125	25.1
	大专	86	17.3
	大学本科及以上	78	15.7
工作状况	有工作	447	91
	无工作	42	8.6
年龄结构	20~24岁	84	16.8
	25~29岁	102	20.4
	30~34岁	130	26
	35~39岁	91	18.2
	40~45岁	83	16.6

数据来源：北京市人口研究所2013年北京市居民生育意愿调查，若无特别说明，本文2013年数据均源于此。

（二）深入访谈法

在问卷调查基础上，为了进一步了解被访者生育意愿形成的深层次原因，2013年8月，本课题研究人员对部分接收问卷调查的被访者进行了深入访谈。我们按流动人口的年龄、婚姻、生育、职业和流动经历，选取了10位流动人口，力求使访谈对象具有代表性，由北京市人口研究所专业人员进行了不少于1小时的面对面访谈（由于流动人口流动原因，成功访谈9位）。访谈的主要内容是了解其生育意愿的形成背景，其流动经历和北京生活背景对其生育观念的影响作用。另外，我们还与东城区部分社区、街道和区级层面的计生工作人员进行了座谈，了解计生工作人员对群众生育意愿以及生育政策调整的看法和建议。

深度访谈对象的基本情况如下。

编号1　王女士，江苏人，34岁，独生子女，已婚已育1女，城－城流动人口，大学毕业，全职太太，双独家庭，希望生育二孩。

编号2　侯女士，河北人，25岁，非独，未婚，乡-城流动人口，大专毕业，英语家庭教师，生育意愿二孩。

编号3　郭女士，河北人，26岁，非独，已婚已育一女，乡-城流动人口，中专毕业，个体户（五金建材），非独家庭。二孩生育意愿没想好。自己想要1个孩子，丈夫和父母希望要2个。

编号4　刘先生，河南人，33岁，乡-城流动人口，高中、保洁工，已婚已育二孩，第一胎女，第二胎男，非独家庭。理想子女数2个。

编号5　孙女士，山东人，32岁，乡-城流动人口，初中毕业，王府井小吃街服务员，已婚已育一女，7岁。自己不是独生子女。一个姐姐一个弟弟。希望生育二孩。

编号6　徐先生，39岁，高中毕业，乡-城流动人口，保洁公司副总经理，已婚已育一男，非独家庭，理想子女数2个，意愿生育二孩。

编号7　提女士，26岁，安徽人，城-城流动人口，非独，大学毕业，社区工作者，已婚未育，单独家庭，理想子女数1个，二孩生育意愿：丈夫想要，觉得有个伴。

编号8　牛女士，32岁，黑龙江人，已婚未育，乡-城流动人口，初中文化，开美发店。理想子女数1个，不要二孩。

编号9　王小姐，22岁，山西人，非独，未婚，乡-城流动人口，高中毕业，医院收银员，理想子女数2个，生育意愿二孩。

（三）文献研究法

本研究全面收集和分析国内外生育意愿特别是流动人口生育意愿的相关文献，以构建本课题的研究基础。

四　调查结果

流动人口的理想子女数是多少？生育一个孩子后，他们的二孩生育意愿是否强烈？他们继承了传统生育文化的男孩偏好还是已经发生了改变？流动对他们的生育时间是否产生了影响？影响流动人口的生育意愿的主要因素是什么？流动人口的生育意愿的特征与户籍人口存在怎样的差异？乡－城流动人口与城－城流动人口生育意愿是否存在差异？流动人口的计生服务状况如何？本文将分别从以上几个方面，对流动人口的生育意愿及其影响因素进行分析。

（一）流动人口生育意愿

1. 理想子女数

理想子女数又被称为意愿子女数或生育意愿数，是指人们在一定的社会、经济和文化影响下对终身生育子女数的期望（陈胜利、张世琨，2003）。在生育意愿的众多衡量指标中，生育数量即理想子女数占有特别重要的地位，是最具综合性的指标，它不仅可以通过对理想子女数进行分类来考察各种因素对生育意愿的影响，而且由于理想子女数是实际生育子女数的先行变量，它还可以描述理想子女数的变化过程，有利于对未来的生育水平进行预测和推算。因此对生育数量即理想子女数的考察是本次研究的主要内容。

在 2011 年调查中，流动人口对问卷中"不考虑政策因素，您认为一个家庭养育几个孩子最理想"这一问题的回答如下（见表3）。

表3　2011 年北京市流动人口的理想子女数

单位：%

项目	分类	样本数（人）	0 个	1 个	2 个	3 个及以上	平均数（个）	显著性检验*
	全部流动人口样本	985	2.9	45.7	50.8	0.6	1.49	
性别	男	426	1.6	48.6	49.1	0.7	1.49	P > 0.05
	女	559	3.9	43.5	52.1	0.5	1.49	
婚姻状况	未婚	307	6.2	47.6	45.6	0.7	1.41	P < 0.05
	已婚	667	1.5	44.8	53.1	0.6	1.53	
生育状况	已婚未育	123	7.3	48.8	42.3	1.6	1.38	
	已婚已育 1 孩	394	0.3	54.1	45.7	0	1.45	P < 0.05
	已婚已育 2 孩	112	0	14.3	84.8	0.9	1.87	
年龄	20～24 岁	278	3.6	47.8	48.2	0.4	1.45	
	25～29 岁	301	4.0	43.9	51.2	1.0	1.49	P > 0.05
	30～34 岁	203	1.5	46.8	51.2	0.5	1.51	
	35～39 岁	203	2.0	44.3	53.2	0.5	1.52	

续表

项目	分类	样本数（人）	0个	1个	2个	3个及以上	平均数（个）	显著性检验
文化程度	小学及以下	51	0	35.3	64.7	0	1.65	P<0.05
	初中	361	1.1	40.7	57.6	0.6	1.58	
	高中（含中专、中技）	210	1.4	53.3	45.2	0	1.44	
	大专	147	2.7	49.7	46.9	0.7	1.46	
	大学本科	186	9.1	50.0	39.8	1.1	1.33	
	研究生及以上	27	3.7	22.2	70.4	3.7	1.74	
收入分组	无收入	57	5.3	42.1	50.9	1.8	1.49	P>0.05
	1~1499元	120	0	40.8	58.3	0.8	1.60	
	1500~1999元	210	1.9	49.0	48.6	0.5	1.48	
	2000~2999元	261	1.1	44.8	53.6	0.4	1.53	
	3000~3999元	167	7.2	41.9	50.3	0.6	1.44	
	4000~4999元	63	4.8	47.6	46.0	1.6	1.44	
	5000~6999元	58	3.4	56.9	39.7	0	1.36	
	7000~9999元	25	0	44	56	0	1.56	
	10000元以上	21	4.8	57.1	38.1	0	1.33	
职业	国家机关、企事业负责人	9	11.1	55.6	33.3	0	1.22	P>0.05
	专业技术人员	162	4.9	44.4	50.0	0.6	1.46	
	办事人员和有关人员	207	2.9	46.4	50.2	0.5	1.48	
	商业、服务业人员	479	1.3	45.9	52.4	0.4	1.52	
	生产运输设备操作人员	7	0	42.9	57.1	0	1.57	
	其他	5	0	40	60	0	1.60	

*P<0.05表明不同组的差异性显著，P>0.05表明不显著。以下同。

从统计结果我们可以看出以下几个情况。

其一，北京市流动人口呈现明显的"二孩生育观"。理想子女数为二孩的比例为最高，达到50.8%，其次为一孩，为45.7%，选择不要孩子的为2.9%，理想子女平均数为1.49，可见流动人口更加倾向于生二孩，但倾向于一孩的比例也占相当份额。

其二，不同婚姻、生育状况的流动人口的理想子女数存在显著差异。和未婚者比，已婚者表现出较强的生育意愿；尤其是已育二孩者，其理想子女数的平均数达到1.87个，显著高于已婚未育1.38的水平；不同性别、年龄、收入、职业被调查者，其理想子女数量上的差异不显著。但年龄大者，比年龄小的理想子女数要高。

其三，文化程度不同，理想子女数存在显著差异。理想子女数随着文化程度的由低到高，基本呈现"两头高、中间低"的趋势。和其他文化层次比较起来，大学本科层次显示了较低的水平。高学历者尤其是研究生显示了较强的二孩意愿，理想子女数达到了1.74个，显著高于其他较低学历者（见图1）。

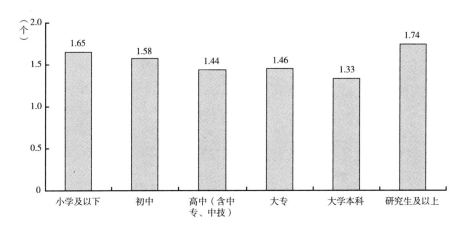

图1 2011年不同文化程度流动人口平均理想子女数

其四，2013年调查显示（参见表4），和2011年相比，流动人口理想子女数有所上升。全部样本的平均理想子女数由2011年的1.49上升到2013年的1.76，理想子女数为二孩者由50.8%上升到61.4%，呈现较为明显的上升。深度访谈研究显示，两年时间流动人口理想子女数有如此大的上升，是和近两年生育政策是否调整的舆论讨论有较大的联系。几乎所有的访谈者都从电视、报纸等传统媒体或互联网和移动网络等新媒体上，了解到老龄化、民工荒、失独家庭增多等和生育相关的社会问题，并表示了其担忧心理，认为放开生育政策是缓解这些社会问题的重要途径。这些心理对他们的生育意愿有明显影响。

表 4　2013 年调查流动人口理想子女数

项目	分类	0 个（%）	1 个（%）	2 个（%）	3 个或更多（%）	平均理想子女数（个）	P
全部样本		2.4	28.8	61.4	7.4	1.76	
是否独生子女	独生子女	4.3	32.9	51.4	11.4	1.7	P > 0.05
	非独生子女	2.1	27.9	63.1	6.9	1.74	
性别	男	1	31.4	60.8	6.7	1.73	P > 0.05
	女	3.4	27.2	61.4	8.1	1.74	
婚姻状况	未婚	8.1	29.7	58.6	3.6	1.58	P < 0.05
	已婚	0.6	28.4	62.4	8.7	1.79	
受教育程度 *	小学及以下	0	28.1	65.6	6.3	1.78	P > 0.05
	初中	1.8	25.9	65.1	7.2	1.78	
	高中（含中专、中技）	2.4	34.4	58.4	4.8	1.66	
	大专	3.5	30.2	57	9.3	1.72	
	大学本科及以上	4.5	27.3	60.6	7.6	1.71	
工作状况	有工作	2.7	29.3	60.4	7.7	1.73	P > 0.05
	无工作	0	31	61.9	7.1	1.76	
年龄分组	20~24 岁	8.3	29.8	59.5	2.4	1.56	P > 0.05
	25~29 岁	1	31.7	62.4	5	1.71	
	30~34 岁	2.3	26.9	64.6	6.2	1.75	
	35~39 岁	1.1	23.6	62.9	12.4	1.87	
	40~45 岁	0	31.3	55.4	13.3	1.82	
家庭类型	非独	0	28.8	61.9	8.3	1.78	
	单独	0	30.8	57.7	11.5	1.81	
	双独	0	27.1	61.1	0	1.83	

* 由于文盲和半文盲及硕士以上人数较少，我们进行了合并处理。

2. 二孩生育意愿

为了更深入地了解流动人口是否愿意生育第 2 个孩子，我们在问卷中设计了"假如根据政策您符合生二胎的条件，您打算要第二个孩子吗"这一问题，我们简称为"二孩生育意愿"。在 2011 年调查中（参见图 2），流动人口这一问题的回答，48% 的被调查者明确表示要第二个孩子，没想好的占 21.1%，不要的占 30.8%。

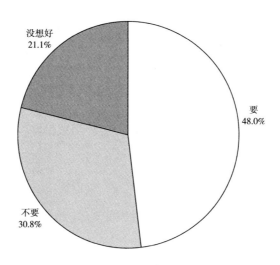

图2　2011年流动人口二孩生育意愿

2013年调查结果显示，二孩生育意愿有所上升，其中明确要二孩的比例从2011年的48%上升到2013年的56%。分家庭类型的研究显示，非独家庭要二孩的比例为58.1%，显著高于单独家庭的43.3%（双独家庭由于样本较少不予比较，数据仅供参考，参见表5）。深度访谈显示，流动人口非独家庭对当时拟出台的单独二孩政策有异议，认为只是单独放开不能有效缓解前述老龄化、失独家庭等问题，显示了非独家庭较强的二孩生育意愿。

表5　2013年不同家庭类型流动人口二孩生育意愿

单位：%

	样本量（人）	要	不要	没想好
全部家庭	373	56.0	27.3	16.7
非独	303	58.1	27.4	14.5
单独	52	42.3	32.7	25.0
双独	18	50.0	11.0	39.0

3. 生育性别偏好

性别偏好（sex preference），是关于子女性别的偏好，即希望生育什么性别的子女。生育偏好是生育意愿的重要内容。在问卷设计中，我们通过设计"就您本身而言，您是喜欢男孩还是女孩"这一问题来考察调查者的生育偏好。2011 年调查结果显示，流动人口不存在明显男孩偏好。调查中有高达 64.3% 的人选择了男孩女孩都一样，有 8.7% 的人选择了男孩，有 14.5% 的人选择了女孩，偏好女孩比偏好男孩高出近 6 个百分点。2013 年调查结果也显示流动人口基本不存在男性性别偏好问题，59.4% 的人选择男孩女孩都一样，另外有 19.1% 的人选择儿女双全，女孩偏好要比男孩偏好稍高（参见图 3）。

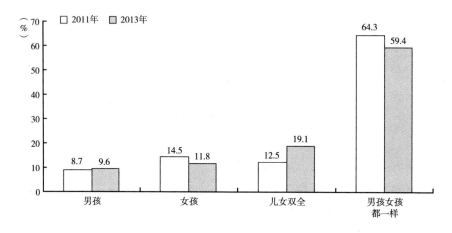

图 3　2011 年和 2013 年流动人口生育性别偏好

这一调查结果与文献研究流动人口有较明显的男孩性别偏好的结果有差异。深度访谈显示，北京作为首都和特大城市，其现代化的文化理念已深深地影响了流动人口的传统观念，他们逐渐接受了女孩在家庭和工作中同样承担重要角色的理念。

4. 生育时间

对流动人口的生育时间，2011 年调查对已婚没有生育者设置了"您打算几年内要孩子"的问题，结果显示有 33.9% 的已婚未育者选择在 1 年内要孩子，有 37.9% 的选择 1~3 年内要孩子，还有 16.1% 的没想好，不打算要孩子的比例占到了 3.2%。

针对流动人口已婚有一个孩子的，则设置了"不考虑政策因素，如果生育第二个孩子，间隔多久合适"，结果发现平均间隔为 4.34 年，选择三年、五年最多，分别占 24.7%、23%。2013 年调查显示，流动人口中已育一孩者认为 3~4 年生育间隔比较合适的居多。已婚未育者中 54% 的被调查者打算在 1~3 年内要孩子。另有8.6%的流动人口不打算要孩子（只有3位被调查者）。而流动人口中44.9%的已育一孩者认为3~4年的间隔比较合适（参见图4）。

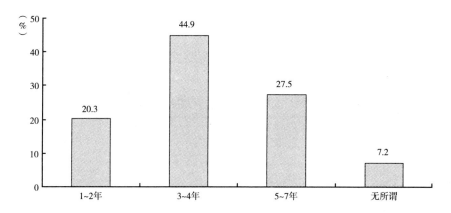

图4　2013年已婚已育一孩者生育间隔

（二）流动人口对生育意愿影响因素的主观认知

流动人口在支配自己生育意愿的同时，会受到不同因素的影响，在2011年和2013年问卷调查中，我们主要从两个角度进行了调查。

1. 影响生育行为人的因素

对问卷中"谁对你的生育行为影响最大"这一问题的回答，2011年调查中，有61.6%的被调查者选择了"自己"，远远高于其他选项，"配偶""自己父母"则排在第二、第三位，分别为18.6%和12.3%。2013年调查显示和2011年同样的结果，59.3%的人认为对自身生育行为影响最大的是自己，但还有高达21.7%的人认为是配偶，14%的人选择自己的父母，显示流动人口选择在生育行为认识上有较为独立的选择权和自主意识。

2. 对影响生育意愿社会影响因素的主观认知

除了人的因素，社会经济方面对生育意愿有着重要影响。2011年调查问卷中，我们设计了"您认为您生育孩子可能会受到哪些因素的影响"这一问题。统计结果显示，在政策、收入、住房、孩子照料问题、事业发展、社会风气、仅凭自己主观意愿、亲戚朋友生育孩子数量和其他9个选项中，收入高居榜首，孩子照料、住房和政策因素则排在第2~4位。2013年调查呈现相似的结果，收入依然排在第1位，发生变化的是政策选项，由2011年的第4位跃居第2位，孩子照料和住房排在第3、第4位（参见表6）。深度访谈分析显示，流动人口对近两年舆论关于放开二孩生育政策的讨论普遍关注，他们大多认为，应该放开二孩生育。这一调查结果反映了舆论在人们心理的折射。

表6　2011年和2013年流动人口对生育意愿影响因素的认知排序 *

排序	2011年	得分	2013年	得分
1	收入	2.12	收入	2.49
2	孩子照料问题	0.98	政策	0.96
3	住房	0.95	孩子照料问题	0.84
4	政策	0.93	住房	0.60
5	事业发展	0.48	自己主观意愿	0.34
6	仅凭自己主观意愿	0.26	其他	0.29
7	社会风气	0.14	事业发展	0.18
8	亲戚朋友生育孩子数量	0.06	养老压力	0.18
9	其他	0.03	社会风气	0.07

＊表中的得分是按照最重要=3，第二重要=2，第三重要=1分别赋值后计算出的平均得分，以显示其重要程度。

3. 想生育两个孩子的理由

本研究在问卷中调查了选择理想子女数为二孩的被访者想生育两个的理由，包括以下9个方面，即一个孩子太孤单、独生子女教育难、降低养老风险、增加家庭劳动力、充分享受天伦之乐、儿女双全、孩子越多越好养、长辈希望和其他。调查结果见表7。

可以看出，"一个孩子太孤单"成为人们选择二孩的最主要原因，其次是希望儿女双全，排在第三位的是"降低养老风险"。2013年的调查这三项依然排在前三位，只是"降低养老风险"由2011年的第三位升至第二位。深度访谈显示，舆论对人们的认识有明显影响作用。近两年，关于失独家庭、社会养老问题的讨论受到人们广泛关注，养老问题尤其是老年人的精神抚慰缺失使得人们对养老风险增加了关注。

表7 2011年和2013年流动人口想生育两个孩子的理由排序*

排序	2011年	得分	2013年	得分
1	一个孩子太孤单	2.61	一个孩子太孤单	2.25
2	希望儿女双全	0.84	降低养老风险	1.12
3	降低养老风险	0.69	希望儿女双全	0.69
4	独生子女教育难	0.57	独生子女教育难	0.50
5	长辈的希望	0.50	增加家庭劳动力	0.40
6	充分享受天伦之乐	0.41	长辈的希望	0.32
7	增加家庭劳动力	0.28	充分享受天伦之乐	0.30
8	孩子越多越好养	0.05	其他	0.112
9	其他	0.04	孩子越多越好养	0.024

＊表中的得分是按照最重要＝3，第二重要＝2，第三重要＝1分别赋值后计算出的平均得分，以显示其重要程度。

（三）流动人口与户籍人口生育意愿差异比较

2011年在进行流动人口生育意愿调查的同时，为了进行比较研究，我们也进行了户籍人口生育意愿的调查。将其与流动人口进行比较，能反映出流动人口的比较特征。户籍人口的抽样框与流动人口相同，在回收的户籍人口的974份问卷中，独生子女占到近八成；男女比例基本平衡；20～24岁占24.9%，25～29岁占25.2%，30～34岁占32.6%，35～39岁占17.2%；70%以上具有大专或以上文化程度，高中及以下略高于二成；51%为未婚者，48.9%为已婚；76.9%是已就业者，收入在2000～2999元为最多。经与总体结构对比，能够代表研究总体。

1. 理想子女数的比较

2011年北京市户籍人口理想子女数调查结果见表8。

比较流动人口理想子女数（见本文前述表3）和户籍人口的理想子女数（见表8）的统计结果有以下发现。

其一，流动人口的理想子女数要高于户籍人口。流动人口的理想子女平均数为1.49，而户籍人口为1.3。流动人口呈现明显的"二孩生育观"，理想子女数是2的比例占50.8%，而户籍人口呈现明显的"一孩生育观"，理想子女数是1的比例占51.5%。

表8 2011 年北京市户籍人口的理想子女数

单位：%

项目	分 类	样本数（人）	0 个	1 个	2 个	3 个及以上	平均数（个）
	总　体	974	9.5	51.5	38.3	0.6	1.30
性别	男	467	10.5	54.8	34.0	0.6	1.25
	女	507	8.7	48.5	42.2	0.6	1.35
婚姻状况	未婚	497	11.7	52.3	35.0	1.0	1.25
	已婚	477	7.3	50.7	41.7	0.2	1.35
生育状况	已婚未育	191	13.1	51.8	34.6	0.5	1.23
	已婚已育1孩	271	3.0	50.2	46.9	0	1.44
	已婚已育2孩	6	0	16.7	83.3	0	1.83
分年龄	20~24 岁	243	9.1	53.9	36.2	0.8	1.29
	25~29 岁	245	11.0	54.7	32.7	1.6	1.25
	30~34 岁	318	9.1	49.1	41.8	0	1.33
	35~39 岁	168	8.9	48.2	42.9	0	1.34
文化程度	小学及以下	8	12.5	62.5	12.5	12.5	1.38
	初中	36	13.9	63.9	22.2	0	1.08
	高中(含中专、中技)	166	10.8	56.0	33.1	0	1.22
	大专	263	9.1	51.0	39.9	0	1.31
	大学本科	448	9.6	49.6	39.7	1.1	1.32
	研究生及以上	53	3.8	47.2	49.1	0	1.45
收入分组	无收入	189	10.1	55.0	34.4	0.5	1.25
	1~1499 元	31	19.4	45.2	35.4	0	1.16
	1500~1999 元	99	9.1	56.6	34.3	0	1.25
	2000~2999 元	250	10.4	49.6	39.6	0.4	1.30
	3000~3999 元	188	10.1	48.4	39.9	1.6	1.33
	4000~4999 元	76	5.3	57.9	36.8	0	1.32
	5000~6999 元	92	8.7	48.9	42.4	0	1.34
	7000~9999 元	25	0	44.0	52.0	4.0	1.60
	10000 元以上	24	8.3	54.2	37.5	0	1.29
职业	国家机关、企事业负责人	12	16.7	50.0	33.3	0	1.17
	专业技术人员	273	6.6	54.6	38.8	0	1.32
	办事人员和有关人员	200	11.0	48.5	39.5	1.0	1.31
	商业、服务业人员	206	12.1	45.6	42.2	0	1.32
	生产运输设备操作人员	18	11.1	61.1	27.8	0	1.17
	其他	2	0	100.0	0	0	1.00

其二，流动人口与户籍人口一样，分人口和社会特征群体的理想子女数呈现的规律是一致的。不同婚姻、生育状况的群体的理想子女数存在显著差异。不同性别、年龄、收入、职业的被调查者，其理想子女数量上的差异不显著。年龄越大，理想子女数越高；已婚者比未婚者表现出更强的生育意愿；尤其是已育二孩者，其理想子女数显著高于已婚未育和已婚已育一孩者。

其三，流动人口与户籍人口一样，文化程度不同，理想子女数存在显著差异，户籍人口中理想子女数随着文化程度的提高，呈现了和流动人口一样的"两头高、中间低"的趋势。户籍人口的高学历者尤其是研究生，和流动人口一样显示了较强的二孩意愿，理想子女数达到了 1.45 个，低于流动人口的 1.74 个，但是与流动人口中大学本科层次有较低的水平不同，户籍人口中初中文化层次人群的理想子女数呈现了较低的水平。

2. 二孩生育意愿比较

对于"假如根据政策您符合生二胎的条件，您打算要第二个孩子吗"这一问题回答见表9。

表9 2011年流动人口和户籍人口二孩生育意愿

	数量（人）	流动人口（％）	户籍人口（％）
要	477	48.0	31.4
不 要	306	30.8	48.3
没想好	210	21.1	20.3
总 和	993	100	100

与户籍人口相比，流动人口的二孩生育意愿要高于户籍人口的二孩生育意愿。流动人口明确表示要第二个孩子的比例比户籍人口高 16.6 个百分点。48.3%的被调查户籍人口明确表示即使政策允许，也不打算要第二个孩子，只有 31.4%表示"愿意"，户籍人口的二孩生育意愿并不强烈。

进一步分析愿意生育二孩的理由，我们发现，"一个孩子太孤单"是流动人口与户籍人口共同的感受，列在理由的第一位，而流动人口列在第二位的理由是"希望儿女双全"，反映了流动人口在儿女性别上的特别关注。户籍人口则把教育问题放在了第二位，希望儿女双全只排在第 5 位。养老风险则是流动人口与户籍人口都相当关注的问题，共同排在了第三位，参见表10。

表10　流动人口和户籍人口想生两个孩子的理由比较[*]

排序	2011 年流动人口	得分	2011 年户籍人口	得分
1	一个孩子太孤单	2.61	一个孩子太孤单	2.87
2	希望儿女双全	0.84	独生子女教育难	1.08
3	降低养老风险	0.69	降低养老风险	0.65
4	独生子女教育难	0.57	充分享受天伦之乐	0.46
5	长辈的希望	0.50	儿女双全	0.43
6	充分享受天伦之乐	0.41	长辈的希望	0.17
7	增加家庭劳动力	0.28	增加家庭劳动力	0.13
8	孩子越多越好养	0.05	其他	0.04
9	其他	0.04	孩子越多越好养	0.03

*表中的得分是按照最重要 = 3，第二重要 = 2，第三重要 = 1 分别赋值后计算出的平均得分，显示其重要程度。

3. 生育性别偏好的比较

流动人口和户籍人口一样，都不存在明显的男孩偏好。调查中流动人口中的 64.3% 和户籍人口中的 76.7% 的人选择了男孩女孩都一样，户籍人口和流动人口偏好女孩比偏好男孩的比例都高出近 6 个百分点。跟户籍人口相比，流动人口选择儿女双全的比例高达 12.5%，明显高于户籍人口的 4.3%（见表11）。在深度访谈中，大多数被访者也反映了同样的诉求。

表11　2011 年流动人口和户籍人口生育性别偏好比较

	数量（人）	流动人口比例（%）	户籍人口比例（%）
男孩	87	8.7	6.6
女孩	145	14.5	12.4
儿女双全	125	12.5	4.3
男孩女孩都一样	644	64.3	76.7
总　　和	1001	100.0	100.0

4. 生育时间的比较

无论是流动人口还是户籍人口，已婚没有生育者大部分倾向于结婚 1~3 年内要孩子，户籍人口比流动人口高 6 个百分点；其次是 1 年之内，流动人口比户籍人口高 10 个百分点。有一定比例的人的态度不明确，没有想好，值得关注。流动人口不打算要孩子的比例占到了 3%，远远低于户籍人口的 8.4%（参见图 5 和图 6）。

已婚有一个孩子的，回答"不考虑政策因素，如果生育第二个孩子，间隔多久合适"，结果发现流动人口平均间隔为 4.34 年，略长于户籍人口的 3.97 年，流动人口选择三年、五年最多，分别占 24.7% 和 23%。户籍人口选择三年、四年最多，分别占到 29.5% 和 28.2%。

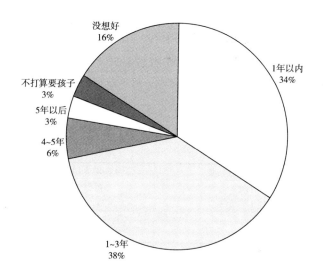

图 5　2011 年已婚未育流动人口计划生育时间

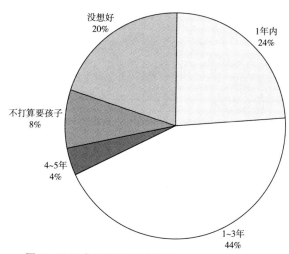

图 6　2011 年已婚未育户籍人口的生育时间状况

（四）乡－城流动人口与城－城流动人口生育意愿比较

按照流动人口户籍类型不同，可将流动人口分为乡－城流动人口和城－城流动人口两大类，即乡－城流动人口的户籍为农业户口，城－城流动人口户籍类型为城镇户口（即非农户口）。前文所述，北京流动人口的一大特点是城－城流动人口占到流动人口的30%左右，显示了北京作为首都和特大城市的区位优势和人才吸附作用。在2011年调查中，我们进行了流动人口生育意愿的分层研究。其中乡－城流动人口为646人，城－城流动人口为342人。其样本结构见表12。由于2013年流动人口样本数量较小，达不到分类比较的要求，故本研究只针对2011年数据进行分析。

表12 2011年不同户籍类型流动人口调查样本基本情况

单位：%

项　目	分　类	乡－城人口	城－城人口
是否独生子女	独生子女	6.8	36.3
	非独生子女	93.2	63.7
性别	男	46.0	37.1
	女	54.0	62.9
婚姻状况	未婚	20.4	29.3
	初婚	74.9	63.6
	再婚（包括离异和丧偶）	3.0	7.1
受教育程度	初中及以下	55.2	9.0
	高中（含中专、中技）	27.5	18.8
	大专	12.0	30.6
	大学本科及以上	4.8	41.7
工作状况	有工作	91.0	86.5
	无工作	6.9	13.5
年龄分组	20~24岁	34.5	13.2
	25~29岁	27.7	26.4
	30~34岁	18.4	29.9
	35~39岁	19.3	20.1

1. 理想子女数

2011年调查显示，流动人口中乡－城流动人口平均理想子女数为1.54，显著高于城－城流动人口的1.40，其理想子女数为二孩者为54.3%，也显著高于城－城流动人口的43.5%，呈现乡－城流动人口、城－城流动人口和户籍人口在理想子女数上的递减态势（参见表13）。

表13　2011年乡－城和城－城流动人口理想子女数比较*

类型	样本数（人）	0个（%）	1个（%）	2个（%）	3个或更多（%）	平均理想子女数（个）
乡－城流动人口	634	1.3	44.2	54.3	0.3	1.54
城－城流动人口	336	6.3	49.1	43.5	1.2	1.40
户籍人口	974	9.5	51.5	38.3	0.6	1.30

* 卡方检验 $\chi^2 = 24.574$，差异显著（为了保证单元格数量大于5，只对0、1、2三组做了检验）。

2. 二孩生育意愿

调查显示，乡－城流动人口二孩生育意愿较高，比城－城流动人口高出近14个百分点。无论乡－城流动人口还是城－城流动人口都有相当比例的人群未想好是否生育二孩，这部分人群也需要密切关注。

表14　2011年乡－城和城－城流动人口二孩生育意愿*

单位：%

类型	要	不要	没想好
全部人口	48.0	30.7	21.3
乡－城流动人口	52.8	26.5	20.7
城－城流动人口	38.9	38.6	22.4

* 卡方检验 $\chi^2 = 19.849$，差异显著。

3. 生育性别偏好

由图7可以看出乡－城流动人口和城－城流动人口都基本不存在性别偏好问题，乡－城流动人口比城－城流动人口希望儿女双全的比例明显，而城－城流动人口女孩偏好比较明显。

4. 影响因素的主观认知

无论是乡－城流动人口还是城－城流动人口生育行为自主性都较高（参见图8）。选择自己是对生育意愿影响最大的都接近60%，其次是配偶，父母都只占10%左右。

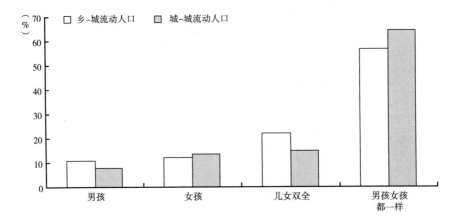

图7　2011年乡－城和城－城流动人口生育性别偏好

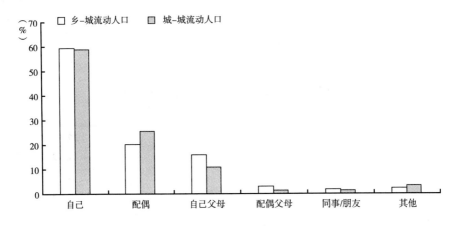

图8　2013年乡－城和城－城流动人口生育行为人的影响因素主观认知

在影响生育的社会因素中，乡－城流动人口和城－城流动人口的认知非常接近，收入都以高分跃居首位，排在第2～5位的都是孩子照料问题、住房、政策和事业发展，没有显著差异（参见表15）。

5. 生育理念的现代化

深度访谈发现，城－城流动人口和乡－城流动人口在生育现代化的进程中处于不同阶段。如果说，乡－城流动人口的生育理念正处于现代化的转型时期，即较流出地农村居民，乡－城流动人口生育观念已发生了很大的改变，这

表15 2011年乡－城和城－城流动人口生育意愿社会经济因素认知排序

排序	乡－城流动人口		城－城流动人口	
	选 项	得分	选 项	得分
1	收入	2.15	收入	2.05
2	孩子照料问题	0.99	孩子照料问题	0.97
3	住房	0.95	政策	0.96
4	政策	0.92	住房	0.96
5	事业发展	0.49	事业发展	0.47
6	仅凭自己主观意愿	0.24	仅凭自己主观意愿	0.30
7	社会风气	0.15	社会风气	0.12
8	亲戚朋友生育孩子数量	0.07	亲戚朋友生育孩子数量	0.05
9	其他	0.02	其他	0.02

体现在意愿生育数量的下降、生育时间的推后和生育动机的现代化转变，生育观念已发生现代化转变。但城－城流动人口已处于后现代化时期，第二次人口转变现象在流动人口尤其是城－城流动人口中的影响已初露端倪，大多数城－城流动人口能接受如同居家庭模式、未婚先育、丁克家庭和同性婚姻等社会现象，但自己不会选择，说明城－城流动人口的价值观念和现实选择还存在差距。虽然北京市经济水平已处于中等发达国家水平，但中华民族传统的价值观和生活方式仍占主流地位。

（五）流动人口生育服务调查

在2013年调查中，我们还设置了相关的题目来调查北京市各级人口计划生育部门对流动人口提供生育服务的了解程度和效果评价，以其对流动人口生育服务情况评估提供参考。调查结果如下。

1. 流动人口对生育服务的知晓率

从表16可以看出，流动人口对各项生育服务的了解程度基本都在半数以上，其中对依法免费获得避孕药具的知晓率为61.3%，对成年育龄妇女离开户籍地前应当办理《流动人口婚育证明》知晓率为55.8%，免费孕检知晓率达到54.7%。但是不太了解和不知道的也占了相当的比例。

表16 2013年流动人口对生育服务的知晓率

单位：%

	知道	不太清楚	不知道
育龄妇女免费孕检	54.7	25.7	19.6
依法免费获得避孕药具	61.3	20.5	18.1
免费参加有关人口与计划生育法律知识和生殖健康知识普及活动	51.1	29.7	19.2
成年育龄妇女离开户籍地前,应当办理《流动人口婚育证明》	55.8	24.9	19.2
成年育龄妇女应当自到达现居住地之日起30日内,提交《流动人口婚育证明》	46.1	31.1	22.8

2. 流动人口对所接受生育服务的满意程度

对流动人口所接受生育服务的满意程度调查显示（见表17），流动人口对人口计生部门提供的计生服务项目满意程度较高。尤其是育龄妇女免费药具服务、免费孕检和免费参加活动的满意率超过65%，婚育证明服务满意率排在后两位。

表17 2013年流动人口对所接受的生育服务的满意程度

单位：%

	满意	一般	不满意
育龄妇女免费孕检	87.6	10.8	1.6
依法免费获得避孕药具	87.2	11.6	1.1
免费参加有关人口与计划生育法律知识和生殖健康知识普及活动	86.3	11.9	1.8
在户籍地办理《流动人口婚育证明》	77.2	18.6	4.2
在北京换领新《流动人口婚育证明》	81.3	15.0	3.7

五　结论与讨论

（一）主要结论

从以上调查结果中，我们可以得出以下结论。

1. 流动人口群体呈现普遍的低生育意愿。2011年和2013年流动人口平均理想子女数分别为1.49个和1.76个；二孩生育意愿调查显示出同样的趋势，2011年和2013年流动人口明确要二孩的比例只有48%和54%。虽明显高于户籍人口，但属于低生育意愿水平。

2. 二孩生育意愿模糊群体占相当比例。20%左右的流动人口二孩生育意愿不明晰，这一模糊群体的生育意愿需要长期观察和追踪。

3. 没有明显的男孩生育偏好，但希望儿女双全者比例较高。与国内其他研究不同，受特大城市现代化生育观念影响，流动人口无论是城-城流动还是乡-城流动都没有显示出明显的男孩生育偏好，但选择儿女双全者占相当比例；在要二孩的原因中，儿女双全排在第2位，显著高于户籍人口的第5位。

4. 流动人口与户籍人口生育意愿上存在一定差异。表现在流动人口的理想子女数和二孩生育意愿高于户籍人口，在孩子性别上，选择"儿女双全"者也明显高于户籍人口。

5. 流动人口生育意愿呈现明显的分层差异。占流动人口30%的城-城流动人口在理想子女数和二孩生育意愿上明显低于乡-城流动人口，差异显著。在平均理想子女数上，呈现乡-城流动人口、城-城流动人口和户籍人口递减效应。

6. 收入是影响生育行为的最主要因素。孩子照料、住房和政策因素则排在第2~4位，2013年调查显示认为政策产生较大影响在近两年有所上升。乡-城流动人口与城-城流动人口在这项调查中十分接近，显示了流动人口在北京市经济生活中的弱势地位对生育行为的影响。

7. 舆论对人们的生育意愿产生一定作用。近两年生育政策的讨论在人们的二孩生育意愿、影响生育的因素等方面已有一定反映。

8. 第二次人口转变现象在流动人口尤其是城-城流动人口中的影响已初露端倪。大多数城-城流动人口能接受如同居家庭模式、未婚先育、丁克家庭和同性婚姻等社会现象，但这种思潮尚未成为主流，中华民族传统的家庭价值观和生活方式仍占主导地位。

9. 流动人口对北京政府提供的流动人口计划生育服务知晓率和满意度较高，但仍需进一步改进。比较而言，对于"婚育证明"政策的知晓率和满意度均低于60%，需要加大宣传力度，改进服务机制。

（二）政策建议

1. 建议全面放开二孩生育政策

在放开二孩生育政策策略方面，一直存在逐步放开还是全面放开的争论。2013 年 11 月，党的十八届三中全会出台了率先放开单独二孩生育的决定，采取的是逐步放开的策略。我们认为，城市化是当今中国的主流，全国有 2.2 亿流动人口，80% 以上是育龄群众，流动人口的城市生活经历使其在生育意愿和行为上越来越趋同于城市人口，更具有现代性生育观念的特征，呈现低生育意愿。即使全部放开二孩生育，生育率也不会高度回升。逐步放开生育政策，容易让居民产生"搭末班车"心理，造成扎堆生育现象，从而出现"补偿性反弹"。而且逐步放开生育政策使政策处于不稳定状态，加大了基层对单独家庭的认证工作，导致矛盾纠纷增多；而全面放开生育政策能够消除居民对生育政策不稳定的担忧，其可以按照自身生育意愿和生育计划从容地进行生育安排。

2. 建议推行城乡一体化生育政策

我国现行生育政策是 1984 年后对"一孩"政策逐步调整，在 20 世纪 90 年代形成多样化的生育政策格局。其主要特点是城乡二元性，这一政策在当时缓和了社会矛盾，符合大多数人尤其是农民的意愿，是对一孩政策的改良。但随着改革开放的深入，以农民工为主体的流动人口大量进入城市，给计划生育管理带来沉重压力。在计划生育管理实践中，产生矛盾纠纷最主要的原因就是地域以及省、市、区县之间政策不配套、政策不平衡，政出多门让老百姓觉得受到不平衡不公正待遇，由此引发的问题也导致矛盾丛生。同时，户籍制度改革步伐加快，社会政策城乡一体化的时期已经到来，医疗、养老、低保的城乡居民全覆盖的模式已形成。如果生育政策调整时依旧强化城乡的二元性，势必与社会管理和社会政策发展变革的趋势不相吻合。因此，建议采取全国一盘棋、城乡一体化、地区无差异的二孩生育政策。

3. 理顺公共服务运行机制，强化流动人口计生服务

流动人口生育服务品质是影响他们生育意愿的重要因素，接受现代化的服务和管理会有效地促进其生育观念的现代化。调查显示，流动人口对计划生育服务不了解不知晓的问题还比较明显，须加大这方面的宣传力度。同时，在生育政

策调整背景下，如何针对流动人口的特点，建立科学、合理、动态的社会管理与公共服务运行机制，加强婚姻、生育、户籍等信息的共享机制，形成资源共享，促进良性互动，有效地为流动人口提供所需要的生育服务，是当前面临的重要任务。

参考文献

北京市统计局、国家统计局北京调查总队：《北京统计年鉴（2013）》，中国统计出版社，2013。

陈胜利、张世琨：《当代择偶与生育意愿研究——2002 年城乡居民生育意愿调查》，中国人口出版社，2003。

慈勤英、杨慧：《对流动人口育龄妇女生育状况的分析》，《青年研究》2002 年第 9 期。

风笑天、张青松：《二十年城乡居民生育意愿变迁研究》，《市场与人口分析》2002 年第 5 期。

傅崇辉、向炜：《深圳流动育龄妇女生育子女数的影响因素分析》，《南方人口》2005 年第 3 期。

龚德华、甘霖等：《生育意愿影响因素分析》，《湖南医科大学学报》（社会科学版）2009 年第 1 期。

顾宝昌：《论生育和生育转变：数量、时间和性别》，《人口研究》1992 年第 6 期。

侯亚非：《北京市独生子女生育意愿调查分析》，《北京社会科学》2003 年第 3 期。

黄玥：《女农民工的生育意愿及其环境影响因素》，《当代经济人》2006 年第 1 期。

李彩霞：《城市经历与女农民工的生育意愿——对武汉市洪山区部分女农民工的个案访谈》，《江南大学学报》2005 年第 4 期。

李嘉岩：《北京市独生子女生育意愿调查》，《中国人口科学》2003 年第 4 期。

李建民：《中国的生育革命》，《人口研究》2009 年第 1 期。

李树苗等：《农民工的社会网络和生育》，社会科学文献出版社，2008。

梁巧转、朱楚珠：《生育观转变的定量研究》，《西安交通大学学报》1994 年第 3 期。

刘爱玉：《流动人口生育意愿的变迁及其影响》，《江苏行政学院学报》2008 年第 5 期。

刘爽、卫银霞、任慧：《从一次人口转变到二次人口转变》，《人口研究》2012 年第 1 期。

马小红：《二孩、生还是不生——北京城市独生子女生育意愿调查》，《中国人口年鉴2007》，中国人口出版社，2007。

马小红：《从北京调查看生育意愿和生育水平》，《人口研究》2011 年第 2 期。

马小红：《趋同的城乡生育意愿对生育政策调整的启示》，《人口与发展》2011 年第 6 期。

马小红、张信锋：《北京农村地区独生子女生育意愿调查》，《中国人口年鉴 2008》，中国人口出版社，2008。

沈毅：《苏南流动人口生育意愿研究——以吴江流动人口为例》，《市场与人口分析》2005 年第 5 期。

时检喜：《对流动人口已婚育龄妇女婚姻及生育状况的调查分析》，《市场与人口分析》2005 年第 4 期。

王薇：《农村流动人口的生育意愿分析》，南开大学硕士学位论文，2008。

吴帆：《新一代乡 - 城流动人口生育意愿探析》，《南方人口》2009 年第 1 期。

伍海霞、李树茁：《社会网络对农民工生育观念的影响——来自深圳调查的发现》，《人口与发展》2008 年第 6 期。

伍海霞、李树茁、悦中山：《城镇外来农村流动人口的生育观念与行为分析——来自深圳调查的发现》，《人口研究》2006 年第 1 期。

谢永飞、刘衍军：《流动人口的生育意愿及其变迁——以广州市流动人口为例》，《人口与经济》2007 年第 1 期。

徐丽娟：《社区外来流动人口的代际生育意愿探析》，华中师范大学硕士学位论文，2007。

杨菊华：《意愿与行为的悖离：发达国家生育意愿与生育行为研究述评及对中国的启示》，《学海》2008 年第 1 期。

尹德挺、闫萍、杜鹃：《北京市人口发展的新特点和新挑战》，《北京日报 - 理论周刊》2013 年 12 月 9 日。

尹志刚等：《北京市流动人口移民倾向和行为研究》，北京出版社，2008。

尤丹珍、郑真真：《农村外出妇女的生育意愿分析——安徽、四川的实证研究》，《社会学研究》2002 年第 6 期。

翟振武、段成荣、毕秋灵：《北京市流动人口的最新状况与分析》，《人口研究》2007 年第 2 期。

庄渝霞：《不同代别农民工生育意愿及其影响因素——基于厦门市 912 位农村流动人口的实证研究》，《社会》2008 年第 1 期。

Bongaarts, J., 2001. Fertility and Reproductive Preferences in Post-transitional Societies. In R. A. Bulatao and J. B. Casterline eds. *Global Fertility Transition*. New York, Population Council.

Bongaarts, J., 2002. "The End of the Fertility Transition in the Developed World." *Population and Development Review* 28：419 – 443.

Carter, Marion. Fertility of Mexican Immigrant Women in the U. S. ：A Closer Look *Social Science Quarterly* (University of Texas Pree)；Dec. 2000, Vol. 81 Issue 4, pp. 1073 – 1086.

Bun Song Lee. The Influence of Rural-Urban Migration on Migrant's Fertility Behavior in Cameroon *International Migration Review*；Winter92, Vol. 26, Issue 4, pp. 1416 – 1447.

Easterlin, R. E. M. C. 1985. *The Fertility Revolution：A Supply-Demand Analysis*. Chicago and London：The University of Chicago Press.

Jensen, Eric & Ahlburg, Dennis. Why does migration decrease fertility? Evidence from the Philippines *Population Studies*；Jul. 2004, Vol. 58, Issue 2, pp. 219 – 231.

北京代际照料对生育决策的影响

——以东城区为例

闫 萍 张小玉*

摘 要：

本研究采用北京市人口研究所2013年的"北京市东城区居民生育意愿调查"的调查数据，在统计分析的基础上，梳理和勾画出家庭照料因素对生育决策的影响路径图，探讨家庭照料因素对非独、双独和单独家庭的影响程度及差异，判断生育政策调整后，未来家庭照料支持体系构建的重点。

本研究认为首先，老年人能否为子女的下一代提供足够的照料资源，是子女生育决策的重要影响因素。其次，当子女面对两种照料压力时，家庭照料的配置会发生矛盾，生与不生实际上是资源配置问题。家庭照料在代际的流向影响生育决策的方向。但是随着老年人口的进一步老化以及适龄子女婚育年龄的推迟，一个家庭系统中，老年人照料和儿童照料重叠交叉的可能性更大，老年人能提供的儿童照料资源将逐渐陷于枯竭。儿童照料资源的供给将越来越成为制约生育行为的关键因素。家庭如何寻找新的替代性儿童照料资源？国家和社会能够为家庭的儿童照料提供何种帮助？这些可能是决定未来家庭生育决策的关键问题。

* 闫萍，北京市委党校社会学教研部讲师，北京市人口研究所、北京人口发展研究中心研究人员。张小玉，北京市委党校硕士研究生。

本文是2013年度北京市社会科学界联合会青年社科人才资助项目（项目编号：2013SKL025），2013年度北京市委党校校级调研课题（项目编号：2013XQN006）的阶段性成果。本文所用的数据源于北京市东城区人口计生委和北京市人口研究所马小红副教授合作主持的"2013年北京市东城区居民生育意愿调查"课题，在此表示感谢。

关键词：

家庭转型　家庭照料　生育决策

一　引言

少子化与老龄化并存是我国目前面临的人口结构新问题。2010 年第六次全国人口普查显示，中国 60 岁及以上老年人口已达 1.78 亿，占总人口的 13.26%。我国老年人口基数大、增长快且呈现高龄化、空巢化趋势；全国人口中，0~14 岁人口为 2.22 亿，占总人口的 16.6%，同 2000 年第五次全国人口普查相比，0~14 岁人口的比重下降 6.29 个百分点，60 岁及以上人口的比重上升 2.93 个百分点，我国人口少子化比老龄化的趋势更严重。我国亟待解决的最突出问题已经从控制人口数量转变为调整人口结构。

伴随着人口转变的家庭转型呈现家庭规模小型化、家庭结构核心化、家庭居住分散化的特征，家庭的转型必然会带来家庭功能的变化。伴随着人口老龄化的加剧，需要照料的失能、半失能老人数量剧增，照料和护理问题日益突出。国务院办公厅印发的《社会养老服务体系建设规划（2011~2015 年)》中显示，我国城乡失能和半失能老年人口约 3300 万，占老年人口总数的 19%。家庭是照顾年幼子女和老年人日常生活的重要载体，家庭资源的多寡以及家庭内部资源的配置状况，影响着家庭功能比如生育功能、养老功能的发挥。

本文着重探讨家庭照料与家庭的生育决策之间的影响机制，以期从家庭的视角为生育决策影响因素的分析提供借鉴。

二　理论基础和相关文献回顾

（一）家庭因素和生育决策关系的理论探讨

1. 代际财富流理论

澳大利亚人口社会学家凯德维尔（Caldwell）提出的财富流理论认为，在生育率高低的背后隐藏着人们对生育与家庭经济利益关系的判断。该理论中的财富包括物质财富与非物质财富，指一个人提供给另一个人的金钱、物品、服务以及担保等，并不仅限于货币收入；代际财富流是家庭内部、长幼之间存在的财富流动关系。历史上有两种财富流，一种财富流从父代流向子代，另外一种从子代流向父代，人口转变、生育率转变的基本问题是代际两种流向的财富流的净差额，即财富流在父代和子代之间的净差额，这种差额就是"净财富流"。在不同的社会历史条件下，代际财富流流动的方向决定了人们的生育数量，它本质上由家庭生产方式决定。他认为，在传统社会，净财富是由子代流向父代，而在现代社会，净财富是从父代流向子代。孩子在传统社会，不仅要在年幼时帮其父母做事，甚至要大量劳作，而且成年以后也是这样，到父母年老的时候要负责照顾他们，要支撑家庭的社会地位，为家庭提供收益，还要传宗接代维持家系，这都会促使人们倾向于高生育率；而在现代社会，孩子的上述收益绝大部分已经丧失：孩子年幼时要接受教育，成年时倾向于独立生活，而家庭的养老功能从家庭内部转移到社会。因此，无论在社会的哪个发展阶段，如果生育行为是理性的，生育率是高是低，都是个人、夫妇、家庭衡量经济收益的结果；生育率的高低由经济动因决定，而这种经济动因又由社会条件决定。就生育变动而言，最根本的条件是净财富在代际的流向（张羽、陈友华，2011）。

2. 新家庭经济学

新家庭经济学模型，又称时间价值模型和伊斯特林模型（Easterlin Model），也称相对收入模型（Relative Income Model）。总体而言，两个模型都致力于建立妇女劳动参与率（FLP）和总和生育率（TFR）之间的关系，而两者的区别在于，新家庭经济学模型强调妇女时间价值的变化，而伊斯特林模型更加强调人口变动周期带来相对收入的变化。

新家庭经济学指出，影响家庭孩子数量的主要变量：一是家庭收入预算约束（收入效应）；二是父母双方偏好水平；三是生育、养育孩子的成本。从第一个变量来看，控制偏好水平以及孩子质量数量替代水平不变的条件下，家庭收入的增加对于生育水平是应该有正效应的；但在实际情况中，第一个变量和第三个变量往往存在相关，因为：①孩子的成本包括了养育孩子的成本，如教育、医疗、食品等，另外也包括了父母双方照料孩子所付出的精力时间形成的机会成本；②在传统的社会分工中，女性承担了大部分生育和养育孩子的责任，男性付出的时间精力较小、成本较低而可以忽略不计，因此，可以认为男性收入对生育率只有正效应；③女性收入对生育有正负双重效应，基于收入效应，女性收入对生育是有正效应的；但是因为更高的女性收入意味着女性由于生育孩子带来的机会成本更高，经验研究也指出女性收入水平向男性收入水平靠拢会导致女性提高劳动参与率而减少生育率。但这不等于新家庭经济学的理论框架指出女性劳动参与率的提高对生育率有负效应。

3. 成本效用理论

莱宾斯坦的成本效用理论，是运用西方微观经济学成本效用分析来研究家庭生育决策的一种理论，为西方人口经济学的研究开辟了一条全新的路径。该理论认为，"随着家庭收入的增加及家庭地位的上升，为了避免或减少损失，这类家庭倾向于少生育孩子"。因而，经济发展会导致较低的意愿生育率，即预期生育率较低。

莱宾斯坦认为，孩子的成本包括直接成本和间接成本两部分。直接成本是按照社会正常标准，一个新生孩子的衣、食、住、行的费用，孩子受教育的费用，各种文化、娱乐费用，此外，还包括对孩子的婚姻支出。间接成本是指因抚养和培育一个孩子，父母损失受教育和带来收入的机会，所以又称作机会成本（Opportunity Cost）。在 1957 年出版的《经济落后与经济增长》一书中，莱宾斯坦把新增孩子的效用分为消费效用、劳动－经济效用和保险效用。20 世纪 70 年代，经过进一步的研究，莱宾斯坦认为上述三种效用还不足以说明孩子的效用，于是又补充了三类：经济风险效用、长期维持家庭地位的效用和对扩展型家庭的效用。在此基础上，莱宾斯坦建立了"边际孩子理性选择模型"，其基本含义为：不同家庭由于社会、经济、文化等因素的作用，对孩子数量的期望各不相同，通过对第 n 个孩子所带来的效用（收益）与负效用（成本）的比较、均衡，来决定生育第 n 个孩子是否可取。这个模型指出，父母在进行生育决策时往往只需对边际孩子做出选择，而对边际孩子进行选择决策的主要途径是衡量边际孩子的成本和效益。

（二）家庭因素和生育决策关系的实践探讨

以往大多数研究在探讨生育决策的影响因素时，主要从社会因素、家庭因素、个人因素等方面来分析，其中关于家庭因素对生育决策的影响探讨主要集中在以下几个方面。

1. 家庭习俗与传统。受传统观念影响，生育孩子并非简单的夫妻两人之间的事情，生育决策常常受到"大家庭"成员的制约，以及以亲属为核心的人际关系网络的影响。尤其在农村，传宗接代仍然是家庭的主导生育动机，由于这一观念的存在，未育者的压力较大。但也有研究显示随着社会经济的发展，传宗接代的动机以及父母意愿等影响逐渐减弱，生育动机趋向于多样化（黄丽华、周长洪，1995；李波平、向华丽，2010；侯倩茹，2012；周广亚，2011）。

2. 家庭规模。1997 年，叶文振在探讨我国生育意愿的理论框架的研究中提到，如果研究对象是众多兄弟姐妹中的老大，她有可能因为亲身体会到多子女的辛苦而倾向少生，但也有可能因为兄弟姐妹多而不能接受较好的教育进而沿袭母亲的生育习惯而倾向多生（叶文振，1997）；李嘉岩通过对北京市独生子女生育意愿的统计结果和具体分析得出，独生子女与非独生子女的生育意愿差异没有显著性，但独生子女与独生子女父母的生育意愿有一定差别，特别是独生子女父母不想要孩子的百分比远远低于独生子女，而想要 2 个及以上孩子的百分比又远高于独生子女（李嘉岩，2003）。风笑天比较了城市青年生育意愿状况，得出独生和非独生的青年中，在希望生育的孩子数目方面，其分布基本相同（风笑天，2004）。但也有学者认为，独生子女因自身有独生子女的孤单、养老的压力，若政策允许有倾向多生的可能（龚德华、甘霖、刘惠芳、曾小敏，2009）。陈字、邓昌荣（2007）运用 logit 和 probit 离散选择模型，结果表明兄弟姐妹数量对生育意愿有正向影响。

3. 家庭经济状况。进入 21 世纪以来，家庭在子女生活、教育、医疗等方面的直接货币支出大幅度增长，但随着就业形势的变化、房价的不断攀升以及高额的婚嫁费用产生等，孩子对家庭的效益不但没有提高还有所下降，多生育意味着经济上的损失，孩子的经济成本已经成为人们婚育观念中的一部分（周广亚，2011）。黄丽华和周长洪（1995）提出家庭经济收入越高，对子女数量的潜在需求与现行政策的要求差距越小，反之，家庭收入越低，期望子女数越高，与现行生育政策要求差距越大，生育行为上潜伏的不稳定性也越大。周连福（1997）根据吉林省1995年的调查数据，验证了莱宾斯坦的家庭收入与意愿生育子女数呈负相关的理论。陈卫、史梅（2002）利用伊斯特林模型分析发现，家庭收入与妇女的意愿生育数量呈负相关。

但也有学者持不同观点，张亮（2011）利用2007～2008年在上海和兰州两地采用分层多阶段概率抽样调查所获得的1347个城市被访样本资料，考察城市居民二孩生育意愿的影响因素及地区差异。研究结果发现，在上海，家庭收入水平较高者更希望生育两个孩子。谢晶婷（2010）基于4442位城乡育龄妇女的调查数据，对18～45岁的育龄妇女分城乡生育意愿的差异及其影响因素进行实证分析，研究发现，家庭总收入对意愿生育数量有正向影响，与莱宾斯坦的成本效用理论模型不符合。其原因是，随着经济发展和社会进步，抚养孩子的成本越来越高，家庭收入较低的育龄妇女为了不增加家庭的负担，更偏向于少生育孩子。另一个可能的解释是：由于收入水平还没有达到一定程度，无法使人们意识到子女作为"耐用消费品"其质量的收入弹性大于数量的收入弹性；若收入水平足够高，人们将自觉地认识到优生优育的重要性（徐映梅、瞿凌云，2011）。进城务工妇女已经意识到养育孩子需要付出巨大的货币成本和心血，她们不得不根据家庭收入"量力而生"，其总体意愿生育数量因此降低，但并未对性别偏好造成明显影响。随着家庭年收入的提高，生育二孩的意愿有所反弹，打破了"越穷越生"的传统，"较富者欲多生"的特点有所显现（侯倩茹，2012）。

关于家庭因素和生育决策的理论探讨更多的是从经济效益的视角出发，而关于这方面的实践探讨虽然涉及家庭的视角，但是从家庭照料的角度出发的研究比较不足。本文从家庭的照料尤其是代际照料的角度出发，探讨家庭转型背景下代际家庭照料与家庭的生育决策之间的影响机制。

三　家庭转型与代际家庭照料

（一）家庭照料的界定

家庭资源是指为了维持家庭的基本功能，应对家庭压力事件或危机状态，家庭所必需的物质和精神上的支持。一个家庭可利用的资源越充足，越有利于家庭及其成员的健康发展。

受凯德维尔的财富流理论的启发，本文将家庭照料作为一种家庭财富或者家庭资源，将家庭照料分为两种：一种是从父代流向子代的照料，另一种是从子代流向父代的照料。当将讨论的重点聚焦在家庭照料对生育决策的影响时，具体来讲，第一种照料主要是指第一代对第三代的照料和第二代对第三代的照料，即育龄人群及其父母对将来要出生的孩子的照料。第二种照料主要是指第二代对第一代的照料，即育龄人群对父母的照料。本文将家庭照料简化为照料老人和照料孩子。

（二）家庭转型对家庭照料的冲击

改革开放以来，我国正在由传统的农业社会向现代工业化社会转变，特别是社会主义市场经济的建立，更是加速了这种转变。在所有社会组织中，家庭对社会生活变化的反映是最敏感、最迅速的。当社会发生变化时，家庭也随之而变，不论是家庭结构上，还是家庭成员的关系上，抑或价值观念上，都会发生一系列的变化。家庭转型包括家庭居住方式、生育行为和代际关系三个方面的变化，其中由工作方式变化引起的居住方式的转型更带有根本性的意义，它制约着家庭的生育行为和家庭代际关系（周祝平，2009）。

1. 家庭转型对老年人照料的冲击

改革开放以来，人民生活水平不断提高，住房条件有了很大改善，家庭向着小型化、核心化方向发展。特别是独生子女政策的推行，使得家庭伦理关系、家庭的养老功能等发生了新的变化。传统家庭的伦理轴心是纵向的尊老爱幼，以孝敬老人为主，现在家庭伦理的轴心，一是由纵转向横，重视夫妻的关系；二是纵向上重心下移，转到孩子这个中心上来。家庭在照顾老年人方面的地位和作用在削弱。

随着人口老龄化的深化，一方面，低龄老人与高龄老人几代老人共居家庭，已经大量存在，这无疑就打破了老年人独尊的垄断地位，使得老年人不但得不到特别的照顾和优待，相反要互相照顾，甚至去照顾他人；另一方面，由于现代社会竞争激烈和生活节奏加快，中青年正面临工作和生活的双重压力，照护失能、半失能老年人已经力不从心，对专业化养老机构和社区服务的需求与日俱增，而社会化养老服务体系的建设和完善还需要一个过程。

2. 家庭转型对儿童照料的冲击

21世纪以来，就业妇女增加，双薪家庭应运而生，家庭时间的利用方式也发生了根本变化。当家庭成员把更多的时间投入工作时，必然会减少家庭对儿童的照料时间，直接以市场需求为导向的工作时间与儿童照料之间产生了极大的矛盾。传统以男主外、女主内的夫妻角色分工为特色的家庭形态发生变化后，双薪家庭面临独特的压力与难题。

儿童照料问题是双薪家庭普遍面临的重要压力。年轻人无法提供足够的时间照料儿童，由此可能导致儿童照料质量下降。同时家庭日益小型化，年轻人更多的是与父母分散化居住，家庭时间资源的市场化配置与家庭居住方式转型导致儿童照料资源的供求严重失衡。在发达国家，随着女性劳动参与率的提高，儿童照料市场发展非常迅速。总部设在意大利的国际儿童发展中心2008年发布了一份题为"儿童照料转型"的报告，该报告以发达国家的儿童照料为研究对象，认为发达国家在过去几个世纪的儿童照料主要作为家庭的私人事务，现在已经变成政府和私人企业越来越多参与的家庭之外的活动。随着家庭转型和家庭劳动供给方式的变化，儿童照料的供需矛盾更加突出。中国从20世纪90年代以来，家政服务市场、保姆市场已经有了较大发展，但是，这一市场的不规范仍然让很多家庭望而却步。因此，农业社会老人照顾孙辈的传统再次为现代城市化和工业化提供强大的动力，但是老年人照顾孙辈与传统社会相比发生了很大的变化，也面临更多的困难，出现了一部分老人背井离乡、夫妻分居投奔年轻子女为其照顾孩子，一部分老人的子女外出打工、老年人和孙辈留守老家为子女照顾孩子等各种情形。我国儿童照料体系的不健全，也给家庭照料带来了更大的压力。

四 家庭照料的代际平衡与生育决策

本部分依据北京市人口研究所2013年做的"北京市东城区居民生育意愿调查"的1000份户籍人口的调查数据,对家庭照料的代际平衡和生育决策做进一步的论述。

首先,伴随着快速的工业化和我国的计划生育政策,年轻子女更容易陷入家庭照料困境。一方面要照顾老人,另一方面要照顾孩子,而国家社会保障的不完善、社会安全体系的匮乏,使得生育事件成为越来越多年轻人的家庭压力。

本次调查中对可能会影响生育孩子的社会经济因素列出13项,要求被访者按最重要、第二重要和第三重要对所选择的因素进行排序。从被访者主观来看,收入是影响生育最重要的因素,其次为住房、政策及孩子照料问题。

表1 影响东城区户籍人口生育行为的社会经济因素 *

排序	影响因素	得分
1	收入	1.99
2	住房	0.98
3	政策	0.89
4	孩子照料问题	0.77
5	儿女教育成本	0.51
6	自己主观意愿	0.29
7	事业发展	0.24
8	个人身体状况	0.22
9	养老压力	0.09
10	社会风气	0.05
11	亲友生育孩子数	0.02
12	其他	0.02
13	宗教信仰	0.01

 * 表中得分按照最重要 = 3,第二重要 = 2,第三重要 = 1,没选 = 0 分别赋值后计算得出平均分,显示其重要程度。

另外,影响不同家庭类型的户籍人口生育行为的社会经济因素的结果显示:非独家庭中,排在第1位的是收入,其次是政策,孩子照料问题排在第4

位；单独家庭中排在第 1 位的是收入，其次是政策，孩子照料问题排在第 4 位；双独家庭中排在第 1 位的是收入，其次是住房，孩子照料问题排在第 3 位。可见不同类型的家庭中，孩子照料问题是各种类型家庭的刚性需求，差异性不大。

表 2　不同家庭类型户籍人口生育行为的社会经济因素

影响因素	得　分		
	非独家庭	单独家庭	双独家庭
政策	1.3	1.06	0.79
收入	1.86	1.78	1.92
住房	0.9	0.92	0.95
孩子照料问题	0.72	0.72	0.83
事业发展	0.15	0.22	0.25
社会风气	0.04	0.09	0.05
自己主观意愿	0.23	0.28	0.34
亲朋孩子数量	0.03	0	0.03
儿女教育成本	0.48	0.6	0.56
个人身体状况	0.21	0.26	0.25
宗教信仰	0.02	0	0
养老压力	0.09	0.11	0.07
其他	0	0.01	0.01

其次，当年轻子女面临家庭压力时，家庭资源是否充足将影响其家庭调适压力和危机的能力。若年轻子女有足够、适当的资源去面对压力，则生育事件不会困扰家庭系统，反之当资源小于压力时，就会发生家庭危机，年轻子女的家庭系统就容易失去平衡而陷入混乱。年轻子女只能从匮乏的家庭资源中寻求帮助，寻求自我救济的途径。

本次调查针对未育者设计了问题："（已育者不答）您如果生育了孩子，孩子最有可能由谁照料（可多选）"，调查结果显示未育者主要选择"自己父母"（60.8%）及"配偶的父母"（23.8%）来照料将来的孩子，可见老年人对孙辈的照料在目前社会照料体系不够健全的情况下仍然是年轻子女所期望的重要的家庭支持资源。

表3　户籍人口未育人群预期的孩子照料者（N＝500）

照料者	频数	百分比
自 己 带	185	37.0
自 己 父 母	304	60.8
配 偶 父 母	119	23.8
请 保 姆	52	10.4
亲 戚 帮 忙	3	0.6
其 他 人	11	2.2

　　本次调查针对已育人群设计了问题："目前您的孩子主要由谁照料"，结果显示，48％的人自己照料孩子，而49.6％的人是依靠自己或者配偶的父母来照料孩子。可见快速工业化并没有完全瓦解两代间的传统家庭价值制度，老年人照顾孙辈的传统家庭习惯仍然显示了它强大的力量。

表4　户籍人口已育人群的子女照料者（N＝448）

照料者	频数	百分比
自　　　己	215	48.0
自 己 父 母	154	34.4
配 偶 父 母	68	15.2
保　　　姆	5	1.1
亲　　　戚	4	0.9
其 他 人	2	0.4
合　　　计	448	100.0

　　本次调查针对跟育龄人群一起居住的父母设计了问题："子女生育孩子后，您会选择何种帮助（可多选）"，调查结果显示48％的父母对子女生育孩子后能够提供经济上的资助，有35％的父母选择到子女家帮助照顾孩子，37％的父母选择把孩子放在自己家抚养。仅有24％的父母选择让子女自己独立承担抚养责任。可见，第一代所能够提供给第二代和第三代的支持除了经济资助外，帮忙照顾孩子是重要的家庭支持形式。

表5　育龄人群父母对子女生育孩子后的家庭支持（N＝568）

父母的支持形式	频数	百分比
让他们自己独立承担抚养责任	134	24
给予经济上资助	273	48
到子女家帮助带孩子	197	35
把孩子放在自己家抚养	209	37
其他	11	2

五　总结和结论

根据以上理论和实证的分析，本文得出以下结论。

首先，老年人能否为子女的下一代提供足够的照料资源，是子女生育决策的重要影响因素，即生育行为不仅取决于年轻人尤其是育龄妇女时间的经济价值，还取决于老年人对儿童照料的时间供给。

其次，当子女面对两种照料压力时，家庭照料的配置会发生矛盾，即当家庭中存在有抚养需求的未成年子女角色，能创造财富的成年劳动者角色，和有养老扶助需求的老人角色时，成年劳动者会在照料老人和照料孩子之间进行衡量，生与不生实际上是资源配置问题。当照料老年人的压力较大时，育龄人群更可能选择不生育，反之，则更可能选择生育。家庭照料在代际的流向影响生育决策的方向。

但是随着老年人口的进一步老化以及适龄子女婚育年龄的推迟，一个家庭系统中，老年人照料和儿童照料重叠交叉的可能性更大，老年人能提供的儿童照料资源将逐渐陷于枯竭。儿童照料资源的供给将越来越成为制约生育行为的关键因素。家庭如何寻找新的替代性儿童照料资源？或者国家和社会能够为家庭的儿童照料提供何种帮助？这些可能是决定未来家庭生育决策的关键问题。

参考文献

陈卫、史梅：《中国妇女生育率影响因素再分析》，《中国人口科学》2002 年第 2 期。

陈宇、邓昌荣:《中国妇女生育意愿影响因素分析》,《中国人口科学》2007年第6期。

风笑天:《城市青年的生育意愿:现状与比较分析》,《江苏社会科学》2004年第4期。

龚德华、甘霖、刘惠芳、曾小敏:《生育意愿影响因素分析》,《湖南医科大学学报》(社会科学版) 2009年第1期。

侯倩茹:《进城务工妇女生育意愿调查及影响因素分析》,《法制与社会》2012年第2期。

黄丽华、周长洪:《农村家庭经济收入对妇女生育意愿影响研究》,《南京人口管理干部学院学报》1995年第2期。

李波平、向华丽:《不同代际育龄妇女生育意愿及影响因素研究——以武汉城市圈为例》,《人口与经济》2010年第3期。

李嘉岩:《北京市独生子女生育意愿调查》,《中国人口科学》2003年第4期。

谢晶婷:《城乡育龄妇女生育意愿的差异及其影响因素》,《中南财经政法大学研究生学报》2010年第1期。

徐映梅、瞿凌云:《独生子女家庭育龄妇女生育意愿及其影响因素》,《中国人口科学》2011年第2期。

叶文振:《三三式:孩子需求的多学科综合思考》,《人口与经济》1997年第5期。

张亮:《城市居民的二胎生育意愿及影响因素》,《湖南师范大学社会科学学报》2011年第5期。

张羽、陈友华:《低生育率及其影响因素研究》,《生育意愿、生育行为、生育水平会议论文集》,2011。

周广亚:《生育意愿及其影响因素的理论建构与调查设计》,《安阳师范学院学报》2011年第3期。

周连福:《生育与相关社会经济因素关系的研究》,《人口学刊》1997年第5期。

周祝平:《儿童照料、家庭转型与时间利用经济学》,《首都人口与发展论坛论文汇编》,2009。

第三篇　家庭发展研究

北京城市"失独家庭"救助制度探索

——以西城区为例

尹志刚　王雪辉　张亚鹏 *

摘　要：

　　"失独家庭和父母"是今后一段时期数量不断增长的极为特殊的弱势群体。本文依据西城区"失独家庭"抽样调查数据和资料，描述"失独家庭"的现实生活状况、特征和困难，分析家庭面临的风险和需求，探讨政府和社会对"失独家庭"提供帮扶的对策和措施。

　　本文发现，子女死亡给父母带来的精神创伤无法愈合，并且对父母的感情和婚姻影响巨大。失独父母急需政府计生、老

---

* 尹志刚，北京市委党校社会学教研部教授，北京市人口研究所、北京人口发展研究中心研究人员。王雪辉，北京市委党校硕士研究生；张亚鹏，北京市委党校硕士研究生。

　　本文是2012年度西城区人口计生委立项课题"西城区多元家庭政策保障可行性研究"的成果之一。课题主持人为尹志刚教授，课题组由市人口所和西城区人口计生委人员共同组成。西城人口计生委全体干部参加了包括街道座谈、入户访谈、问卷试调查、调查员培训和入户问卷调查的组织工作，保障了调查的时间进度、质量和整个课题研究的顺利完成。

龄、社工办等部门共同设计专门帮助他们走出"精神孤岛"的社会工程，提供更多的关怀和照顾，引导他们重新融入社会。

失独父母希望政府和社会增加帮扶和服务，包括经济补助、养老保障、医疗帮扶、精神慰藉、改善住房、日常生活照料护理等。特别是要设置专门帮扶机构，制定专项帮扶制度，包括组建完整家庭制度、心理疏导慰藉制度、生活帮扶制度、社区帮扶制度、社会工作帮扶制度、中介服务帮扶制度。本文提出应该对独生子女的人身风险和家庭风险的规避进行制度安排。

关键词：

失独家庭　生活困境　帮扶需求　对策　风险规避制度

导　　语

据新华社电，根据致公党发布的调查报告，目前我国 15～30 岁的独生子女总人数约 1.9 亿，这一年龄段的年死亡率为 4‰。我国每年新增"失独家庭"7.6 万个。至少有 200 万老年人因无子女而面临巨大的养老、医疗、心理等方面的困难。[①]

1. 本课题研究的目的和意义

本课题的目的是，通过对北京市西城区独生子女死亡家庭（以下简称"失独家庭"）的深度访谈和入户问卷调查，全面了解这类家庭面临的困境和未来可能遇到的风险，以及他们现在的需求和政府已经提供的服务和帮扶，探讨如何为这一特殊弱势群体提供服务和帮扶的对策。

失独家庭目前面临很多困境，政府已经出台了相关的政策，并在物质层面给予了一定的帮助。但是这个群体面临的困难和需求是多样的，而且精神层面的需求更为特殊、重要，仅靠政府难以满足。因此，需要政府整合社会多方面的力量来帮助失独父母，规避各种养老风险。

[①] 《京华时报》2013 年 3 月 3 日。

2. 调查研究方法

一是深度访谈。为了深入了解失独家庭的具体生活状况及困难，为问卷设计提供全面的感性资料，在进行入户调查之前，课题组对展览路街道新希望家园进行了详细调查，并与家园的工作人员和街道计生办的同志进行了深度交流和访谈，同时，对 10 户失独家庭进行了深度访谈。在此基础上，设计入户调查问卷。

二是问卷调查。由于西城区人户分离状况较为普遍，本次调查采用分层抽样加简单随机抽样的方法。为了保证调查问卷的发放和回收，首先是在全区独生子女死亡"特扶家庭"花名册①的 686 户中，筛选人户同在的 385 户；然后按照随机等距方法抽取其中的 1/3，共 128 户；为了避免因废卷导致样本量不足，在剩下的家庭户中又随机抽取 6 户，本次共调查失独家庭共 134 户。

一 调查和子女死亡两个时点家庭成员简况

（一）父母的人口特征

为了解调查和子女死亡两个时点家庭的变化情况，问卷分别设计了两个时点家庭成员基本情况的调查表。

1. 年龄②

子女死亡时点，父亲年龄的均值是 48.9 岁，母亲是 47.2 岁。这个年龄段的父母再生育和养育第二个孩子是没有可能的。

调查时点父亲年龄的均值是 61.5 岁，母亲是 60 岁。整体而言，60 岁及以上失独父母的分别占 45.3% 和 39%，正在从低龄老年人阶段步入中、高龄老年人阶段。随着年龄的增高，个人和家庭遇到养老风险会越来越严重。

两个时点父亲和母亲的年龄均值相差近 13 岁。

---

① 截至调查日期，在西城区人口计生委登记的"特扶家庭"中，独生子女死亡户共有 686 户。

② 本次调查的抽样框是西城区人口计生委的特扶家庭花名册，此花名册只统计了父母年龄都在 49 岁以上的失独父母的基本情况，所以本次调查中的失独父母都在 49 岁以上。

2. 调查和子女死亡两个时点的父母婚姻状况

子女死亡和调查两个时点，有配偶者，父亲分别为 96.4%、87.6%，下降了 8.8%；母亲分别为 80.9%、69.9%，下降了 11%。离婚者，父亲分别为 2.7%、6.2%，上升了 3.5%；母亲分别为 7.6%、14.6%，上升了 7%。

入户访谈中发现，在失去唯一子女后，为了逃避痛苦，少数父母选择了离异。问卷调查数据佐证了这一事实。

（二）独生子女生前状况

1. 年龄

被调查的失独家庭中，儿子 86 人，女儿 42 人。死亡时的年龄均值，儿子 18.4 岁，女儿 19.4 岁。处在 "11～30 岁" 段的儿子为 74.4%，女儿为 69.1%。可见，独生子女死亡时大多在青少年至青年阶段。这个年龄段子女的突然离世给父母的打击，是常人难以想象和理解的。

2. 婚姻

子女生前的婚姻状况是：有配偶者，儿子 5 人（6.3%），女儿 4 人（11.1%）；未婚者，儿子 54 人（67.5%），女儿 23 人（63.9%）；不适用者，儿子 21 人（26.3%），女儿 9 人（25%）。总体看，死亡子女大多没有结婚成家。

3. 就业和学业

独生子女生前的就业状况以 "在业" 和 "在校学生" 为主，其中儿子 "在业" 18 人（24%），"在校学生" 41 人（54.7%），合计占性别组的 78.7%；女儿 "在业" 11 人（32.4%），"在校学生" 15 人（44.1%），合计占性别组的 76.5%。

二 子女死亡原因和对家庭的影响

（一）子女死亡原因

表 1 显示的是西城区登记的特扶家庭独生子女死亡的数量、原因及比例。截至调查时点，共有 686 户失独家庭。死亡原因分为因病和意外两类。因病死

亡 463 人（户），占总死亡人数的 67.5%，意外死亡 223 人（户），占 32.5%。也就是说，因病和意外死亡大致是 2∶1 的比例。

因病死亡，儿子 291 人，分别占性别组和总人数的 65.5%、42.5%，女儿 119 人，分别占 71.1%、25.1%。意外死亡，儿子 153 人，分别占性别组和总人数的 34.5%、22.3%，女儿 70 人，分别占 28.9%、10.2%。

性别组差别，因病死亡，儿子比女儿低 5.6%，意外死亡高 5.6%；占总人数差异，因病死亡，儿子比女儿高 17.3%，意外死亡高 12.1%。

表1　西城区登记在册"特扶家庭"的独生子女死亡原因

分　类	人数				占性别组(%)		占总人数(%)		
	儿子	女儿	儿女差	儿女合计	儿子	女儿	儿子	女儿	儿女合计
因病死亡	291	172	119	463	65.5	71.1	42.4	25.1	67.5
意外死亡	153	70	83	223	34.5	28.9	22.3	10.2	32.5
合　计	444	242	202	686	100.0	100.0	64.7	35.3	100.0

与表 1 比较，表 2 的数据显示，被访家庭子女死亡原因的比例与总样本框的结构大体一致，具体比例有一定差异。

被访家庭子女因疾病死亡 78 人，占死亡总人数的 60.9%。其中，儿子 49 人，分别占性别组和总人数的 57.0%、38.3%，女儿 29 人，分别占 69.0%、22.7%。意外死亡 50 人，占死亡总人数的 39.1%。其中，儿子 37 人，分别占性别组和总人数的 43.0%、28.9%，女儿 13 人，分别占 31.0%、10.2%。

分性别组比较，因病死亡，儿子比女儿低 12.0%，意外死亡高 12.0%；占总人数，因病死亡，儿子比女儿高 15.6%，意外死亡高 18.7%。

工业社会的风险远远高于传统农业社会，现代城市特别是特大城市的生活风险远远高于农村。对子女死亡造成的家庭风险而言，独生子女家庭比两个子女高 50%。父母超过生育期后独生子女死亡，是家庭无法弥补的悲剧。政府要加强防范人口风险的教育和培训，把降低子女死亡伤残率作为一项重要的社会建设工程。

表2　被访家庭子女死亡原因

分　类	人数				占性别组(%)		占总人数(%)		
	儿子	女儿	儿女差	儿女合计	儿子	女儿	儿子	女儿	儿女合计
因病死亡	49	29	20	78	57.0	69.0	38.3	22.7	60.9
意外死亡	37	13	24	50	43.0	31.0	28.9	10.2	39.1
合　计	86	42	44	128	100.0	100.0	67.2	32.9	100.0

1. 死亡的疾病类型

在因病死亡的子女中，除其他类之外，导致儿子死亡排在前三位的是肿瘤类、呼吸系统类、心脏类；女儿是皮肤皮下组织类、肿瘤类、心脏类。总体上儿子比女儿的死亡率高，二者的区别是，女儿高于儿子的主要是心脏类和皮肤皮下组织类疾病，共有的疾病类型是肿瘤类和心脏类。"其他"类的选择频次较高（30.2%），究其原因，一是疾病类型太多，很难在有限的选项中穷尽；二是一些家庭的父母不愿意填写子女死亡的真实原因。政府要关注导致青少年因病死亡主要病因，加强预防疾病的机制和措施建设（见表3）。

表3　独生子女死亡的疾病类型

分　类	人数			百分比(%)			合计	
	儿子	女儿	两者差	儿子	女儿	两者差	人数	（%）
心脏类	6	9	-3	6.3	9.4	-3.1	15	15.6
脑血管类	1	0	1	1	0	1	1	1.1
呼吸系统类	8	6	2	8.3	6.3	2	14	14.6
皮肤皮下组织类*	0	20	-20	0	20.8	-20.8	20	20.8
肿瘤类	12	5	7	12.5	5.2	7.3	17	17.7
其他类	22	7	15	22.9	7.3	15.6	29	30.2
合　计	49	47	2	51	49	2	96	100

* 女儿死亡原因中皮肤皮下组织类较多。调查中发现，少数父母不愿让他人知道子女真实的死亡原因，问卷调查中可能选择皮肤皮下组织类疾病这一较为模糊的死因。另一个原因是，死亡往往由多种疾病引发，皮肤皮下组织类疾病仅是其中一种。

2. 意外事故类型

意外死亡子女中，除了"其他"选项外，儿子死亡排在前三位的依次是车祸、溺水和自杀，女儿是自杀、车祸和溺水。其中儿子因车祸死亡居首位，女儿自杀居首位（见表4）。总体看，儿子意外死亡人数和比例远远高于女儿。预防子女发生意外事故死亡的机制和举措，要多关注男孩的出行、开车安全，多关注女孩的心理健康及心理应激能力。

表4　独生子女死亡的意外事故类型

分　类	人数			百分比（%）			合计	
	儿子	女儿	两者差	儿子	女儿	两者差	人数	（%）
车　祸	12	2	10	24.0	4.0	20.0	14	28.0
溺　水	8	2	6	16.0	4.0	12.0	10	20.0
火　灾	0	1	-1	0.0	2.0	-2.0	1	2.0
坠落物	1	0	1	2.0	0.0	2.0	1	2.0
跌　落	1	1	0	2.0	2.0	0.0	2	4.0
自　杀	4	3	1	8.0	6.0	2.0	7	14.0
中　毒	1	0	1	2.0	0.0	2.0	1	2.0
其　他	10	4	6	20.0	8.0	12.0	14	28.0
合　计	37	13	24	74.0	26.0	48.0	50	100.0

（二）子女死亡对家庭的主要影响

共有130户家庭回答了该题（见表5）。子女不幸给家庭生活带来的主要影响依次是"父母身心受到打击，健康水平严重下降"（26.2%），"父母精神创伤无法愈合"（26.2%），"家庭生活失去目标和希望"（21.7%），"无法面对现实，躲避他人"（12.8%）。"子女伤病治疗花费导致家庭经济沉重"（11.9%）。由此可以看出，子女的不幸给父母带来的精神创伤是无法愈合的，政府和社会在关注失独家庭时，要特别在精神方面给他们提供支持和辅导。

表5　子女死亡给家庭生活带来的影响

分　类	户次	百分比（%）
子女伤病治疗花费导致家庭经济沉重	48	11.9
父母身心受到打击,健康水平严重下降	106	26.2
父母精神创伤无法愈合	106	26.2
家庭生活失去目标和希望	88	21.7
无法面对现实,躲避他人	52	12.8
其他	5	1.2
合　　计	405	100.0

（三）子女死亡给父母感情和婚姻带来的影响

调查数据显示（见表6），子女不幸给父母婚姻和感情带来的影响主要表现为："夫妻共同面对现实，感情更加牢固"（27.6%），"夫妻相互安抚、关心，感情融洽"（38.6%），夫妻感情陷入危机（7.1%），"夫妻双方难以面对现实，离异"（13.4%）。

子女死亡对父母的感情影响呈现两极分化：一个方向是使约80%家庭的父母之间感情更加坚定，彼此更加信任，共同面对和承担人生的苦难。另一个相反的方向是，导致超过20%家庭的父母因此而陷入感情危机，甚至因感情破裂而离异。总体来看，无论是正向还是负向，子女死亡对父母感情和婚姻的影响十分重大，有些负面影响甚至是毁灭性的。

表6　子女死亡给父母婚姻和感情带来的影响

分　类	户数	占填答户数（%）
夫妻共同面对现实,感情更加牢固	35	27.6
夫妻相互安抚、关心,感情融洽	49	38.6
夫妻感情陷入危机	9	7.1
夫妻双方难以面对现实,离异	17	13.4
其他	17	13.4
合　　计	127	100.0

三　家庭生活困难和需要政府社会提供的帮助

（一）日常生活困难

在日常生活遇到的困难中，被选频数依次是：生病看病无人照顾82户（占被访134户的61.2%，占总选择477户次的17.2%，下同）；孤独无人慰藉74户，分别占55.2%、15.5%；住院无人护理62户，分别占46.3%、13.0%；烦恼无人排解、痛苦无人诉说都是59户，分别占44.0%、12.4%；外出无人陪伴51户，分别占38.1%、10.7%；家务繁重无人帮助47户，分别占35.1%、

9.9%；夫妻拌嘴无人劝解 23 户，分别占 17.2%、4.8%；照顾失能家人，身心疲惫 15 户，分别占 11.2%、3.1%；其他 5 户，分别占 3.7%、1.0%（见表7）。

表7　失独父母的日常生活困难

分　类	具体困难	户次	占被访户（%）	占选择总户次（%）	分类合计
孤独，身心负荷重	家务繁重无人帮助	47	35.1	9.9	62 户，分别占 46.3%、13.0%
	照顾失能家人，身心疲惫	15	11.2	3.1	
孤独，无人照料陪伴	生病看病无人照顾	82	61.2	17.2	195 户，分别占 145.6%、40.9%
	住院无人护理	62	46.3	13.0	
	外出无人陪伴	51	38.1	10.7	
孤独，精神痛苦	夫妻拌嘴无人劝解	23	17.2	4.8	215 户，分别占 160.4%、45.1%
	烦恼无人排解	59	44.0	12.4	
	孤独无人慰藉	74	55.2	15.5	
	痛苦无人诉说	59	44.0	12.4	
其他		5	3.7	1.0	5 户，分别占 3.7%、1%
合　计		477	356.0	100.0	

总体来看，失独父母的根本困境是孤独。对具体困难进行分类统计：选择率最高的是孤独。居首位的是孤独导致精神痛苦（夫妻拌嘴无人劝解、烦恼无人排解、孤独无人慰藉、痛苦无人诉说）215 户，占 45.1%；第二是孤独导致无人照料陪伴（生病看病无人照顾、住院无人护理、外出无人陪伴）195 户，占 40.9%；第三是孤独导致身心负荷重（家务繁重无人帮助、照顾失能家人身心疲惫）62 户，占 13.0%。失独父母目前亟须日常生活照顾、陪伴和精神关怀。政府和社会不仅要给失独父母提供物质上的帮助，更要想方设法满足他们的护理、陪伴和精神慰藉的需求。

孤独带来的精神痛苦、无人照料陪伴和身心憔悴如同三座大山，压得失独父母直不起身来。帮助他们推翻这三座大山，需要政府和社会进行社会建设方面的制度安排和服务提供。

（二）对帮助失独家庭走出精神困境措施的需求

问卷调查了政府和社会帮助失独家庭走出精神困苦的措施及需要程度（见表8）。调查数据显示，被访家庭选择"很需要"排在前三位的是："人口计生委与社工委共同设计帮助失独家庭走出困境的社会工程",47户次（36.2%），"政府组织失独家庭的父母参加旅游、参观等活动"47户次（35.9%），"老龄和人口计生部门要提供更多的关怀和照顾，如组织参加各种文体活动，引导他们重新融入社会"44户次（33.6%）。

被访家庭选择"不需要"排在前三位的是："社会工作者和社区志愿者上门服务，给予生活帮助和精神关怀"（25.2%），"鼓励父母参加各种社区和民间组织，逐步融入社区正常生活"（24.0%），"街道建立'新希望家园'中心，设计各种有益于相互交流活动"（23.8%）。

表8　政府和社会帮助失独家庭走出精神困苦的措施及需要态度赋值后比较

分类综合态度（%）	具体需要	很需要（赋值+2）	需要（赋值+1）	较需要（赋值−1）	需要三种态度赋值后值①	不需要（赋值−2）	综合态度值②	综合态度（%）
互动平台和活动支持（13.6%）	建立"新希望家园"中心，设计各种有益于相互交流活动	60	34.6	−23	71.6	23.8	47.8	13.6
发掘自身潜能（23.4%）	鼓励父母参与自己组织和设计的有益身心健康活动	57	40	−29.2	67.8	16.9	50.9	14.5
	鼓励父母参加各种社区和民间组织，逐步融入社区正常生活	46.6	38	−29.4	55.2	24	31.2	8.9
政策帮扶（51.8%）	政府组织父母参加旅游、参观等活动	71.8	35.1	−18.4	88.5	19.8	68.7	19.5
	人口计生委与社工委共同设计帮助特扶家庭走出困境的社会工程设计	72.4	36.2	−30.8	77.8	12.3	65.5	18.6
	老龄和人口计生部门提供更多关怀和照顾，如组织各种文体活动，引导融入社会	67.2	32.8	−36.6	63.4	15.3	48.1	13.7
社会帮扶（11.3%）	社工和志愿者上门服务	62.6	29.8	−27.4	65.0	25.2	39.8	11.3

注：①需要三种态度赋值后值＝很需要（赋值+2）＋需要（赋值+1）＋较需要（赋值−1）的值。
②综合态度值为，用需要三种态度赋值后值减去不需要赋值后的值。

（三）对政府和社会帮助具体措施的态度

表9显示的是很需要、需要和较需要三种态度赋值后的综合态度值，所调查的具体措施的态度均为正值。具体措施的综合态度值及百分比是："经济困难且生病住院的家庭，给予护理费的减免"，综合态度值为149.1（所占百分比为24.2%，下同）；"在生病住院期间，给予护理优先照顾"140.8（22.8%）；"家庭经济条件差的失能父母，给予入住养老机构费用的减免"133.9（21.7%）；"家庭经济条件好的失能父母，给予入住养老机构的优先权"98.4（16.0%）；"开展社会献爱心活动，为生活困难的失独家庭提供各种捐赠"48.9（7.9%）；"有房产者，银行和保险公司应提供房产拆兑服务，为老年生活提供资金"45.1（7.3%）。

分类综合态度值所占百分比是：住院护理援助占47.0%，入住社会养老机构援助占37.7%，房产拆兑服务占7.3%，社会捐赠援助占7.9%。被访父母对政府帮助失独家庭克服生活困难措施的选择主要集中在生病住院护理和入住社会养老机构援助这两个方面。政府应当研究出台相应的帮扶和保障制度，为失独父母排忧解难。

表9 帮扶"失独家庭"克服生活困境措施的需要程度态度赋值

分类	态度赋值				态度综合值		
	很需要 （+2）	需要 （+1）	较需要 （-1）	不需要 （-2）	综合值数①	百分比（%）②	分类小计
在生病住院期间，给予护理优先照顾	119.6	32.6	-3.8	-7.6	140.8	24.1	父母养老优先40.7%
家庭经济条件好的失能父母，给予入住养老机构的优先权	103.0	26.9	-10	-23.0	96.9	16.6	
经济困难且生病住院的家庭，给予护理费的减免	129.2	29.2	-3.1	-6.2	149.1	25.5	父母经济帮扶47.6%
家庭经济条件差的失能父母，给予入住养老机构费用的减免	124.6	25.4	-3.8	-17.0	129.2	22.1	

续表

分　类	态度赋值				态度综合值		
	很需要（+2）	需要（+1）	较需要（-1）	不需要（-2）	综合值数①	百分比(%)②	分类小计
开展社会献爱心活动，为生活困难的失独家庭提供各种捐赠	68.2	29.5	-12.4	-48.0	37.3	6.4	社会捐赠帮扶6.4%
有房产者，银行和保险公司应提供房产拆兑服务，为老年生活提供资金	59.0	34.1	-11.6	-49.6	31.9	5.5	房产拆兑养老5.5%

注：①帮扶"失独家庭"克服生活困境措施的需要程度态度赋值方法：很需要（+2）＋需要（+1）＋较需要（-1）＋不需要（-2）的和。

②态度综合值所占百分比，用各个具体态度综合值除以所有态度组合值之和的百分数。

四　从制度层面建立失独家庭多元帮扶和风险规避模式

（一）失独父母对规避家庭风险各项制度安排的态度

表10显示的是政府规避独生子女家庭风险制度建设各选项的很需要、需要和较需要三种态度赋值后的综合态度值，被访父母对主要保险的态度均为正值。对具体保险制度的综合态度值及百分比是："独生子女伤残死亡家庭的养老制度的创新设计"，综合态度值是145.1（所占百分比为23.3，下同）；"政府为独生子女建立风险基金"为130.8（21.0%）；"倡导家庭为独生子女上意外保险"为116.3（18.7%）；"把独生子女奖励金转换为'独生子女风险基金'"为115.4（18.5%）；"资助家庭为子女上寿险"为114.8（18.4%）。

调查数据表明，失独父母在痛失子女后，非常关心自己今后的养老问题怎么解决，强烈希望政府进行独生子女伤残死亡家庭养老制度的创新设计。其次，在经历失去孩子的伤痛后，他们强烈地意识到政府为独生子女建立风险基金的重要性，这在一定程度上可以规避失独家庭面临的养老和医疗方面所遇到的经济困难。失独父母在建立独生子女家庭保险方面，更倾向于依靠政府。

表10　政府为减少独生子女家庭风险设立的制度的需要程度

具体制度	很需要（+2）	需要（+1）	较需要（-2）	三种态度赋值后值	不需要（%）	综合态度值	综合态度（%）
倡导家庭为独生子女上意外保险	109.8	29.5	-14.8	124.5	8.2	116.3	18.7
资助家庭为子女上寿险	102.4	33.9	-13.2	123.1	8.3	114.8	18.4
把独生子女奖励金转换为"独生子女风险基金"	101.6	33.9	-9.6	125.9	10.5	115.4	18.5
政府为独生子女建立风险基金	115.8	30.6	-8.2	138.2	7.4	130.8	21.0
独生子女伤残死亡家庭的养老制度的创新设计	130.0	26.7	-6.6	150.1	5	145.1	23.3

人口和计划生育制度如果没有防范独生子女人身意外的保险制度，就难以称为"以人为本"的可持续的生育制度。下面依据调查数据和事实，特别是参考被访父母的建议，从制度创新的高度，探索规避"伤残死亡家庭"风险的制度建设。

（二）失独父母对政府和社会帮扶的建议

对"希望政府和社会为独生子女死亡家庭增加的帮扶和服务中，您的具体建议"这一开放问题，有112户填写，占134户被访家庭的84%。具体建议138个，涉及经济补助、养老、医疗、精神慰藉、住房、日常生活照顾和组织活动、专门机构和相关制度政策、社会关注关心8个方面。

1. 经济补助。36人次，占建议总数的26.1%（下同）。希望政府提高特扶帮扶金额；设立其他的补助金；根据生活水平的不断改善相应提高帮扶标准；针对生活困难的失独家庭，政府要给予额外的补贴；对高龄特扶家庭增加特别扶助金。

2. 养老（33 人次，23.9%）。政府设立专门针对失独家庭的养老院；在入住养老院享有优先权和价格优惠，家庭经济条件较差免费入住；为生活不能自理的失能者补贴住养老院费用；修建社区养老院、托老所和老年活动室；改善养老院的条件，加强养老院的多方位服务；为居家养老的失独父母提供生活照料服务；健全养老保险制度。

3. 医疗（28 人次，20.3%）。增加看病报销比例和减免医药费用；生病住院享有优先权；对生活困难者，提供免费的医疗服务和康复服务；希望看病时配备陪护人员及减免护理费；提供上门的医疗服务和全面的体检；医院设立绿色通道和特殊窗口；社区医院药品齐全，提供网上咨询服务。

4. 日常生活照顾和组织活动（15 人次，10.9%）。生病期间安排相关人员慰问和帮助；提供收费较少的家政服务并在社区内建立家政服务店；设置长期有效的生活菜蔬饮食配送服务；安排相关人员对失独者多陪同，定期访视；希望有志愿者上门提供服务；多组织集体活动，帮助调整心态；帮助定期组织外出旅游，丰富日常生活；加强失独家庭之间的联谊。

5. 精神慰藉（10 人次，7.2%）。政府和社会给予精神上的安慰和慰藉，组织专业的精神慰藉服务；社区和政府相关机构多组织活动，调解失独者的精神和心理状态。

6. 社会关注和关心（7 人次，5.1%）。政府和社会多关心和帮助失独家庭，根据不同家庭的需求提供相应的帮扶和服务；希望全社会为失独家庭给予精神关怀。

7. 住房（5 人次，3.6%）。政府帮助改善住房条件；在所住楼房内安装电梯或者协调等价换房，便于老年人出行；为无房者提供住房；政府协助解决住房拆迁问题。

8. 专门机构和相关制度政策（4 人次，2.9%）设立专门的针对失独家庭的机构并提供多方面的服务；贯彻落实独生子女风险基金制度；适度放宽计划生育政策，减少失独家庭的产生。

（三）加强失独家庭帮扶的制度建设

鉴于西城区经济和社会发展的水平，以及出现意外的家庭及人员数量很少、概率很低的情况，政府和社会对他们提供力所能及的帮助，充分体现"以人为本"的科学发展观，赢得整个社会的赞同，也是完全有条件做到的。

1. 组建完整家庭制度

（1）为尚有生育能力的失独母亲及时提供新的生育指标。

（2）建立并开通失独父母领养子女的绿色通道，协助他们领养到健康可心的子女，办理各种相关手续。

（3）帮助丧偶、离异且有重组家庭愿望的失独父母获取更多更有质量的婚介求偶信息。

2. 心理疏导慰藉制度

失独父母的精神困苦远远甚于物质困难。要给予他们更多的精神关怀，引导他们走出精神孤岛，融入社会。要编写心理咨询和疏导教材，聘请心理学家培训并组织心理疏导小组，成员由与失独父母有亲密接触的邻里、亲属、同事、伙伴等组成，把精神慰藉融入到日常生活各种活动中。有条件的街道可与老龄委和残联工作相结合，建立心理疏导室。

3. 生活帮扶制度

（1）社会帮扶。对符合"低保"条件的失独父母，在民政部门提供低保金的基础上，政府要设立专项救助金，提高低保水平，补助到城市居民低保标准的110%左右（提升的具体标准需要测算）。

（2）医疗机构帮扶。为失独父母提供医疗看病方面的服务，如为有困难的父母提供陪同看病服务；住院给予护理优先照顾；经济困难者给予护理费帮扶。医疗费支出过多而导致生活水平下降的失独父母，给予医疗帮扶。

（3）社会养老机构的帮扶。家庭经济条件好的失独父母，提供各种护理、康复照料，提供入住老年公寓、养老院、福利院等社会养老机构的信息，特别是提供入住各种养老机构的中介服务。各种公办养老机构给予失独父母入住优先照顾。家庭经济条件不好的失独父母，给予入住社会养老机构的费用减免待遇。

4. 社区帮扶制度

发掘和整合各种社区资源，鼓励社区邻里和志愿者关怀失独父母群体，倡导每一个人尽力为这个群体提供帮助和服务。

①各街道成立"新希望家园"中心，并设计各种有益于失独父母相互交流的场所和活动。②鼓励父母参加社区活动中心的活动，帮助他们逐步融入社区正常生活。③鼓励失独父母组织并参与自己组织设计的各种有益身心健康的活动；注重发掘失独父母自身的作用和潜力，引导他们协助还没有走出心理阴霾的其他失独父母。④通过社会工作者和社区志愿者上门服务，减轻失独父母的生活困难。⑤组织机关事业单位干部和社区志愿者优先与失独父母"结对子"，关心和帮助他们安度晚年。

5. 社会工作帮扶制度

区人口计生委要会同区社工委策划和推动政府设立帮扶失独父母的社会工作项目。由人口计生系统的社会组织（人口计生协会等）积极承接相关项目，制定科学的工作计划和预案，发动、培训社工和志愿者用专业知识和方法，为失独父母排忧解难，提升他们的老年生活质量。社会工作制度帮扶失独父母项目的主要服务内容包括以下几个。

①利用社区活动中心平台为失独父母开展精神慰藉和心理疏导服务；②开发专门针对失独父母的小组活动和社区活动，协助更多的失独父母走出家庭；③扶持失独父母在社会组织中发挥自助、互助和助人的积极作用，把他们培养成这方面的社会工作者和志愿者。④把帮扶失独家庭的社会项目交给失独父母去组织和运作，使他们在从事失独家庭帮扶中找到生活的新希望和新目标。

6. 中介服务帮扶制度

人口计生委委托家政、婚介、会计、法律等中介服务所，为失独父母提供必需的中介服务：如家政（保姆、小时工）服务；住院及手术签字服务；法律援助服务；家庭财产法律咨询和代理服务（为有房产的父母提供银行或保险公司的房产抵押拆兑服务，使他们在有生之年充分地享受自己创造的财富）。

（四）独生子女人身风险预防的制度安排

鉴于独生子女死亡的主要原因是疾病、车祸、溺水和自杀，政府在子女伤亡方面要特别关注风险的预防。

首先，明确要求独生子女的父母按时带孩子到医院进行体检，防止突发病出现的概率；其次，提高独生子女的自我保护意识和防范意识，减少生活中危险事件的发生；最后，要做好独生子女的心理保健工作，保证他们的心理健康，防止极端行为。

全社会要特别关注不同年龄段和不同性别子女发生风险的差异性，有针对性地进行风险防范教育和培训。例如对男孩子，既要培养他们有敢于承担风险的男子汉气质，也要增强科学理性意识和风险防范意识。对青春期的子女特别是女孩子，要进行两性关系、恋爱、婚姻、家庭等教育，预防青春期心理断乳及逆反心理，减少因婚恋导致的意外风险。

（五）综合性社会帮扶工程——新希望家园[①]

1. 展览路街道"新希望家园"生育关怀行动项目

"新希望家园"是北京首家关注独生子女死亡失独家庭、提供互动平台的公益项目。经过几年的发展，家园的运行已经步入正轨，并形成了自己独特的运行模式：以独生子女死亡家庭为对象；以政府为主导；动员整合社会力量和社会资源；完善的工作制度和内容；强调自我管理、自我参与，最终实现重燃生活希望，重新融入社会。

2. 成立"新希望家园家委会"，推进项目的公益化、社会化

近两年，家园尝试以热心公益社会人士、地区人大代表、家园骨干成员为主，组成"新希望家园家委会"，对项目进行总体规划和推进，政府继续提供资金、政策支持和指导，其具体组织角色逐渐退居幕后。注重把平台逐步交给受助对象，充分调动失独父母的积极性和主动性，实现自我管理、自我服务，成为家园真正的主角。如今，部分失独父母已经能够开展互助和回馈社会，家园不断升起更多更大的新希望。

互助——由失独父母通过电话、网络、登门等方式引导更多尚未走出家门的人走出家门，走进家园，融入社会。开通一部热线电话，由家园成员在固定时间轮流值守，接听来自本市的失独家庭父母的电话，对他们进行开导，为全市特扶工作的开展贡献绵薄之力。

---

① 本部分内容借鉴了"西城区展览路街道新希望家园"的文献和资料。

回馈社会——家园部分成员有理发、修理电器等手艺，愿意为地区困难老年人提供志愿服务，家园汇总特扶成员们的特长、服务时间等信息，与地区老龄协会联手，为地区特困老年人提供志愿服务。

3. 让新希望之星满天闪烁

课题组建议把"新希望家园"从展览路街道的经验上升为一项新的社会建设的制度安排。具体建议如下。

（1）设计和实施"西城区新希望家庭社会项目"。把"新希望家园"设计为通过政府和社会帮助，实现失独家庭自助、互助和助人的社会建设工程。由西城区人口计生委牵头，组成有社会工作委员会、民政（含老龄协会）、残联、妇联、卫生、教育等政府部门参加，由志愿者协会、社会工作者协会、社区建设协会等社会组织参与的"大家园"。策划并购买区委和政府的社会养老帮扶项目，发掘、整合社会各种养老资源，特别是失独家庭成员的资源，倡导"减轻痛苦、增加幸福、燃起希望"的宗旨，给成失独家庭带来新的希望。

（2）培育社会主体。着力培育各种社会主体特别是失独家庭成员的主体力量，建立并培育维护失独家庭权益，增加福祉的社会组织，动员各种社会组织关注并帮扶这一特殊的弱势群体。

（3）培养精神慰藉专业社会工作者队伍。根据失独家庭特殊的精神和心理需要，培育适宜做这类家庭各种帮扶工作的专业社会工作者。通过他们指导、培养和带动社会志愿者、特别是失独父母，培养从事失独家庭帮扶的专业社工和志愿者。

（4）增强全社会的凝聚力和幸福感。通过网络连接和社会动员，走进千家万户，把帮扶失独家庭的各种项目及资源落实到基层社区，使"新希望家园"成为社会和社区建设的新亮点。使成千上万备受身心折磨的父母燃起生活和生命的新希望——也是全社会和全人类的新希望。通过失独父母帮扶这一社会建设工程，增强全社会的凝聚力和幸福感。

（六）独生子女家庭风险规避的制度安排

以上措施的功能是政策性补救。要从根本上规避独生子女家庭的风险，必须进行制度创新。当前亟须建立以下两个保险制度。

1. 建立独生子女人身（寿）保险制度

独生子女人身（寿）保险制度的性质：创建一种政府倡导和扶持、具有一定社会福利色彩的特殊商业保险。

独生子女人身（寿）保险制度的可行性：鉴于独生子女数量多，且意外风险的概率低，加上政府的支持，通过商业人寿保险公司运作是可行的。

建立独生子女人身（寿）保险制度的原则：一是遵循政府倡导扶持，计划生育家庭自愿参加，商业保险公司自愿承办的原则。二是"低标准、广覆盖"的原则，即参保人每年缴纳保险费的数额要考虑大多数家庭经济可以承受的水平。可以考虑对不同经济收入的家庭设定低值、中值和高值三种缴费标准，以激励不同经济状况的家庭投保。三是明确责任主体原则。政府要制订对独生子女人身商业保险的扶持政策（如保险费税前列支等）；对保险公司进行法律和制度性的激励和约束。为此，政府要在与保险公司联合调查的基础上，制定相关法律或政策，明确规定政府、投保人和保险公司三方的责任、权利和义务。

根据人身保险的运营规则，如果独生子女在一定年限内发生意外，应按照保险公司与投保人之间的保险合同，支付保险金；如果没有发生意外，保险公司或向投保人支付健康人寿保险金，或者把这笔投保金转为独生子女父母的补充养老金。

2. 建立独生子女意外风险公基金

给独生子女建立意外风险公基金，是预防并解决独生子女伤残死亡家庭风险的制度保证和根本途径。

公基金的性质。属于独生子女家庭自愿参加、风险共担、社会统筹、商业保险公司具体运作、政府承担最后责任的公基金。保险公司根据独生子女死亡的发生概率、人数及赔付标准，根据伤残、丧失劳动能力或生活自理能力子女的发生概率及人数，根据当事人需要治疗、康复及护理等费用，制定投保人每年需要支付的保险费用。

投保人一旦发生死亡，可根据保险条款，获得保险赔付金。如果投保人意外伤残并丧失劳动能力，将获得终生相当于最低工资水平的生活费用。如果投保人丧失生活自理能力，将获得保险公司提供的社会福利照顾。此外，投保人的父母在年老丧失生活自理能力后，也将得到保险公司提供的社会福利照顾。

所谓政府承担最后责任，一是指当保险金出现缺口时，政府要提供最终的财政担保；二是指政府要承担投保人非货币的社会福利性的护理责任。

公基金制度的可行性。公基金可以采取独生子女家庭缴纳50%、政府倡导资助50%的比例，双方缴纳的具体数额可以根据独生子女家庭的承受能力，分为高、中、低三个等级。建立独生子女意外风险公基金制度的另一条思路，是把现行的独生子女奖励金转换为"独生子女风险基金"。独生子女父母每月5元的奖励已经实行了30多年。30年前，每个人的工资仅40~50元，父母每月各5元的奖励，大约占到家庭收入的1/10。而现在，人均收入在4000~5000元，是30年前的100倍，奖励仍然是每月5元，就仅具有象征意义了。根据大数法则，把每月10元的奖励金转化为独生子女风险公基金，同时独生子女家庭每月再缴纳10元，出现风险的赔付率就可以加倍（具体缴纳和赔付率需要精算）。保险公基金可以委托有信誉的保险公司承办，政府则应在政策上给投保家庭和承保公司以扶持。

（七）科学预测人口发展，尽快出台落实"二孩"计划生育制度

不言而喻，独生子女是不得已而为之的阶段性政策，是以增加独生子女死亡、伤残等不可预知和不可逆转的家庭风险、人口快速老龄化的人口结构风险、人口年龄和性别结构快速变化等风险，进而导致社会各种资源难以可持续配置、人口难以可持续发展为沉重代价的。此外，失独风险使党和政府背负了沉重且难以推卸的责任。时至今日，应当说独生子女政策的历史使命可以终结了。据统计，上海有100多万个家庭没有孙辈子女。即是说，有相当比例的育龄妇女不愿意生育，形成相当数量的丁克家庭。中国城市育龄妇女中高龄产妇越来越多。一些育龄妇女35岁以前不想生，等到想生了，却生不出来了。即便放开"二孩"政策，真正想生且有条件生的家庭不会超过50%。

生育子女是每一个家庭、每一位父母天大的事情，在放开"二孩"后，每个家庭和父母都会依据自己的价值选择，做出生与不生、生一个还是生两个的决策。在生育上，家庭有两种不同的价值和风险选择：其一，没有传宗接代的意识，不要孩子，摆脱了生育、养育、教育子女无限责任和风险；其二，生

一个还是生两个？生一个，一旦父母年高子女死亡、伤残，风险率是 100%，且无法补救。生两个，一个子女死亡和伤残的风险是 50%。两弊相权取其轻，现实多数家庭的抉择是，要么不生，要么生两个。不管出于什么样的价值选择，政府放开"二孩"，把生与不生、生一个还是生两个的抉择，交给生育者取舍。如此，政府就摆脱了政策性独生子女死亡或伤残的难以承担的责任。

更为重要的是，一定的人口规模是综合国力的基础。日本、俄罗斯等大国的生育率大幅持续下降，且无法逆转。我国绝不能步其后尘，重蹈人口数量锐减、年龄结构严重老龄化带来的人口、经济、社会不可遏制全面衰竭的覆辙。

总之，只有设计出规避独生子女家庭风险特别是子女死亡风险的制度，以独生子女为重要内容的计划生育政策才能转化为以人为本的、可持续的人口制度。课题组期待本报告的数据和观点对相关的制度设计有所裨益。

北京城市独生子女残疾家庭救助对策分析

尹志刚　张子谏　李振锋*

摘　要：

本文依据对北京市西城区城市残疾独生子女家庭的调查数据，描述了残疾独生子女家庭的基本情况；对这一特殊群体的困难和未来可能面对的风险作出评估；进而从制度层面提出对这一群体实施救助和保障。调查发现，城市残疾独生子女家庭面临的困难主要有：家庭经济生活困难，子女就学、就业、康复治疗困难，父母照料残疾子女困难，父母现实困难和残疾子女未来的养老困难（未来家庭的主要风险）。国家和社会要从经济、医疗、养老等制度层面对这类家庭实施救助，逐步建立并完善独生子女家庭风险规避制度体系。

关键词：

残疾独生子女家庭　生活状况　困难　风险　制度保障

引　言

1. 研究缘起和意义

有学者指出，我国"从1975～2010年一共产生了约2亿个独生子女"[①]，

---

* 尹志刚，北京市委党校社会学教研部教授，北京市人口研究所、北京人口发展研究中心研究
人员；张子谏，北京市委党校硕士研究生；李振锋，北京市委党校硕士研究生。

① 易富贤：《大国空巢——反思中国计划生育政策》，中国发展出版社，2013。

在当代风险社会的背景下，这些独生子女家庭面临子女残疾和死亡的高风险，这种风险又将给独生子女家庭带来严重困难与沉痛打击，甚至是灾难性风险。本文基于这一视角，选取城市残疾独生子女家庭为研究对象，并根据对北京市西城区残疾独生子女家庭的调查分析，以期呈现城市残疾独生子女家庭的基本生活状况，分析家庭面临的主要困难和风险，进而探索相应的救助对策，为建构独生子女家庭风险规避制度提供数据支撑和决策咨询。

2. 研究方法

一是深度访谈。为深入了解城市残疾独生子女家庭的具体生活状况困难，对西城区展览路街道新希望家园进行调查，与家园工作人员和街道计生办人员进行深度交流和访谈；对 10 户残疾独生子女家庭进行深度访谈。在此基础上，设计入户调查问卷。

二是问卷调查。调查时间是 2012 年 11 月下旬。由于西城区人户分离家庭较多，本次调查采用分层抽样加简单随机抽样的方法。为了保证调查问卷有效发放和回收，首先在全区残疾独生子女特扶家庭的花名册上筛选"人户同在"的 821 户，然后按照随机等距方法抽取其中的 1/3，共抽取 274 户。最终接受问卷调查的共 265 户。

一 残疾独生子女家庭基本情况

（一）残疾独生子女家庭父母、子女的年龄结构

1. 父母的年龄结构

在被调查的 265 户残疾独生子女家庭中，父母年龄在 50 岁以下以及 71 岁以上的数量相对较少，主要集中在 51～70 岁，比例高达 91.4%。其中，51～60 岁年龄组中，分性别组看，父亲占 56.1%，母亲占 64.4%，比父亲高 8.3%，父母合计达 60.4%；61～70 岁年龄组，父亲占 32.7%，母亲占 29.3%，父母合计达 31.0%（见表 1）。调查数据说明，现阶段，父母大多处于低龄和中龄老年人阶段，照顾残疾子女生活已经有很多困难，再过 10 年、20 年，70 岁、80 岁以上高龄老年人比例增加，困难将更为严重，且无法化解。

表1　残疾独生子女家庭父母年龄分组

年　龄	人数			分性别组（%）		合计（%）
	父亲	母亲	合计	父亲	母亲	
50岁以下	3	7	10	1.3	2.9	2.2
51~60岁	125	154	279	56.1	64.4	60.4
61~70岁	73	70	143	32.7	29.3	31.0
71~80岁	21	8	29	9.4	3.3	6.3
81岁以上	1	0	1	0.4	0.0	0.2
合　计	223	239	462	100.0	100.0	100.0

2. 子女的性别和年龄结构

265个家庭中，残疾独生子女中，男性样本150份，女性样本112份，性别比为134%。

从年龄和性别分组看，20岁以下和41岁以上两个年龄组，人数和所占百分比较低，分别为12人、4.6%和18人、6.9%。人数最多的是21~30岁年龄组，男女分别为82人、65人，男女性别组分别为54.7%、58.0%，合计147人，占56.1%。人数列第二的是31~40岁组，男女分别为52人、33人，男女性别组分别为34.7%、29.5%，合计85人，占32.4%。（见表2）

表2　残疾子女年龄分组

年　龄	人　数			分性别组（%）		合计（%）
	男	女	合计	男	女	
20岁以下	7	5	12	4.7	4.5	4.6
21~30岁	82	65	147	54.7	58.0	56.1
31~40岁	52	33	85	34.7	29.5	32.4
41岁以上	9	9	18	6.0	8.0	6.9
合　计	150	112	262	100.0	100.0	100.0

综合分析父母、子女的年龄结构，残疾子女和父母年龄分别主要集中在21~40岁、51~70岁，代际年龄约为30岁。随着残疾子女和父母年龄的同步增长，父母照料子女的各种困难逐步凸显，家庭风险不断增大。

（二）子女残疾情况

1. 残疾类型

在被调查的 265 户残疾独生子女家庭中，儿子残疾为 150 人，女儿残疾为 112 人，分别占子女总人数的 57.3% 和 42.7%。

从残疾类型看，大致可以分为感官类（听力、视力和言语）、肢体类、智力和精神类以及多重残疾四种。其中，感官类残疾占 16.0%，智力残疾占 36.3%，精神残疾占 30.2%，肢体残疾占 13%，多重残疾占 4.6%。值得关注的是，智力残疾和精神残疾合计高达 66.5%（见表3）。调查数据说明，预防子女智力和精神致残疾应引起政府和社会的高度关注。从分性别组的数据看，子女在各年龄段的残疾情况没有明显的性别差异。

表3　独生子女残疾类型

类　　型	人数			分性别组（%）		合计（%）		
	男	女	合计	男	女	男	女	合计
听力残疾	13	9	22	8.7	8.0	5.0	3.4	8.4
视力残疾	11	3	14	7.3	2.7	4.2	1.1	5.3
言语残疾	1	5	6	0.7	4.5	0.4	1.9	2.3
感官残疾小计	25	17	42	16.7	15.2	9.6	6.4	16.0
肢体残疾	18	16	34	12.0	14.3	6.9	6.1	13.0
智力残疾	56	39	95	37.3	34.8	21.4	14.9	36.3
精神残疾	41	38	79	27.3	33.9	15.6	14.5	30.2
智力精神残疾小计	97	77	174	64.6	68.7	37.0	29.4	66.5
多重残疾	10	2	12	6.7	1.8	3.8	0.8	4.6
合　　计	150	112	262	100.0	100.0	57.3	42.7	100.0

2. 子女残疾年限

对子女残疾年限的统计发现，致残 20 年以下的占 42%，21 年以上的占 48%。人数最多的年龄段是 26~30 年，占 26%。总体看，残疾年限较长的子女占较大比例。数据显示，家庭对子女的治疗、康复、护理及其各项资源的支出都是一个漫长的过程，给家庭带来的负担是沉重和持久的。

表4　独生子女残疾年限分组、分性别统计

子女残疾年限	人数			分性别组（%）		总体（%）
	儿子	女儿	合计	儿子	女儿	儿女
5 年以下	8	9	17	5.5	8.5	6.8
6～10 年	23	17	40	15.8	16.0	16.0
11～15 年	12	10	22	8.2	9.4	8.8
16～20 年	15	11	26	10.3	10.4	10.4
21～25 年	25	15	40	17.1	14.2	16.4
26～30 年	39	28	67	26.7	26.4	26.0
30 年以上	24	16	40	16.4	15.1	15.6
合　计	146	106	252	100.0	100.0	100.0

（三）残疾独生子女家庭经济、住房和社会保障情况

1. 残疾独生子女家庭的经济状况

（1）收入

研究将残疾独生子女家庭的收入划分为父亲和母亲的工资（含退休金）、经营收入、房租收入、财产收入及其他收入。调查数据表明：绝大多数家庭父母的工资（含退休金）是主要经济来源，经营收入、房租收入、财产收入以及其他收入占的比例很小。父母的收入主要集中在 2000～3000 元，收入较低和收入较高的区间人数都相对较少。整体来说，残疾独生子女家庭的经济收入偏低。

表5　残疾独生子女家庭经济月收入状况

单位：%

收入金额	父亲工资	母亲工资	经营收入	房租收入	财产收入	其他收入
999 元以下	8.1	6.9	75.0	55.6	100.0	62.5
1000～1499 元	8.1	9.0		22.2		25.0
1500～1999 元	12.4	17.6				12.5
2000～2499 元	31.6	45.5				
2500～2999 元	20.1	9.4		11.1		
3000 元以上	19.6	11.6	25.0	11.1		
合　计	100.0	100.0	100.0	100.0	100.0	100.0

（2）支出

家庭支出中，水电气、交通、通信、物业等（25.6%），房租（11.9%），食品（11.4%），上网等文化消费（17.2%），以及自费看病（16.6%），构成主要支出项目（见表6）。按大类划分，家庭的日常生活支出所占比例最高，达48.9%。值得注意的是，家庭在文化消费方面的支出比例也较高，这在很大程度上与残疾独生子女家庭的特性有关，子女的残疾和父母的寂寞需要较大比例的文化消费。

表6　残疾独生子女家庭支出状况

单位：%

分　类	具体项目	百分比	合计
日常生活	食品	11.4	48.9
	交房租	11.9	
	水电气、交通、通信、物业等	25.6	
医　疗	自费看病花费	16.6	16.6
文化消费	上网、书报等文化消费	17.2	17.2
赡　养	赡养父母	9.6	9.6
其　他	其他支出	7.6	7.6
合　计		100.0	100.0

2. 残疾独生子女家庭的住房

（1）住房面积

调查数据显示：居住面积在20平方米以下的家庭占19.8%，21~40平方米的为19.5%，41~60平方米的占34.4%，61~80平方米占18.7%，81~100平方米占5.0%，100平方米以上的占2.7%（见表7）。现阶段在核心城区，面积在60平方米以下的家庭，属于居住条件较差，这一比例高达73.7%；61~100平方米的家庭，属于居住条件一般的，100平方米以上的，属于居住条件较好的家庭。

（2）住房产权

家庭住房产权中，已购公房占36%，承租直管公房占33.3%，私房占19.3%，单位自管产公房占7.6%，其他占3.8%（见表8）。

表 7 残疾独生子女家庭住房建筑面积（平方米）

单位：%

面积划分	建筑面积	百分比	合计
居住条件较差	20 平方米以下	19.8	73.7
	21～40 平方米	19.5	
	41～60 平方米	34.4	
居住条件一般	61～80 平方米	18.7	23.7
	81～100 平方米	5.0	
居住条件较好	100 平方米以上	2.7	2.7

　　对残疾独生子女家庭来说，住房产权归属是一个重要问题。子女残疾、父母年岁较高等问题，使得父母生活、子女照料及两代人养老等面临严重困难和越来越大的风险。若家庭拥有住房产权，可通过房产抵押、变现、变卖等多种转化形式，为父母和子女提供医疗康复和养老保障的货币支撑。政府和社会应积极探索残疾独生子女家庭父母"以房养老"模式，乃至残疾子女"以房养生"模式，为残疾独生子女家庭解除养老、养生之忧。

表 8 残疾独生子女家庭住房产权

单位：%

房屋产权	百分比
已购公房	36.0
私房	19.3
承租直管公房	33.3
单位自管产公房	7.6
其他	3.8

3. 家庭社会保障状况

（1）社会保险

　　残疾独生子女家庭成员中，父母基本养老保险和基本医疗保险在所有社会保险中所占比例最高，父亲分别占 34.6%、34.1%，母亲分别占 44%、43.4%。即便是比例最高的基本养老和基本医疗保险，与社会同年龄段的人口平均水平比较，也是较低的。父母的工伤保险、失业保险以及住房公积金所占比例非常低。整体而言，父母的基本社会保障还不完善。

子女的社会保险也主要是基本养老保险和基本医疗保险，两者比例还不到三成。子女失业保险占20%左右。

总体来说，残疾独生子女家庭成员的社会保险状况很不乐观，各项保险水平整体偏低，难以发挥社会保险应有的制度保障功能（见表9）。

表9　残疾独生子女家庭社会保险状况

单位：%

保险项目	父亲	母亲	儿子	女儿	儿媳	女婿	（外）孙	（外）孙女
基本养老保险	34.6	44.0	26.3	27.4	22.2	22.9	18.2	10.5
补充养老保险	1.9	1.9	1.1	2.2	2.2	4.3	—	—
基本医疗保险	34.1	43.4	28.0	28.3	22.2	22.9	—	5.3
"一老一小"保险	.7	1.9	3.1	4.8		1.4	81.8	63.2
失业保险	9.3	3.1	19.6	18.7	20.0	18.6	—	5.3
工伤保险	7.8	2.1	9.2	6.5	13.3	11.4	—	5.3
生育保险	4.6	1.9	6.7	7.0	11.1	10.0	—	5.3
住房公积金	7.3	1.9	5.9	5.2	8.9	8.6	—	5.3
合　　计	100	100	100	100	100	100	100	100

（2）社会救助

在家庭社会救助项目中，父母享受年老时独生子女一次性奖励的比例最高，分别占30.2%和42.1%。一次性奖励的金额对于残疾子女的治疗、康复费用来说，连"杯水车薪"都谈不上。残疾独生子女享有城市最低生活保障的比例较高，儿子和女儿分别为49.3%和54.5%。此外，获得专项救助比例，儿子和女儿分别占37.3%和31.8%。

总体看，家庭获得社会救助呈现如下特点：一是救助方式单一，目前的社会救助只是原来计划生育政策的"福利"沿袭，没有形成针对残疾独生子女家庭社会救助的制度设计；二是救助金额偏低，难以发挥持久和有效的制度性救助功能（见表10）。

表10　残疾独生子女家庭成员社会救助状况

单位：%

救助项目	父亲	母亲	儿子	女儿
城市最低保障	5.4	4.7	49.3	54.5
专项救助	28.2	24.0	37.3	31.8
死亡救助	8.4	7.1	—	4.5
一次性救助	15.8	13.4	3.0	—
一次性奖励	30.2	42.1	—	4.5
其他救助	11.9	8.7	10.4	4.5
合　计	100.0	100.0	100.0	100.0

（3）购买商业保险

作为社会保险重要补充形式的商业保险，在残疾独生子女家庭中没有发挥作用。调查数据显示，83.1%的残疾独生子女家庭没有商业保险。今后，为应对我国老龄社会的家庭、人口和社会风险，政府应当积极支持商业保险公司探索"政府鼓励或资助，残疾独生子女家庭购买并受益"的险种，通过家庭为成员购买人寿保险和健康保险等商业保险，来建立规避或减轻独生子女家庭人口风险的社会保障体系。

二　残疾独生子女家庭面临的困难及风险

（一）子女治疗和康复困难

1. 治疗、康复时间漫长

调查显示，残疾子女治疗、康复时间主要集中在6～20年，占53.6%。其中，11～20年占31%，6～10年占22.6%。治疗、康复时间在21～30年、3～5年的分别占18.1%和15%。整体上看，残疾子女的治疗、康复时间较长。治疗、康复年限在20年以下的呈现不断上升趋势，表明残疾独生子女家庭不愿放弃对残疾子女的治疗和康复，哪怕只有一丝希望也不愿轻易放弃。但在20年以上的呈现下降趋势，表明长时间的治疗、康复给残疾独生子女家庭带来三大明显的后果：一是长时间的治疗、康复费用很高，给家庭带来沉重经济负担；二是长时间的精力投入，使得父母精神压力过大，难以支撑；三是随着经过20年以上时间的推移，子女康复的希望越来越渺茫，家庭的货币和精力等各种资源均陷入困境，精神则陷入绝望。

2. 治疗、康复费用高昂

残疾子女治疗、康复费用，1万元以下的占11.9%，1万~3万元的占12.8%，5万~8万元的占11%，8万~10万元的最多，占21.9%，15万~20万元的占13.2%。治疗、康复费用花费在10万元以上的合计占35.1%，这表明残疾子女治疗、康复费用较高，给家庭带来沉重的经济负担，大大降低了父母生活水平和质量。从制度建构上对家庭经济困难的残疾独生子女提供康复专项经费帮扶，是缓解家庭困难的有效途径。

3. 康复可能性渺茫

调查数据显示，7.6%的家庭认为子女可以康复。28%的家庭回答"不清楚"，这种认识和状况将不利于残疾子女的康复。64.4%的家庭认为子女不能康复。

4. 康复面临重重困难

问卷调查了子女康复面临的主要困难（可多选）。数据显示（见表11），没有足够财力在医院康复121户，占填答总户次的21.3%、占被访户的47.6%（下同）；父母年迈，没有足够的体力和精力协助康复109户，分别占19.2%、42.9%；父母缺乏协助子女康复的专门知识和技能81户，分别占14.3%、31.9%；家庭没钱购置康复医疗器材63户，分别占11.1%、24.8%；父母家务繁忙，没有时间和精力协助康复38户，分别占6.7%、15.0%；孩子拒绝康复18户，分别占3.2%、7.1%。分类统计，货币匮乏分别占32.4%、72.4%；父母时间和精力匮乏分别占25.9%、57.9%；父母知识和技能匮乏分别占14.3%、31.8%。

针对残疾独生子女康复的主要困难，政府和社会应当设立专门的社会工作项目，发动社会组织和社会工作者广泛参与，在货币、时间、精力、知识和技能等方面，给予多方面的专业援助。

表 11 残疾子女康复的主要困难

单位：户/%

分　类	数量 （户）	占填答总户次 百分比	占被访户 百分比	分类统计
家庭没钱购置康复医疗器材	63	11.1	24.8	家庭货币匮乏分别占
没有足够财力在医院进行康复	121	21.3	47.6	32.4%、72.4%
父母年迈，没有足够的体力和 精力协助康复	109	19.2	42.9	父母时间和精力匮乏 分别占25.9%、57.9%
父母家务繁忙，没有时间和精 力协助康复	38	6.7	15.0	
父母缺乏协助子女康复的专门 知识和技能	81	14.3	31.9	父母知识和技能匮乏 分别占14.3%、31.8%
孩子拒绝康复	18	3.2	7.1	无法康复分别占
孩子没有康复的可能	123	21.7	48.4	24.9%、55.5%
其他	15	2.6	5.9	其他占5.9%
合　　计	568	100.0	223.6	

（二）残疾子女照料的困难

1. 日常生活的主要困难

当前，残疾子女在生活中面临的主要困难依次是：不能正常就业（20.2%），经济收入低（17.1%），不能组建正常家庭（15.7%），生活自理困难（13.7%），不愿与他人交往（12.2%）。其中，不能正常就业和经济收入低可以归结为就业类问题，占37.3%。因此政府要高度重视残疾子女的就业问题。可以正常就业的残疾子女，可以通过市场化就业解决；那些无法正常就业的残疾子女，可以通过相应的政策性扶持，帮助解决就业问题。

综合分析，帮扶残疾子女解决生活各种困难的核心，是要解决他们的就业问题，并最大限度实现稳定性就业，以此来增加他们的经济收入，提高生活质量。

此外，残联、卫生计生委等政府部门和社会组织，还应组织推进残疾子女的交流沟通活动，帮助他们走出阴影，提高心理健康水平，更好地融入社会。

2. 照顾主体单一

数据显示，有78.4%被访家庭的残疾子女需要提供照料。但是，子女的照料人以母亲为主，占 59.4%，父亲照料占 33.8%。也就是说，由父母承担照料的占 93.2%，其他照料者则很少。

残疾子女的照料主要依靠父母，但是随着父母年纪的增长，身体条件和精力有限，残疾子女照料的困难将日渐凸显。当前，父母最苦恼的问题是：自己体力不支甚至离世而去的时候，谁来照料子女。显然，照顾主体的单一化将成为残疾独生子女家庭的一大困境。

为解决照顾主体单一化的问题，政府可以尝试如下措施：第一，为残疾独生子女家庭购买家政服务，通过家政服务人员协助父母来照顾。第二，通过居委会，组织邻里帮扶，减轻父母的照顾压力。第三，建立家庭照料社会组织，为需要的家庭提供人力、物力及知识技术等帮助。第四，也是最根本的，是建立社会护理保险制度。

（三）家庭未来的养老风险

调查数据显示，残疾独生子女家庭父母现在以及十年后可能遇到的主要养老困难依次是：养老金及收入低，生活困难（66.8%）；看病支出大，影响生活质量（66.8%）；精神痛苦、寂寞（55.7%）；去医院挂号看病，无人陪伴（53.1%）；养老院收费高，经济难以承受（41.4%）。数据显示，上述困难在十年后都有加重的趋势。

目前还没有出现，但十年后会随着父母年纪的增大而出现的困难是：楼层高，无电梯，上下困难（82.2%）；养老院床位稀缺，住不进去（78.2%）；生活不能自理，无人照顾（75.5%）（见表 12）。残疾独生子女家庭父母在十年后遇到的最大困难都可以归结为养老问题。

残疾独生子女家庭父母最为担心的，是将来他们年老体衰后，自己及残疾子女的养老问题。这些家庭大部分经济条件一般，甚至很多家庭因为子女的治疗、康复而经济拮据，无力支付超出其经济能力的养老费用。显然，残疾独生子女家庭未来养老问题存在诸多不确定因素。随着父母年事增大，残疾子女生活、照料、康复等困难，两代人的生活及养老风险有增无减，每每瞻念前途，常常不寒而栗。

表 12　残疾独生子女家庭父母现在及十年后的养老困难

单位：%

具体困难	现　在		十年后	
	是	否	出现	加重
养老金及收入低,生活困难	66.8	33.2	33.2	66.8
看病支出大,影响生活质量	66.8	33.2	32.8	67.2
去医院挂号看病,无人陪伴照顾	53.1	46.9	45.8	54.2
生活不能自理,无人照料	24.2	75.8	75.5	24.5
精神痛苦、寂寞、无助	55.7	44.3	44.1	55.9
养老院床位稀缺,住不进去	21.5	78.5	78.2	21.8
养老院收费高,经济难以承受	41.4	58.6	57.4	42.6
楼层高,无电梯,上下困难	16.5	83.5	82.2	17.8

三　城市残疾独生子女家庭救助政策探讨

通过对城市残疾独生子女家庭的基本情况的描述，我们力图呈现这一特殊弱势群体生活的窘境。他们的困难主要包括：残疾子女治疗、康复，残疾子女日常长期照料的困难，父母和子女两代人面临和即将面临的养老困难。对此，需要政府、社会以及社会组织等方方面面的力量投入其中，在顶层制度设计和具体操作层面对残疾独生子女家庭实施救助，以期帮助这些家庭走出困难，使其过上有尊严、有保障的生活。

（一）为残疾独生子女家庭提供经济和康复救助

1. 政府

残疾独生子女家庭为残疾子女进行治疗、康复，造成家庭经济负担沉重。加之残疾独生子女家庭的父母年纪较大，大部分处于退休阶段，经济收入低，生活困难。对此，政府首先要对残疾独生子女家庭进行经济上的救助，主要措施包括：提高独生子女伤残特别扶助金，缓解其家庭经济困难；对无康复可能且丧失劳动能力的独生子女，加大经济救助力度，为其基本生活提供保障；对尚有劳动能力的伤残独生子女，通过市场化就业和政策性就业渠道，使其实现稳定就业；对经济特别困难的家庭给予子女治疗、康复费用的减免；提高残疾独生子女家庭看病报销的比例；对特别困难的家庭实行护理费、医药费减免等政策措施，切实解决残疾独生子女家庭面临的经济压力。

2. 社区

残疾独生子女家庭父母缺乏专业的康复知识和技能，社区要以社区卫生服务中心为依托，组织专门力量，上门开展对残疾独生子女家庭父母康复知识和技能的培训，增强父母的康复技能。子女康复问题往往给残疾独生子女家庭带来沉重的精神负担，社区干部和工作人员要对这些家庭多关心，为残疾独生子女家庭做思想疏导，减轻其精神压力。社区要在力所能及的范围内为残疾独生子女的康复创造条件，提供相应的设施、设备，在社区卫生站（中心），要配备有康复知识和技能的医护人员，配备必要的康复设备，并承担培训指导家庭成员进行科学康复的职能。

3. 社会组织

针对残疾独生子女封闭、自卑等心理问题，应该积极发挥社会组织、志愿者以及专业社工队伍的作用，通过开展多种形式的社交活动，提升残疾子女的自我认同感和价值感，使其逐渐树立自信心并积极融入社会。

（二）为残疾独生子女家庭提供照料救助

1. 政府

残疾独生子女家庭父母年纪较大，在体力和精力方面都受到一定程度的限制，照料残疾子女生活存在一定困难。政府应该尝试购买家政服务，以此来解决残疾独生子女的照料问题；还可以以社区为单位，为残疾独生子女家庭开展"上门护理、康复服务"等便民服务。

2. 社区

邻里社区作为残疾独生子女家庭的"熟人社会"，可以在残疾子女照料上提供帮扶。首先，发挥居委会的组织、协调作用。居委会要整合社区资源，建立点对点帮扶小组，帮助残疾独生子女家庭；其次可以积极发挥残疾独生子女家庭的朋友、同学、同事等资源优势，通过熟人社会的力量介入，来丰富残疾独生子女家庭的照料体系。最终逐渐形成一个以社区干部、邻里为核心，以朋友、同学、同事为辅助的照料网络，建立起一个有效、多元的残疾独生子女家庭社会照料体系。

（三）为残疾独生子女家庭提供养老服务

养老问题是残疾独生子女家庭的难题，也是整个社会的隐忧。残疾独生子女家庭的父母担心自己的养老问题，更担心子女的养老问题。随着经济社会的发展，国家应该从一系列的养老制度设计方面来解决这些家庭的养老问题。

1. 养老机构和居家养老结合

首先是要制定残疾独生子女家庭养老的优惠政策，如对残疾独生子女家庭的父母及子女入住养老院给予优先权利，对困难的家庭的给予经济补贴；对经济困难的失能父母，给予入住养老机构费用的减免；探索"政府购买服务，社区组织实施"，方便残疾独生子女家庭的居家养老模式。

2. 社会保险制度和商业保险制度结合

针对当前社会风险多发的现实，要将社会养老制度和商业保险制度结合起来，统筹解决残疾独生子女家庭的养老问题。主要的做法包括：倡导家庭为独生子女上意外保险；资助家庭为子女上健康保险和寿险；把独生子女奖励金转换为"独生子女风险基金"；政府为独生子女建立风险基金等。此外，政府还要鼓励残疾独生子女家庭购买各种商业保险，以最大限度地降低独生子女家庭风险。

3. 探索"以房养老"模式

对有房产者，政府作为组织和监管部门，鼓励银行和保险公司提供房产拆兑业务，以保障这些家庭的基本生活和养老资金，逐步探索并形成一套完善的"以房养老"制度。

（四）不断创新残疾独生子女家庭的制度设计

残疾独生子女家庭是社会新生的弱势群体，与这些家庭相关的不仅是一个个家庭的问题，更是整个社会的问题。对残疾独生子女家庭的困难和风险，要本着对残疾独生子女家庭负责、切实解决家庭困难的原则，从顶层的制度设计和规划上来解决。

　　总之，要在关系到残疾独生子女家庭切身利益的养老、医疗、就业、教育等诸多领域进行顶层制度设计的创新。只有在制度设计层面解决好相关问题，才能维护好残疾独生子女家庭的权益和利益，使这些家庭的生活困难和风险降到最低，保障这些家庭的生活质量，使每一个残疾独生子女及其父母过上有尊严、有质量的生活。

北京城市独生子女空巢失能
家庭帮扶研究

尹志刚　李振锋　张子谏*

摘　要：

在实施计划生育政策三十余年后，独生子女家庭现已成为中国社会中一种常态家庭模式。独生子女家庭空巢失能父母，是未来中国老龄社会中一个需要社会特殊关注的特殊弱势群体。本研究通过对北京市西城区独生子女空巢失能父母家庭的调查，描述空巢失能父母的生活状况，分析家庭困难，并提出建立帮扶政策和制度的建议。

调查数据揭示，独生子女空巢失能父母现在面临的困难主要在医疗，而十年后面临的主要是养老困难。

应对空巢失能父母家庭风险要从日常生活帮扶、医疗保健、养老服务和经济帮助等方面着手。降低独生子女空巢失能父母家庭风险，一方面要减少空巢家庭的数量，并降低空巢度；另一方面要降低老年人的失能发生率和失能度。要以居家养老为基础、社区养老为依托、机构养老为支撑，构建空巢失能父母的养老模式。

关键词：

独生子女家庭　空巢家庭　失能父母　生活困境　帮扶对策

---

* 尹志刚，北京市委党校社会学教研部教授，北京市人口研究所、北京人口发展研究中心研究员；李振锋，北京市委党校硕士研究生；张子谏，北京市委党校硕士研究生。

导　　语

1. 研究的目的和意义

根据致公党 2013 年发布的调查报告，目前我国 15～30 岁独生子女总人数约 1.9 亿，独生子女家庭逐渐成为中国的常态家庭模式。独生子女家庭中空巢失能父母的总量和比例逐年快速增长，已经成为中国老龄社会中一个极为特殊的、需要政府和社会给予高度关注的弱势群体。

本研究运用课题组对北京市西城区 510 户独生子女空巢失能父母家庭的入户问卷调查和深度访谈资料，在统计描述独生子女家庭空巢失能父母的生活困境的基础之上，分析了该类家庭需要政府和社会提供的服务和救助，探讨如何降低家庭人口和生活风险，进而从制度层面探索解决这一老龄特殊弱势群体生活困难的对策和建议。

2. 研究方法

（1）独生子女父母空巢失能家庭的界定：一是独生子女家庭；二是空巢家庭，即子女与父母不在一起居住和生活，且子女不能为父母提供日常生活照料；三是父母失能，即父母二人中至少有一人生活不能完全自理。

（2）调查方法和时间。入户访谈和问卷调查相结合的方法。入户访谈时间在 2012 年 8 月。入户问卷调查时间在 2012 年 11 月。

（3）调查样本的抽取。由于目前尚没有独生子女空巢失能父母家庭的完整抽样框，故本次调查采用了配额抽样的方法。课题组在西城区 15 个街道办事处所辖的 255 个社区中，按照每个社区两个家庭户的配额进行抽样。为了保证样本的代表性，要求每个社区按照调查对象的经济状况进行有选择性的抽样。共计抽取独生子女空巢失能家庭 510 户，实际回收问卷 503 份（户），有效问卷 500 份（户），有效率 99.4%。

本报告从 500 户中筛选出家庭中至少有一个失能老人的家庭 305 户。其中，父亲 218 人，失能 186 人，失能率为 85.3%，母亲 278 人，失能 196 人，失能率为 70.5%，父母共计 496 人，失能 382 人，失能率为 77.0%。

一 空巢失能父母的基本情况

1. 年龄结构

调查数据显示（见表1），独生子女家庭空巢失能父母的年龄集中在69岁以下。从性别分组来看，69岁以下年龄组，男性组为60.8%，女性组的为56.7%；70~79岁年龄组，男性（23.1%）和女性（22.0%）的比例大体持平；80岁以上年龄组中，女性组（21.2%）比男性组（16.1%）高出5.1%，这与现阶段预期寿命女性高于男性有一定的关系。空巢失能父母年事越高，特别是高龄一人空巢家庭，母亲的比例可能会越高。因此，要重视高龄空巢失能母亲的养老和护理服务。

综合分析，被访独生子女父母的年龄大多处于低龄老人阶段，其中，69岁以下的低龄老人占58.5%，70~79岁的中龄老人占12.4%，80岁以上的高龄老人占19%。随着年事增长，独生子女父母群体中高龄老人的比例将逐步提高，其失能人数和失能程度等家庭风险也势必提高。

表1 父母的年龄结构

年　龄	数量（人）			分性别组（%）			合计	
	父亲	母亲	两者差	父亲	母亲	两者差	数量（人）	占被访者（%）
64岁及以下	85	119	-34	39.2	43.0	-3.8	204	41.3
65~69岁	47	38	9	21.7	13.7	8.0	85	17.2
70~74岁	26	31	-5	12.0	11.2	0.8	57	11.5
75~79岁	24	30	-6	11.1	10.8	0.3	54	10.9
80~84岁	17	35	-18	7.8	12.6	-4.8	52	10.5
85~89岁	10	17	-7	4.6	6.1	-1.5	27	5.5
90岁及以上	8	7	1	3.7	2.5	1.2	15	3.0
合　计	217	277	-60	100.0	100.0		494	100.0

2. 文化程度

表2数据揭示了被访独生子女父母的文化程度：小学及以下，男性的比例（13.8%）比女性（24.9%）低11.1%；初中和高中（含中专/技校），男性（60.8%）与女性（58.5%）大致相当；大专及以上文化层次，男性

（12.0%）比女性（7.2%）高4.8%。整体上看，独生子女空巢失能父母中，父方的受教育程度略高于母方。

表2 父母的文化程度

文化程度	数量（人）			分性别组（%）			合计	
	父亲	母亲	两者差	父亲	母亲	两者差	数量（人）	占被访者（%）
文盲	3	26	−23	1.4	9.4	−8	29	5.9
小学	27	43	−16	12.4	15.5	−3.1	70	14.2
初中	86	103	−17	39.6	37.2	2.4	189	38.3
高中/中专/技校	46	59	−13	21.2	21.3	−0.1	105	21.3
大专	29	26	3	13.4	9.4	4	55	11.1
本科及以上	26	20	6	12.0	7.2	4.8	46	9.3
合计	217	277	—	100.0	100.0	—	494	100.0

3. 婚姻状况

表3数据显示，独生子女父母当前婚姻状态以有配偶为主，其中，男性组（88.1%）比女性组（68.0%）高20.1%，总计占回答总人次的76.8%；无配偶（丧偶、离婚、未婚）的父母占22.8%。即当前独生子女父母主要生活于二人空巢家庭之中，但是一人空巢家庭也占有一定的比例。随着我国限制性人口政策影响的持续存在，家庭规模的缩小，可以预知我国独生子女空巢失能父母家庭将会继续增加。这类特殊的弱势群体，特别是其中的一人空巢失能父（或母）家庭，亟待政府和社会帮助解决照料护理方面的困难。

表3 父母的婚姻状况

婚姻状况	数量（人）				分性别组（%）			占填答总人次（%）		
	父亲	母亲	两者差	两者和	父亲	母亲	两者差	父亲	母亲	合计
有配偶	192	189	3	381	88.1	68.0	20.1	38.7	38.1	76.8
丧偶	14	80	−66	94	6.4	28.8	−22.4	2.8	16.1	19.0
离婚	10	5	5	15	4.6	1.8	2.8	2.0	1.0	3.0
未婚	1	3	−2	4	0.5	1.1	−0.6	0.2	0.6	0.8
不适用	1	1	0	2	0.5	0.4	0.1	0.2	0.2	0.4
合计	218	278	−60	496	100.0	100.0		44.0	56.0	100.0

4. 社会身份

表4数据显示，独生子女父母的社会身份（已离退休者依据离退休前的社会身份填答），排在前五位的依次是产业工人（38.7%）、办事人员（15.5%）、专业技术人员（14.7%）、城乡失业/半失业人员（13.3%）和党政领导干部（8.3%）。

表4　父母的社会身份

社会身份	数量（人）			分性别组（%）		占填答总人次（%）		
	父亲	母亲	两者和	父亲	母亲	父亲	母亲	合计
党政领导干部	20	18	38	10.0	7.0	4.4	3.9	8.3
经理人员	2	7	9	1.0	2.7	0.4	1.5	2.0
私营企业主	1	1	2	0.5	0.4	0.2	0.2	0.4
专业技术人员	39	28	67	19.5	10.9	8.5	6.1	14.7
办事人员	34	37	71	17.0	14.4	7.4	8.1	15.5
个体工商户	1	0	1	0.5	0	0.2	0.0	0.2
商业服务业员工	11	20	31	5.5	7.8	2.4	4.4	6.8
产业工人	76	101	177	38.0	39.3	16.6	22.1	38.7
城乡失业/半失业人员	16	45	61	8.0	17.5	3.5	9.8	13.3
合　计	200	257	457	100.0	100.0	43.8	56.2	100.0

5. 残疾类型及等级

表5数据显示，独生子女父母中有残疾者占总回答人次的32.05%。肢体残疾占总残疾人次的69.8%。其中，男性被访者分别占本性别组和填答总人次的72.9%和39.0%；女性被访者分别占66.2%和30.8%。其他类型的残疾所占比例相对比较低，其中，视力残疾和听力残疾合计占17.6%，精神残疾和智力残疾合计占5.7%；多重残疾占6.9%。

从残疾等级来看，男性的残疾等级高于女性。二级程度以下残疾，男性（36.4%）比女性（50.0%）低13.6%，三级程度以上残疾，男性（63.6%）比女性（50.0%）高13.6%。

表5　父母残疾类型和等级

分　类	数量（人）				分性别组（%）			占填答总人次（%）		
	父亲	母亲	两者差	两者和	父亲	母亲	两者差	父亲	母亲	合计
视　残	8	14	-6	22	9.4	18.9	-9.5	5	8.8	13.8
听　残	5	1	4	6	5.9	1.4	4.5	3.1	0.6	3.7
肢体残	62	49	13	111	72.9	66.2	6.7	39	30.8	69.8
精神残	2	1	1	3	2.4	1.4	1	1.3	0.6	1.9
智力残	3	3	0	6	3.5	4	-0.5	1.9	1.9	3.8
多重残	5	6	-1	11	5.9	8.1	-2.2	3.1	3.8	6.9
合　计	85	74	11	159	100.0	100.0	—	53.5	46.5	100.0

6. 失能程度

调查数据显示（见表6），独生子女父母的失能程度（或生活不自理能力）没有显著的性别差异。轻度失能者，男性占性别组和填答总人次的比例分别为75.8%、36.9%（下同），女性分别为75.5%、38.7%；中度失能者，男性分别为5.4%、2.6%，女性分别为8.7%、4.5%；重度失能者，男性分别为18.8%、9.2%，女性分别为15.8%、8.1%。

表6　父母的失能程度

失能程度	数量（人）			分性别组（%）		占填答总人次（%）		
	父亲	母亲	两者和	父亲	母亲	父亲	母亲	合计
轻度失能	141	148	289	75.8	75.5	36.9	38.7	75.6
中度失能	10	17	27	5.4	8.7	2.6	4.5	7.1
重度失能	35	31	66	18.8	15.8	9.2	8.1	17.3
合　　计	186	196	382	100.0	100.0	48.7	51.3	100.0

总体分析，独生子女父母的失能程度以轻度失能为主，因为现阶段独生子女父母的年龄结构多是低龄和中龄老年人（超过80%），失能人数和程度均偏低。随着这一群体年龄的增高，10年、20年后，失能人数及失能程度很可能会出现显著增高。

二　空巢失能父母的社会保障和经济状况

1. 社会保障

在本次调查中，独生子女空巢失能父母的社会保障主要是基本养老保险和基本医疗保险，其他保障类型所占的比例很小。但是，母亲拥有补充养老保险（年金）和"一老一小"保险的人数多于父亲。被访父母购买商业保险的很少，只占全部调查样本的13.1%，即有86.9%的家庭没有购买任何类型的商业保险。

2. 经济状况

表7数据显示，独生子女空巢失能父母家庭中，收支平衡的为62.5%，有结余的为30.9%，尚有6.6%的家庭处于负债状态。根据独生子女空巢失能父母家庭月收入和月支出的具体情况来看，父母的经济收入水平整体不高。就个体来说，母亲的收入比父亲低，家庭的主要开支大多用于购买食品、自费看病和日常生活消费。

综合比较空巢失能父母家庭的各项支出，显示用于看病的支出较多，而其他方面的支出较少。对经济困难独生子女空巢失能父母的医疗支出，政府应给予费用的适当补助或减免，以减轻其经济负担，保障他们基本的老年生活和生命质量。

表7　父母家庭的收支状况

收　　支	数量（户）	（%）
结　　余	94	30.9
收支平衡	190	62.5
负　　债	20	6.6
合　　计	304	100.0

三　空巢失能父母的生活状况

1. 空巢父母家庭人口和失能结构

父母家庭人口和空巢状况（见表8）。被访父母家庭的人口结构，以二人空巢家庭居多，占填答家庭的66.3%，一人空巢家庭为33.7%。

二人空巢家庭有187户填答。其中，一人自理、一人半自理的121户，分别占二人家庭的64.7%，占填答家庭的42.9%；二人半自理23户，分别占

12.3%、8.2%；一人自理、一人不自理41户，分占21.9%、14.5%；二人不自理2户，分别占1.1%、0.7%。

一人空巢家庭有95户填答。其中，半自理84户，分别占一人家庭的8.4%，占填答家庭的29.8%；不自理11户，分别占11.6%、3.9%。

表8　空巢父母家庭人口和失能结构

	户次	占二人/一人家庭（%）	占填答家庭（%）	占被访家庭（%）
一人自理、一人半自理	121	64.7	42.9	39.7
二人半自理	23	12.3	8.2	7.5
一人自理、一人不自理	41	21.9	14.5	13.4
二人不自理	2	1.1	0.7	0.7
二人家庭小计	187	100.0	66.3	61.3
一人半自理	84	88.4	29.8	27.5
一人不自理	11	11.6	3.9	3.6
一人家庭小计	95	100.0	33.7	31.1
填答家庭合计	282		100.0	92.4

2. 从与子女居住距离划分父母家庭空巢度

根据日常经验和当下通勤距离和时间长短，课题组依据空巢父母家庭与子女居住距离远近，划分为四个区域：日常照料区（9公里以内），日常探望区（10～99公里），年节探望区（100公里以上）。

被划在日常照料区的有64户（见表9），占填答292户的21.9%。其中，在适宜区（0.9公里以内）的仅有6户，占2.1%；在较适宜区内（1～5公里）的45户，占15.4%；在不太适宜区内（5.1～9.9公里）的13户，占4.5%（见表9）。

表9　日常照料区（9公里以内）

		户次	占填答292户（%）
日常照料区 （9公里以内）	适宜区（0.9公里以内）	6	2.1
	较适宜区（1～5公里）	45	15.4
	不太适宜区（5.1～9.9公里）	13	4.5
	小　计	64	22.0

被划在日常探望区的有 201 户（见表 10），占填答 292 户的 68.8%。其中，在适宜区（10～14 公里）的有 50 户，占 17.1%；在较适宜区内（15～19 公里）的 33 户，占 11.3%；在不太适宜区内（20～99 公里）的 118 户，占 40.4%（见表 10）。

表 10　日常探望区（10～99 公里以内）

		户次	占填答 292 户(%)
日常探望区 （10～99 公里）	适宜区(10～14 公里)	50	17.1
	较适宜区(15～19 公里)	33	11.3
	不太适宜区(20～99 公里)	118	40.4
	小　计	201	68.8

被划在困难和无法探望区的有 27 户（见表 11），占填答 292 户的 9.2%。其中，在探望困难区（100～999 公里）的有 13 户，占 4.5%；在无法探望区内（1000 公里以上）的 14 户，占 4.8%（见表 11）。

表 11　困难和无法探望区（100 公里以外）

		户次	占填答 292 户(%)
困难和无法探望区 （100 公里以上）	探望困难区(101～999 公里)	13	4.5
	无法探望区(1000 公里以上)	14	4.8
	小　计	27	9.2

如果把与子女居住距离处在日常照料区内的 22.0% 的父母家庭称为轻度空巢，那么，处在日常探视区内的 68.8% 的父母家庭则属于中度空巢，处在困难和无法探望区的 9.2% 的父母家庭属于重度空巢。

3. 从与子女日常联系划分父母家庭空巢度

为调查了解父母家庭的空巢程度，问卷设计了父母与子女的日常联系方式及时间间隔。调查数据显示，空巢失能父母家庭和子女之间最主要的联系方式是打电话，平均间隔时间为 4.1 天。其次是日常探望，平均间隔为 14.02 天。列第三的是节假日探望，平均间隔为 22.62 天。

综合分析，属于弱联系方式的，包括打电话、发邮件、语音视频和写信，共有 398 户次选择，分别占选择总户次、选择总户数的 39.5%、92.2%。属于强联系方式的包括日常探望、节假日探望和子女休假探亲，有 265 户次选择，分别占 60.0% 和 139.9%（见表 12）。

表 12 父母家庭和子女之间的主要联系方式及间隔（多选）

		选择户次	占选择总户次（%）	占选择总户数（%）	间隔均值（天）
弱联系方式，398 户次	打电话	259	37.5	87.5	4.1
	发邮件	5	0.7	1.7	15.0
	语音视频	8	1.2	2.7	4.0
	写信	1	0.1	0.3	60.0
	小　计	273	39.5	92.2	—
强联系方式，265 户次	日常探望	216	31.3	73.0	14.0
	节假日探望	160	23.2	54.1	22.6
	子女休假探亲	38	5.5	12.8	52.4
	小　计	414	60.0	139.9	—
	其他方式	4	0.6	1.4	—
合　计		691	100.0	233.5	—

打电话这种仅能问候的最简便的联系方式，是空巢失能父母和子女之间最重要和使用最频繁的联系方式，但间隔平均也长达 4.1 天。就经济成本而言，对子女来说是最省的，但它只是无法满足空巢失能父母亟须的日常陪伴、生活照料的方式。

调查数据揭示，独生子女父母家庭空巢，父母失能且得不到子女日常照料的困境，难以从根本上改变，而且会愈演愈烈。要应对这种困境，一是倡导，二是约束或鞭策独生子女回家探望和照料父母；三是政府和社会要培养大量护理人员和专业社会工作者，满足空巢失能父母的日常陪伴、照料护理的需求。

4. 父母家庭空巢的原因

表 13 的数据显示，在独生子女空巢失能父母非自愿独居生活的前提下，导致其空巢的原因大致分四类。

第一类，子女因客观困难，无法照顾父母的，共有 563 户选择，占总选择人次的 56.3%。具体原因包括：子女工作繁忙，无力照顾老人 222 户，占填答总户次的 22.2%；子女住处离父母太远，无法照顾父母 198 户，占 19.8%；子女家务繁重，无力照顾老人 143 户，占 14.3%。

表13　父母家庭的空巢原因*

	选择户次	占填答总户次(%)	分类合计
子女住房离父母太远,无法照顾父母	198	19.8	子女因客观困难,无法照顾父母563户次,占总选择人次的56.3%
子女工作繁忙,无力照顾老人	222	22.2	
子女家务繁重,无力照顾老人	143	14.3	
子女婚后不愿和父母一起居住	73	7.3	主观原因,子女不愿照顾父母96户次,占总选择人次的9.6%
子女这一代人缺乏照料责任感	23	2.3	
社会养老机构和床位少,住不进去	61	6.1	客观条件限制,父母不能入住养老机构187户次,占18.7%
社会养老机构收费高,住不起	126	12.6	
不愿入住社会养老机构	117	11.7	主观原因,父母不愿入住养老机构117户次,占11.7%
其他原因	37	3.7	其他原因37户次,占3.7%
合　计	1000	100.0	

*本题目为多选题。

第二类,主观原因,子女不愿照顾父母,96户选择,占总选择人次的9.6%,包括子女婚后不愿和父母一起居住,73户次,占7.3%;子女这一代人缺乏照料责任感,23户次,占2.3%。

第三类,因客观条件限制,父母不能入住养老机构,187户次,占18.7%。具体原因包括:社会养老机构和床位少,住不进去,61户次,占6.1%;社会养老机构收费高,住不起,126户次,占12.6%。

第四类,主观原因,父母不愿入住养老机构,117户次,占11.7%。其他原因,37户次,占3.7%。

由此可见,致使独生子女失能父母空巢的主要原因,是子女不能给予失能父母日常生活所需的陪伴和照顾。受制于目前乃至长远的家庭养老各种条件,尽管居家养老仍然是很多空巢失能父母的首选,但他们得不到生活必需的照料和护理。随着父母失能程度的加重,入住专门的社会养老机构是无法避免的选择。而护理因不同疾病形成的不同类型的失能老人,必须把现有以收养健康自理老人的社会养老机构,改建为以收养失能老人为主的专门的护理机构,同时,要建设更多、更专业化的社会护理机构,下大力气培养大批专业护理人员,这是应对中国以独生子女家庭为背景的、急剧凸显的老龄社会风险的制度设计的关键所在。

5. 空巢失能父母对养老方式的选择

对二人空巢失能家庭而言，"夫妇相互照顾，居家养老"是排在第一位的养老方式，占80.2%，其后依次是"雇保姆居家养老"和"自己照顾自己，居家养老"，总体而言，二人空巢失能家庭绝大多数都选择居家养老。对一人空巢家庭而言，"自己照顾自己，居家养老"是最主要的养老方式，随后依次是"雇保姆居家养老""靠子女照顾，居家养老"和"雇小时工，居家养老"。可以看出，无论是二人空巢家庭还是一人空巢家庭，空巢失能父母都倾向于居家养老，这应该是与中国人重视家庭生活有很大的关系，同时也说明老年人不愿意离开自己熟悉的生活环境。

6. 空巢失能父母的生活困难

日常照料者。在空巢失能父母的日常生活中，存在诸多的困难和不便，需要他人给予帮助和照料。独生子女空巢失能父母的照料人主要是失能者的配偶，所占比例为50.2%，随后是失能者的子女（22.4%）和保姆（12.0%）。

主要照料服务。照料者为空巢失能父母提供的主要照料服务是日常家务劳动（34.4%），其次是出行搀扶、引导（19.1%），第三是洗澡（17.1%）（见表14）。具体来看，选择日常生活照料的有266户次，占34.4%；选择为失能老人喂饭、洗澡等特殊照料的有264户次，占34.1%；选择行动照料的有225户次，占29.0%；选择其他照料为19户次，占2.5%。

表14 失能父母需要照料护理的主要事项

	数量(户)	(%)	分类合计
做饭洗衣等家务劳动	266	34.4	日常生活照料266户次，占34.4%
喂饭喂药	53	6.8	失能老人特殊照料264户次，占34.1%
穿衣穿鞋	48	6.2	
洗澡	132	17.1	
接大小便	31	4.0	
出行搀扶、引导	148	19.1	行动照料225户次，占29.0%
出行推轮椅	77	9.9	
其他照料	19	2.5	其他照料19户次，占2.5%

此外，本调查中得到独生子女空巢失能父母日常生活中急需且缺乏的单项服务，根据需要的急切程度，第一位是建立家庭病房，上门送药、打针、护理，占回答总户次的19.9%；第二位是陪同到社区服务站或医院看病，为15.1%；第三位是送餐送奶服务，为12.3%；第四位是钟点工、保姆家政服务信息，为11.5%；第五位是制定家庭康复方案，指导康复。具体来说，医疗护理服务383户次，占35.0%；上门照料服务363户次，占33.2%；养老信息服务172户次，占15.7%；康复服务112户次，占10.2%；出行服务48户次，占4.4%；其他服务15户次，占1.4%。

四 空巢失能父母的治疗和康复

1. 失能父母可否康复

在本研究中该题共有288人次填答。经医院诊断，失能父母可以康复者112人次，占39.3%；不能康复者104人次，占36.4%；说不清者70人次，占24.5%（见表15）。即便如此，大多数父母依然在进行康复治疗（64.2%），放弃治疗的仅占22.5%。

表15 根据医院诊断，失能父母可否康复

	人 数			分性别组(%)			占填答总人次(%)		
	父亲	母亲	合计	父亲	母亲	父亲	母亲	合计
可以康复	17	95	112	5.6	31.1	12.3	64.2	39.2
不能康复	88	16	104	28.9	5.2	63.8	10.8	36.4
说 不 清	33	37	70	10.8	12.1	23.9	25.0	24.5
合 计	138	148	286	45.3	48.4	100.0	100.0	100.0

2. 失能父母的康复效果

从失能父母的康复效果来看，共有289人次填答。其中，放弃康复者117人次，占40.5%；康复效果不明显的137人次占47.4%；康复效果明显的35人次，仅占12.1%（见表16）。

表 16　失能父母的康复效果

	人　数			性别组（%）			占填答总人次（%）		
	父亲	母亲	合计	父亲	母亲		父亲	母亲	合计
没做康复	58	59	117	19.3	19.3		42.0	39.1	40.5
康复效果不明显	67	70	137	23.0	23.0		48.6	46.4	47.4
康复效果明显	13	22	35	7.2	7.2		9.4	14.6	12.1
合　计	138	151	289	49.5	49.5		100.0	100.0	100.0

3. 失能父母的康复场所

失能父母的康复场所，有 263 人次回答。选择在家中进行康复的为
77.2%；其次是在医院，占 17.5%；在社区卫生站和专门康复机构康复的很
少，分别占 4.2% 和 1.1%（见表 17）。此外，在康复的时间和花费方面，父
亲组的平均治疗时间为 8.82 年，母亲组的平均治疗时间比父亲要多 1.11 年，
为 9.93 年；父亲组平均的累积花费为 89007 元，同样比母亲组的平均累积花
费 93688 元要低 4681 元。

表 17　父母的康复场所

	人　数			性别组（%）			占填答总人次（%）		
	父亲	母亲	合计	父亲	母亲		父亲	母亲	合计
医院	22	24	46	7.2	7.9		17.9	17.1	17.5
专门康复机构	1	2	3	0.3	0.7		0.8	1.4	1.1
社区卫生(中心)站	5	6	11	1.6	2.0		4.1	4.3	4.2
家中	95	108	203	31.1	35.4		77.2	77.1	77.2
合　计	123	140	263	40.2	46.0		100.0	100.0	100.0

4. 失能父母的治疗

失能父母的治疗一题有 285 人次填答。其中，正在进行治疗的 183 人次，
占 64.2%；没有条件治疗的 38 人次，占 13.3%；放弃治疗的 64 人次，占
22.5%（见表 18）。总体看，正在治疗的超过六成。

表 18　失能父母的治疗状态

	人　数			性别组（%）		占填答总人次（%）		
	父亲	母亲	合计	父亲	母亲	父亲	母亲	合计
正在治疗	88	95	183	64.2	64.2	28.9	31.1	64.2
没有条件治疗	22	16	38	16.1	10.8	7.2	5.2	13.3
放弃治疗	27	37	64	19.7	25.0	8.9	12.1	22.5
合　计	137	148	285	100.0	100.0	45.0	48.4	100.0

5. 失能父母的康复困难

数据显示，失能父母康复面临的困难，列第一的是子女繁忙、无法协助，为 23.8%；第二是没有足够的财力在专业机构中康复，占 20.0%；第三是失能父母年迈、没有足够的体力和精力康复，占 18.1%（见表 19）。

表 19　失能父母的康复困难

	数量（户）	（%）	分类合计
家庭没钱购买康复器材	77	12.6	经济匮乏 199 人次，占 32.6%
没有足够财力在专业机构康复	122	20.0	
父母年迈，没有足够的体力和精力康复	110	18.1	体力和精力匮乏 255 人次，占 41.9%
子女工作家务繁忙，没有时间和精力协助康复	145	23.8	
家人缺乏协助康复的专业知识和技能	73	12.0	专业知识技能匮乏 146 人次，占 24.0%
没有专业人士协助康复	73	12.0	
其他困难	9	1.5	其他，9 人次，占 1.5%

分类合计，经济匮乏（含家庭没钱购买康复器材、没有足够财力在专业机构康复两个选项）199 人次，占 32.6%；专业知识技能匮乏（含家人缺乏协助康复的专业知识和技能、没有专业人士协助康复）146 人次，占 24.0%；其他 9 人次，占 1.5%。

解决失能父母康复的困难，要求政府和社会给予支持，比如在社区卫生站（所）建立康复中心，添置设备，由专业医疗人员指导和协助康复；或是委托具有资质的专业康复社会组织，上门指导和协助失能老人康复。对于经济困难的失能父母，可以酌情减免康复费用。最为重要的是，为应对我国急剧加重的银发浪潮，政府和社会要把降低失能老人的数量和比例，作为一项重要的人口政策。有效落实这一政策需要做好两件事：一是通过鼓励身心锻炼和健康生活方式，减少老人失能的发生率；二是对失能老人进行康复，使其最大限度地恢复自理能力。政府相关部门要研究策划"失能老人康复工程"，委托专业社会工作组织，培育专业社工、社区志愿者乃至失能老人的家人，把康复服务输送到有需要的失能老人家庭中。

五 空巢失能父母未来的生活困难

1. 现在及十年后父母家庭的困难及变化

表20 父母现在及十年后家庭的困难及变化

	现　在		十年后增加		两者差	
	数量（户）	（%）	数量（户）	（%）	数量（户）	（%）
经济收入低,生活困难	164	16.5	119	12.3	45	4.2
看病支出大,影响生活质量	189	19.0	101	10.4	88	8.6
去医院挂号看病,路远,排队拥挤,无人照顾陪伴	200	20.1	93	9.6	107	10.5
生活不能自理,无人照料护理	84	8.5	195	20.1	-111	-11.6
养老院床位稀缺,住不进去	101	10.2	163	16.8	-62	-6.6
养老院收费高,经济难以承受	170	17.1	106	11.0	64	6.1
楼层高,无电梯,上下困难	76	7.6	154	15.9	-78	-8.3
其他困难	10	1.0	37	3.8	-27	-2.8
合　计	994	100.0	968	100.0	—	—

表20的数据显示，独生子女空巢失能父母家庭当前面临的困难中最突出的是就医困难，占选择总户次的20.1%；第二是看病支出大、影响生活质量，为19.0%；第三是养老机构入住费用太高，住不起，为17.1%；第四是经济收入低，生活困难，为16.5%。在被问及未来可能遭遇的困难时，失能父母认为，首要的困难就是生活不能自理，无人照料护理，为

20.1%；第二是养老机构床位稀缺，住不进去，为 16.8%；第三是楼层高，没有电梯，上下困难，为 15.9%；第四是经济收入低，生活困难，为 12.3%。

调查数据揭示，独生子女空巢失能父母现在面临的主要困难在医疗方面，而十年后面临的主要是养老困难。因此，现阶段政府要在医疗方面给予这些家庭照顾和优惠，同时也要做到未雨绸缪，着手研究并制定针对空巢失能父母的养老方案，防患于未然，降低这类家庭老人的养老困难和风险。

2. 失能父母入住社会养老机构的意愿

在是否愿意入住社会养老机构的问题上，失能父母中明确表示不愿意入住社会养老机构的占 77.9%，仅有 22.1% 的老人表示愿意入住社会养老机构。在父母不愿意入住社会养老机构的诸多原因中，列第一位的是夫妇有一人自理，可以照料另一人，为 22.2%；第二位是能得到子女的照料，不需要去养老机构，为 16.2%；第三位是子女反对老人去养老机构，为 14.7%。在父母愿意入住社会养老机构的原因中，各原因分布相对比较均匀，选择率由高到低依次是：得不到子女的照料、住养老机构比家里生活方便舒适、家境不宽裕、请不起保姆。

六 完善空巢失能父母的养老模式

1. 应对空巢失能父母家庭风险的策略

（1）空巢失能父母对提高保障水平和降低家庭风险的建议

为了更确切地了解独生子女空巢失能父母自身对养老的想法，问卷设计了开放问题——"您对提高独生子女空巢失能父母家庭保障水平、降低家庭风险的建议有哪些"。共计有 262 户填答，占被访家庭的 86%。具体需求（不少问卷涉及多种需求）有 348 项，其中有 129 项涉及日常生活帮扶，占回答总户次的 37.1%，占被访户数的 42.3%；51 项涉及医疗保健，分别占 14.7%、16.7%；涉及养老服务和经济帮助的各 84 项，分别占 24.1%、27.5%。具体建议内容归纳如下（见表 21）。

表21　父母对提高保障水平、降低家庭风险的具体建议

	数量(户)	占选择总户次(%)	占被访家庭(%)
日常生活	129	37.1	42.3
养老服务	84	24.1	27.5
经济帮助	84	24.1	27.5
医疗保健	51	14.7	16.7
合　计	348	100.0	114.1

1）日常生活帮扶

在日常生活方面，老年人首先提出的是希望政府和社区能将居住小区内的公共设施进行改造，以方便老年人的生活和出行，也希望社区能多为老年人着想，建造必要的为老服务设施；老年人的体力和精力难以应付繁杂的家务劳动，对失能老人来说，甚至是日常的饮食休息也难以独自处理，故希望能有照料者在身边，以保证日常生活的正常进行；单独居住的老年人，尤其是失能老年人，在出现紧急情况（比如突发性的疾病等）时，非常需要帮助，尤其突出地表现在就医问题上；很多老年人也提出，他们所需要的不仅仅是经济上帮助和补贴以及简单的日常照料，他们也需要社会的人文关怀，需要有意义的生活、愉悦的生活，希望政府和社会能给予他们精神上的慰藉，更好的是帮助老年人组织他们自己的生活，丰富其生活内容，让他们老有所乐。

2）医疗保健帮扶

在医疗保健方面，对老年人来说，伴随老年而来的是身体机能的老化和患病几率的增加，因此，医疗保健问题也是老年人无法回避的一个重大现实问题。首先是要保证重大疾病的就医，独生子女空巢失能父母希望能就近优先得到诊治，从而得到较好的治疗效果，避免出现新的并发症和后遗症；建立社区医疗体系，为有慢性疾病的失能父母提供就近的诊治和康复指导，同时也可以为行动不便的失能老人提供上门的医疗服务，减轻失能老人的就医成本和就医痛苦；希望政府可以指导建立失能老人突发事件的应急处理机制，尤其是失能老人突发性疾病的送诊和治疗，避免更严重后果的出现；除此之外，也希望政府和社区为失能父母的日常保健和疾病预防多做工作，社区医院为独生子女空巢失能父母建立健康档案，定期为失能父母做必要的检查，在社区内宣传失能

老人保健知识。

3）养老服务帮扶

在养老服务方面，鉴于当前老龄化的日益加重和失能老人群体规模的不断扩大，目前的养老机构无法满足失能老人的基本养老需求，故希望政府能新建养老机构和相关的配套服务设施，并对机构的建造位置进行合理的布局，在建造机构的同时，要保证养老机构中为老设施的建造和完善，做好服务人员的培养和培训，切实提高其服务技能，在养老服务机构的入住费用方面，希望政府充分地考虑到不同经济条件家庭的切实情况，对经济条件不好的家庭给予费用的减免，让愿意选择机构养老的失能老人能真正住得进，住得起；在满足部分失能老人机构养老需求的同时，还要照顾到选择社区养老和居家养老的失能老人，需要政府规范家庭照料人员和护理人员市场，并为服务人员提供必要的培训，以为失能老人提供规范化、个性化的家政服务。除此之外，这部分失能老人还提出希望政府和社区能建立为老服务组织，对选择社区养老和居家养老的老年人进行定期走访，深入了解失能老人养老生活中的困难，切实解决养老服务中的问题。

4）经济帮扶

在经济帮助类别的回答中，具体包括：希望政府和社区给予直接的经济补贴，以满足基本的生活需要，这些填答者主要是经济条件差，无法满足家庭基本的生活需要（比如，父母是失能老人，子女是残疾人，无法正常就业，或家庭的房屋无法满足基本的居住需求等）；希望政府和社区能提供一些间接的生活补贴和帮助，以满足生活照料。这些填答者主要是在经济方面能满足基本的生活需求，但是生活中存在一些小的困难，需要一些小时工或者邻里之间的帮助。希望政府能解决大额的医疗费用，伴随独生子女父母失能而来的是高昂的医疗护理费用，很多的家庭都难以独力支撑，希望政府完善大病医疗报销制度，让老人能看得起病，住得起医院；希望政府针对不同经济条件的空巢失能父母，在医疗保健和养老服务等方面的费用上给予适当的减免，以减轻失能老人的经济负担。

（2）降低独生子女空巢失能父母家庭风险

在所有养老风险中，失能或生活不自理是最大的风险。一个生活能自理的老年人，不会对家庭和社会造成风险和负担。然而一旦失能，随之而至的必然是个人的困苦、配偶和子女的困难和社会的困境。如何降低老年群体的失能度，即降低老年人失能的发生率和失能程度，是应对未来社会养老风险的第一课题。

为应对我国的银发浪潮，政府和社会要把降低失能老人的数量和比例作为一项重要的人口政策。为此，必须做好两件事：一是通过激励参加身心锻炼和遵从健康生活方式，减少老年人失能的发生率；二是对失能老人进行有组织的科学康复，使其尽可能地恢复自理能力，降低失能度。

1）减少空巢家庭，降低空巢度

政府和社会如何创造条件降低独生子女年老父母的空巢度，如何把子女照料、探望父母设计为一项社会生活制度安排，是建设和谐社会的一个议题。要大力弘扬孝敬父母、探望照料父母的传统美德教育，提升子女的家庭和社会责任感，使有需求的父母能够得到子女更多的关爱和照料。应当借鉴新加坡政府对子女和父母就近购房给予补贴的方法，鼓励子女与父母近距离居住，奖励子女探望、照料父母。

空巢在时空上是有程度之分的。长时间没有任何人或组织与家庭发生任何交往和互动，可以称为绝对空巢（现实生活没有这种鲁滨逊式的空巢家庭）。空巢度是分析相对空巢，即时间越短，与家庭发生交往和互动的频次越多、内容越深，空巢度越低；反之，空巢度越高。

如果子女确实无法探望、照料父母，为降低父母家庭的空巢度，可以采取以下措施：其一，政府建立空巢家庭子女有偿资助的邻里或其他人探望、照料失能老人的制度；其二，运用市场加社会的机制，建立空巢家庭购买社会组织提供上门探望、照料、陪同等服务的机制；其三，政府设立专门帮扶空巢家庭的社会工作项目，发动社区草根组织、志愿者，定期通话、上门探望，为空巢父母提供力所能及的帮助。

2）降低老年人的失能发生率和失能度

编写预防失能的科普读物，建立预防老年人失能的医疗和保健专家组，研究各种失能的发生案例，制定适合于不同性别、不同年龄段、不同疾病老年人的预防失能的训练教程。政府设立预防老年人失能的社会工作项目。包括编制预算和实施规划，培训服务于预防老年失能的专业社会工作者（含社区卫生站人员），深入社区宣传动员，指导志愿者进行小组和个案工作，指导老年人及家庭成员增加适合的体育锻炼，戒除不良生活习惯，减少失能发生率。

降低失能老人的失能程度，即通过护理和康复训练，减轻失能老人的失能程度，把不自理者变为半自理者，把半自理者变为自理者，把没有劳动能力者变成有劳动能力者。

政府设立为失能老人康复的社会工作项目。包括编制预算和实施计划；购置和配备适用于医院康复机构、社区卫生站、社区场地的康复器材；编写适用于不同失能类型的康复教材和具体康复指导手册，培训服务于失能康复的专业社会工作者（含社区卫生站人员），培训社区志愿者，深入每一个有失能老人的家庭，制订康复计划，指导使用康复器材，示范康复技术和方法。

建立训练和康复指导专家组，针对每一种失能类型，编写具体康复训练手册。在社区卫生站（所）建立康复中心，添置设备，由专业医疗人员指导和协助康复，或是委托具有资质的专业康复社会组织，上门指导和协助康复。同时，政府相关部门要研究策划失能老人康复的社会系统工程，委托专业社会组织，培育专业社工和社区志愿者，把康复服务输送到千家万户。

2. 构建空巢失能父母的养老模式

对空巢失能父母养老模式的建设，首先是要建立相应的服务、管理和监督机构，负责统筹规划和指导长期照料服务事业的发展；其次加快建立长期照料商业保险和社会保险；同时鼓励社会力量加入到这个体系中来，为父母提供更加专业化、规范化和人性化的长期护理照顾服务。

（1）居家养老为基础

一直以来，家庭都是赡养老人的重要依托和资源，居家养老也是最常见的养老模式，而且我国自古就有赡养老人的传统美德。因此，现阶段居家养老仍然是我国主流的养老模式，特别是对那些尚有生活自理能力的老人，政府要大力倡导居家养老，鼓励子女抽出更多的时间照顾和陪伴老人，并制定相关的鼓励措施，同时大力发展社会工作者、义工、志愿者、相关专业医疗人员队伍，为生活能基本自理的空巢父母上门提供基本的生活服务，使这部分老人既可在家养老，又能享受到高质量的公共服务。

居家养老是应对银发浪潮的根本战略选择，所有有利于实现居家养老的举措都适用于空巢失能老人。与自理老年人相比，失能老人更需要的是各种家政服务信息的搜索和鉴别：雇佣保姆、钟点工的全程中介代理服务（包括人员选择、合同签订、服务监管代理等）；各种上门服务，包括上门送餐、水、菜、奶，各种电话、快递订购的物品，上门维修服务，陪同出行、购物、看病等，不一而足。这里需要强调的是，上述服务的提供者更多的是市场上有资质的厂商，而这些服务的设计、购买、传送、监管等全程的代理服务，可能是更稀缺的。

（2）社区养老为依托

社区养老作为家庭养老的一种重要补充，可以在很大程度上提高失能老年人的生活质量，使老年人在社区实现老有所养，尤其可以使空巢老人享受晚年的温暖。在社区养老，老人不用离开自己所熟悉的环境，他们易于接受；同时社区养老也不会与传统的孝道文化产生冲突，而且还可以为其将来接受机构养老提供心理和生理上的缓冲。

社区养老是一个劳动密集型行业和典型的服务性行业，可以容纳大量的就业人口和志愿者，有利于社会稳定和形成良好的社会风气。就现阶段而言，若要大力发展社区养老，政府应做好以下几个方面的工作：培养长期的社区照顾人员，为开展社区照顾服务提供基础；在各个社区配备老年人需要的健身器材和基础设施；每个社区设立老年服务中心并设置相应的监管机构。

社区老年服务中心介入失能老年人的照料有很多优势，如社区医生与社区居民较为熟悉，对老人的情况更加了解，从而能提供更好的医疗服务；社区卫生服务的内容主要针对居民的常见病和日常健康保养，医患关系更易建立并且可以尽量避免二者之间因利益问题导致的关系紧张；社区卫生服务站通过调查摸底的形式对病人的状况有更为清晰全面的了解，可以有针对性地提供及时的防治措施；居民在社区卫生站可以享受政府的优惠项目，如医药费的减免等。

（3）机构养老为支撑

一旦老年人完全不能自理，特别是一人空巢不能自理，家庭和社区无力承担老人的照料服务时，养老机构的专业化服务必然成为照顾父母的重要支撑。从这个角度来讲，未来的社会养老机构应更多地接收失能老年人，更多地增加失能康复和护理服务功能。由于专业社会养老机构可以实现对失能老人的专业化康复护理，实现规模化经营，降低成本，对重度失能老人而言，是不二选择。

从机构养老的发展来讲，首先要加大养老机构的建设力度，提供足够的床位来满足老年人口不断增长的需求；其次要建立不同类别的养老机构，使不同失能程度的老人各取所需，使资源得到合理配置；最后要提高公立或民办养老机构的服务质量，加大投入力度，改善机构内部的基础设施，特别是要提高服务人员的医疗水平和照料护理技能。

目前，独生子女空巢失能父母家庭面临很多困境，尤其是在养老和护理方面。就西城区而言，空巢失能父母主要是选择居家养老和康复，这无疑给家庭和子女带来沉重的负担，政府作为承担国民养老风险的重要主体，应该为这样的家庭分担一些责任。针对独生子女空巢失能父母家庭当前面临的困境，政府应该在养老和医疗方面加大公共服务的投入和支出，建立多元化的养老模式和多层次的医疗体系，满足不同类型家庭的养老和医疗需求。

总之，目前我国的独生子女父母基本上处于低龄老年人阶段，家庭结构大多是二人空巢，父母家庭失能结构大多是二人自理、一人自理另一人半自理、一人自理。随着时间的推移、父母年龄的增高、家庭生命周期及结构的变化，空巢二人不自理和一人不自理家庭的总量将会增多，比例将会上升。从家庭功能角度分析应对整个社会人口老龄化的危机，独生子女父母空巢失能家庭可能是一个重要的着眼点和着力点。课题组之所以长期关注、调查探索降低这类家庭和人口风险的对策，目的即在于此。期望本研究成果对引起政府和社会关注独生子女父母空巢失能家庭这一特殊弱势群体，对制定应对我国人口老龄化风险、降低独生子女家庭风险的对策，有所裨益。

空巢家庭夫妻关系与婚姻质量

李宁 孙凤兰*

摘 要:

对空巢家庭来说，夫妻生活成为家庭日常生活的主题，家庭是他们今后人生的主要活动场所。营造良好夫妻关系不仅对夫妻身心健康，而且对他们的个人成长、完美人生有着极为重要的影响。本文采用数据收集法、文献研究法等，从理论与实践方面探讨影响空巢家庭夫妻关系的因素，给出改善提高婚姻质量的思考与建议。

本研究认为空巢家庭的夫妻关系是构成婚姻质量的重要内容：在追求个性张扬的年代，城市家庭多数夫妻发生从个人为家庭存在到家庭为个人存在的转变，在当前城市空巢家庭增多且年轻化情况下，以往的夫妻关系及其互动模式将日渐转变，需要重组夫妻关系、营造和谐的彼此独立空间、保持增多家际联系。

关键词:

空巢家庭 夫妻关系 婚姻质量

一 空巢家庭及其年轻化引发婚姻危机

按照家庭生命周期理论，空巢期是从子女离开、父母共同居住开始到父母

---

* 李宁，北京市委党校社会学教研部副教授，北京市人口研究所、北京人口发展研究中心研究人员；孙凤兰，北京市委妇联组织部部长。此文为 2013 年度北京市哲学社会科学规划研究项目（项目编号：13JDSHB009）的阶段性成果。

中的一方死亡（石燕，2008）。虽然"空巢"这个词并不是在20世纪90年代才出现的，但是我国展开对其的研究却是从90年代才开始的（符琼，2009）。相对西方家庭生命周期研究状况，我国对空巢家庭的研究处在初始阶段。

在现代化进程中，社会、经济、教育的快速发展，给家庭结构、家庭成员带来了很大的影响和调整。首先空巢家庭正在逐渐增多。全国老龄办表示，我国城市老年人"空巢家庭"比例已达49.7%，接近一半。由北京大学中国社会调查中心完成的《中国民生发展报告2012》调查显示，全国13.2%的家庭夫妇已生育子女但不与子女同住。伴随我国人口老龄化和城市化的快速发展，生活理念和住房条件的改善，再加上独生子女政策实施，空巢家庭日益成为人们的一种自觉选择（金晓霞，2013）。

"空巢家庭"逐渐增多之时还伴有年轻化趋势。当前我国空巢家庭因生育数减少，出现不用照料子女的时间延长、家庭整体时间延长等特点。随着我国城市第一代独生子女逐渐离家求学、就业和结婚，中年夫妻的空巢家庭增多，出现不少年轻的空巢家庭。据1992年上海市老年人生活经历及生活现状的抽样调查和1986年中国生育节育抽样调查，现已60岁以上的女性老年人多子女家庭的抚养期为27.7年，1986年处于育龄期妇女的独生子女家庭为20.5年，相差7年左右。在抚养期结束时，老一代父母的年龄为49.9岁，新一代为44.5岁，后者比前者小5.4岁（穆光宗，2002）。与传统理论不同，不少"年轻"的空巢家庭，夫妻尚未退休，或夫妻一人就业工作，许多人在还不到50岁时就已置身空巢家庭。按照当今人们健康的平均寿命预测，"人生八十年"的空巢家庭未来可能存在近20~30年，甚至更长（金晓霞，2013）。

现代化进程对家庭的另一个重要影响是带来了家庭成员个性的空前发展。社会的开放、思想的解放、个性的张扬必然影响家庭生活。多数人发生从"个人为家庭而存在"到"家庭为个人而存在"的转变，在婚姻满意度、夫妻交流、解决冲突的方式等方面更趋向个性化，民政部发布的《2011年社会服务发展统计公报》显示，我国离婚率已连续7年攀高。仅2012年第一季度，全国就有46.5万对夫妻劳燕分飞，平均每天有5000对夫妻离婚，离婚率达14.6%，北京、上海等大城市的离婚率已超过1/3。"世界婚姻最稳定的国家"，正经受着"中国式离婚"的强烈冲击。其中50岁以上人群离婚率比例上升。由于空巢家庭家庭关系从以前的亲子关系转变为以夫妻关系为中心，夫妻的日常生活成为家庭生活的主题，离婚难免乘虚而入。离婚有多方面原因，例如：①虽然孩子离家，许多夫妻还要担负上有老下有小的经济任务；加上一些人尚未离职，工作压力大；高压与繁忙让不少夫妻十分渴望和寻找解压的个人空间和自由。家庭变成"家庭宾馆"。家庭成员各自为政，晚上才回来睡觉，家庭可能变成一个没有人的空壳（望月嵩，2002）。②不少夫妻不再具有年轻时候的激情和新鲜感，如果彼此之间出现摩擦，没有孩子在中间发生缓冲作用，很有可能演化成正面冲突，使得看上去比较稳定的家庭，存在很大危机。③因为儿女的离开造成心理失衡。有的家庭出现夫妻一方把自己的大部分感情放在配偶身上，过分依赖配偶的现象，这易给对方造成一定的压力，极有可能影响夫妻感情，甚至走向分手（金晓霞，2013）。民政部发现，81%的离婚夫妻有心理问题（王黎洋等，2013）。

家庭是个人成长的摇篮，是个人价值、社会安全得以实现的重要源泉。家庭是否和谐，关系到家庭成员能否自由平等、健康全面的发展，关系到和谐社会目标能否顺利实现。空巢家庭中夫妻关系的好坏决定了夫妻二人不是更亲密，就是渐渐疏远；夫妻关系的优劣不仅勾勒关系框架，而且为拥有退休后20～30年高婚姻质量生活奠定基础。显然空巢夫妻特别是50岁左右的夫妻增加了问题的复杂性。因此空巢家庭夫妻关系与其婚姻质量引起人们的关注，成为家庭学、人口学等学科研究热点。

二 夫妻关系与婚姻质量

空巢家庭夫妻关系的形成和婚姻质量高低的评判涉及多种因素，与家庭功能密不可分。对家庭的存在发展学界存在不同的声音，主张回归家庭的学者认为，家庭在促进社会发展、个人成长方面起积极促进作用。

以帕森斯为代表的家庭功能明确化论中提出家庭在个性成熟和情感的需求等方面影响婚姻质量。帕森斯指出的家庭本来的功能包括孩子的社会化和成人性格的稳定（望月嵩，2002）。帕森斯提及的家庭稳定成人性格的任务，对从传统文化走来、缺乏现代夫妻沟通技巧的40～50岁的中国夫妻来说，在遇到如何把持个人和夫妻二人的发展尺度，妥善解决家庭生活中的个人化而非"个别化"等问题（望月嵩，2002）时，是他们需要加强学习的一个重要目标。只有通过不断学习和改进，方可顺利进入生命周期的晚年阶段。

另一位美国社会学者布拉德提出的新功能出现论认为，家庭发展出了以夫妻为中心的2个新功能，一是伴侣性功能，是指夫妻之间相互转告信息，有夫妻共同的朋友、以夫妻结伴外出等行动为特征的行为；二是精神卫生功能，指在人性容易受到伤害的现代社会生活中，家庭成员对受到伤害的心灵进行抚慰，医治创伤，成为对方生活烦心事的倾诉对象等的行为（望月嵩，2002）。显然，布拉德的家庭功能的发展理论为空巢家庭夫妻发展良好关系、提升婚姻质量，提出了很丰富的填充内容。

婚姻质量内容架构对评判夫妻关系有直接影响。综述国外婚姻质量的研究，主要分为个人感觉学派和婚姻调适学派。个人感觉学派认为，婚姻质量是一个主观概念，它主要表示已婚者对自己婚姻的感性认知和体会，指当事人对配偶及婚姻关系的态度和看法。每对夫妇的婚姻质量就是他们对自己婚姻的幸福和满意程度，婚姻质量也就是当事人对婚姻的主观感知质量。调适学派则强调婚姻质量的客观性，认为它是夫妻之间关系的结构特征或这种特征的具体存在和统计表现。已婚者对婚姻关系的调适性质、方式、频率和效果构成了婚姻质量的基本理论内涵，婚姻质量应该是婚姻关系的客观调适质量（郭霞、李建明、孙怀民，2008）。

国内学者则把婚姻质量定义为夫妻的情感生活、物质生活、余暇生活、性生活、夫妻双方的凝聚力在某一时期的综合状况。它以当事人的主观评价为尺度，并以夫妻调适的方式和结果的客观事实来描述。高质量的婚姻表现为当事人对配偶及其相互关系的高满意度，具有充分的感情和性的交流，夫妻冲突少及无离异意向（郭霞、李建明、孙怀民，2008）。"中国婚姻质量研究"课题设计的婚姻质量多维组合量表，从夫妻关系满意度、物质生活满意度、性生活质量、双方内聚力、婚姻生活情趣和夫妻调适结果等6个侧面进行考察（徐安琪等，2002）。还有一些学者把影响婚姻幸福的因素大致归纳为三个方面：①个体因素，包括文化背景、价值观、对婚姻的期望、在婚姻中承担的责任、义务、自尊等；②婚际因素，包括夫妻间角色、权力的分配、夫妻间交流、夫妻间解决冲突的方式和能力、性生活等。③外界因素，包括经济状态，与子女、父母、亲友的关系等（洪芳等，2010）。也有学者认为影响婚姻质量的3个直接因素分别是当事人的社会及个人资源、对生活方式的满意度以及来自夫妻互动中的收获（洪芳等，2010）。赵孟营考察了婚姻质量的三种维度，认为它应该包括：一是夫妻间婚姻生活的各种客观性状况，包括共同社会生活状况和私生活状况，如夫妻经济收入、消费水平、闲暇生活、冲突状况、两性生活等，从数量和合作两个方面考察；二是夫妻关系确定和维系的原因，如夫妻结婚动机、夫妻双方亲缘网络对婚姻的支持状况、双方家庭背景差异性、夫妻拥有子女的状况、夫妻的健康状况、社区的稳定性等，主要是围绕夫妻间生活的现实和夫妻关系以外影响夫妻间婚姻生活的各种因素考察；三是夫妻双方对婚姻关系各个层面的满意度和承受度。满意度是主观评价，承受度是行动的主观选择。满意度越高婚姻质量越高；承受度高则婚姻稳定性强。这个研究较为全面地揭示了影响婚姻质量的主客观因素，为确定和维系夫妻关系，提高空巢家庭婚姻质量提供了发展方向。

上述研究提示夫妻关系与婚姻质量受多方主客观因素影响，有其复杂多线路的静态评判体系。但是作为完整人生，还应该加入一个动态发展的视角，特别是需要研究当年迈的夫妻进入空巢，展开两人为主的家庭生活的婚姻质量。为此，应重视空巢家庭的夫妻关系婚姻质量的研究。空巢家庭的夫妻关系建立在已有婚姻基础上，仍然需要不断的调整、适应和完善，它构成婚姻质量的重要内容，是人生发展不可忽视的一个问题。

处在空巢家庭早期的夫妻双方依然有着调整改善发展的必要性。此时的夫妻个人心智成熟，经济条件达到一定水平，社会关系相对稳定，彼此相对熟悉。对他们而言，一些夫妻已不再具有年轻时候的激情和新鲜感，夫妻双方在生活和事业上可能出现一定的差距；再加上没有孩子的缓冲，夫妻交往关系在某种程度上容易变得苍白、敏感、脆弱，致使以往的夫妻互动模式及双方心理平衡日渐打破。严重的冲突将会导致婚姻的破裂和出现无法修复的裂痕。因此在婚姻下半场，需要在原有基础上，在主观方面特别是在双方情感、夫妻关系方面加入新鲜内容，从个人、家庭、家际等3个方面重组夫妻彼此交往理念、交往模式，强化夫妻沟通，以提升空巢家庭婚姻质量。

从个人、家庭、家际等3个方面展开夫妻关系的调整与改变有现实意义：一是重组夫妻关系的维系对待婚姻的态度和行为，它直接导致彼此对双方关系的认知、情感的投入，关系的维系。二是强化夫妻关系，空巢家庭的夫妻关系是在其原来有基础、有危机、有空白等特殊性方面展开，有很大的挖掘潜力和发展空间。三是加入家际交流内容。对空巢家庭来说，家庭的开放与否对婚姻质量有不同影响。家庭的开放是以家庭为核心，以夫妻双方的朋友为中心展开交往活动，扩大家际关系，加强社会联系，丰富多彩生活。

三 提升空巢夫妻关系质量的几点设想

成功渡过空巢阶段的夫妻，提升的是其对家庭的适应能力，获得的是个人与家庭的双双成长。进入空巢家庭，变3人为2人的家庭结构，双方须付出相应的努力，才能建立高质量的夫妻二人关系。为此本文提出三方面的思考与建议。

1. 重建"关系"意识

高质量的婚姻不仅要求彼此婚姻资源具有较高的对等性，还要求其婚姻资源的各要素具有较高的契合性。离开夫妻任何一方，只凭借一人实力，无论他（她）在政治、经济、心理等方面多么强大，都无法满足夫妻双方要求。一份来自对女公务员的调查显示：不同职级女公务员心理控制源差异显著，但婚姻质量差异不显著。此结果体现婚姻和职场是不同的生活环境，女公务员的自信和内控对职场成就有显著预测作用，但职级高低、职场成就并不一定带来高满意度的婚姻。影响女公务员婚姻满意度因素主要是婚际因素和外界因素，个人实力等因素贡献不显著（洪芳等，2010）。此项调查表明高质量的婚姻需要夫妻互动而不只是家庭成员的个人实力，夫妻是合二为一、彼此相连、不可或缺的关系。针对空巢家庭，夫妻关系更需要调整完善，此阶段的夫妻关系的性质应该是比时间短比爱情长，营建强固紧密的联系，需要注意以下几点。

（1）"我们俩"意识的建立和维护，尽快适应空巢家庭的新变化。夫妻年轻时期女性往往这么排序家庭成员：父母、先生；进入中年阶段的排序会调整为孩子、父母、先生。而进入空巢家庭，家庭成员的排序会有所改变，各种主客观因素令夫（妻）的位置会越来越提前，最后难分彼此，"我们俩"相依为命。因此进入空巢，夫妻要高度重视强调夫妻关系在家庭中的地位，明确夫妻是相互影响的整体，每个人都要用心维护婚姻，像珍惜好朋友一般爱护彼此，享受和配偶相处的时光，获取高婚姻质量和夫妻身心健康。据美国一项调查显示，在各年龄段里都说婚姻里最好的方面是伙伴关系，而且年龄越大，伙伴关系越重要，50岁以下的人中，有31%表示伴侣关系是他们婚姻里最好的方面，但50岁及以上做此表示的人高达43%（大卫·亚普，2010）。

（2）建立保持相互"依恋"的意识，以加强依恋，减少疏远行为。婚姻存在并不就意味着良好关系的存在，需要双方付出相应的努力。在已有婚姻基础上，双方要重视常年厮守、彼此熟悉、日子平淡等现实生活的存在，相信之间多年选择配偶的正确性；守护拥有多年的婚姻资源。美国社会心理学家戴维·迈尔斯在《社会心理学》提出促进伴侣亲密关系的因素有三：一是依恋，双方的理解，提供和接受支持，重视并享受和相爱的人在一起等；二是公平，双方觉得相互关系是平等的，他们的付出和回报是成比例的；三是自我表露，双方愿意敞开心扉，分享秘密，而不用担心失掉对方的友谊和爱情，信任取代焦虑。

常态下，多年生活在一起的夫妻，易出现快节奏生活下交流匮乏。看似平淡的交谈内容，都使得保持沟通的畅通并且跟对方自由分享感觉不容易做到。无论处在家庭生命周期的哪个阶段，夫妻之间的依恋与话题你不去开展，就会被其他的"人"和"事"去占领，好的夫妻关系都是靠日常不断地欣赏、重视、交流等养分去滋润的。在不断增多的诱惑和选择面前，不断成长的话题，契合双方的"沟通模式"，适合对方的交流时空，才能保持夫妻同步迈进新生活的步伐。许多人有这样的观念，认为只要找对了人就能永远幸福。婚姻一旦出现了问题，人们就感到之前找错了人。他们要么会放弃努力，在失败挫折中了度余生，要么再找一个"合适的人"，造成夫妻离异。根据天津社科院社会学所和广东家庭杂志社1991年对中国城市家庭的调查结果，夫妻冲突的最主要原因是"性格不合"（占35.4%）。如果再加上"爱好"（7.4%）、"文化素质的差异"（4.2%）、"职业和其他社会活动"（3.7%）以及"感情问题"（3.5%）等几项，则半数以上的夫妻冲突都是由配偶理解程度而引起的（易松国，1997）。

（3）强调"共同体"活动意识：强化"共同体"意识，调整个人活动方式，增加以夫妻为单位的共同活动。进入空巢期，夫妻需要增加以夫妻为单位的各种活动，开辟休闲新生活，填补空巢夫妻以往有基础但目前有空白的家庭生活。生命周期理论中有一种观点认为，空巢家庭中的夫妻有了更多的交往空间，进入了家庭生命周期的"第二新婚期"（望月嵩，2002）。此时夫妻找出可以一起做的事来建造彼此之间的友谊以填补孩子离开的空白，重新设计生活。休闲新生活可以挖掘经济生活、生活时间、生活空间、人际关系、能力等五类资源（望月嵩，2002），增加一起共同的活动，找到夫妻的共同兴趣点，强化共同参与。不少研究者发现，夫妻共同参与休闲活动有助于增加婚姻的满意度；而单独的休闲方式则和婚姻满意度呈负相关。另外休闲活动会缓解妻子过于沉重的生活压力，进而改进婚姻关系的质量，但这种作用对丈夫不产生影响。需要注意的是缺乏高水平的休闲和互动，即使是夫妻共同参与休闲也未必对婚姻满意度具有积极意义，甚至还可能降低婚姻满意度（郭霞、李建明、孙怀民，2008）。

2. 开辟彼此独立空间

人的天性是向往自由。当前人们普遍追求个性自由，当空巢家庭孩子的离去，家务劳动的相对减少，使夫妻各自拥有了更多的时间和空间，也为彼此提供了个性发展一个前所未有的良好机会。为此，目前不少家庭中夫妻出现睡眠分居，表现出对拥有一个仅属于自己的独立空间的渴望。

为保持更平衡、健康的生活方式，夫妻需要营造彼此独立、和谐空间，调整好各自的距离。要清醒地认识：首先要照顾好自己，保证身心健康才是对双方的积极贡献。为此双方要力争做到：照顾你自己，减少对对方的各种依赖；特别是男性应加强自理生活的能力，尽量减少过去繁忙工作将家事大部分推给家人的状况，时常给自己和对方独处的时间和空间，互相尊重对方的个人领域；调整做事的步伐，放慢节奏，享受过程；扩大你的眼界，不停塑造自我、完善自我，不断更新知识，优化知识结构，扩大各种学习交流的渠道，努力提高综合素质，紧紧跟上社会前进的步伐；积极地生活，将个人的成长完善坚持到底（大卫·亚普，2010）。

在空巢家庭中，女性通常是体验很大变化的一方，当孩子拥有了母亲所无法进入的世界时，妻子会有不同程度的孤独、寂寞和不安，易有心理上的空白。因此在强调家庭关注重心从孩子转移到夫妻关系的同时，女性日后生活中还要注意重点强化减少对丈夫的心理依赖，多交朋友，丰富个人精神生活；其中特别需要增强自立，自立包括很多方面，经济自立、能力自立、思想自立等。张爱玲曾说过：有文化的女性本身就是一个美丽的形象，为什么知识女性总是要比她们的实际年龄看上去年轻了许多，因为这样的女性拥有文化知识，懂得真正延缓人体衰老的秘诀。因此对城市多数女性而言，充分利用好周边文化资源学习知识，经常读书、去博物馆，做几件自己喜欢的事情，保持一颗开放吸纳向上的心，要让自己成为一个内心充实丰富、有追求的人（张淑印，2011）。当妻子心理健康，可以减少无所事事导致的空虚寂寞、无望、敏感等心理问题，减少对对方的过度依赖。

3. 保持并增多家际联系

正如人们进入职场要重视人际关系一样，当夫妻进入空巢家庭阶段同样要重视建立家际关系。进入空巢家庭的夫妻应注意保持、建立与其他家庭的联系，充分利用旅游、购物、派对等机会结识新朋友，保持社会交流，扩大社会联系，这是发展空巢家庭社会交往的一个重要内容。开展家际联系，一方面加强家庭与家庭之间的联系，针对女性更喜欢"谈话"、男性更喜欢"做事"等不同性别特点，或交流生活经验，或增加各类信息，或联系更多伙伴，或开展各种户外活动，以此克服空巢家庭易有的单一重复、单调乏味，日益远离社会的易孤独、寂寞、忧郁感等问题。另一方面家际活动也是密切夫妻关系的重要内容，共同参与一些刺激、有冒险色彩的运动，营造活动情趣，便于进一步加深了解和密切感情。

在培养具有相同品味的家庭联系中，人们多愿意与交往多年的朋友在一起，但是由于大城市交通问题，出现与老友的聚会因成本过高而减少趋势，造成一些家庭的外联断裂。所以空巢家庭在保持原有老朋友、老关系的基础上，还要加强建立新家际关系，特别要在周边社区注意拉近邻里距离，促进邻里情感交流，既实现邻里和谐又结交新朋友。组成与亲属、朋友、邻居多方面的朋友圈子，避免"出门一把锁，进门一盏灯"的情况。一项调查研究的结果提示，夫妻同对生活持积极乐观的态度，则他们的朋友较多，与家人的关系也较和睦（赵力俭，2013）。

参考文献

《民政部最新统计显示我国离婚率连续 7 年攀高》，新华网，2012 年 7 月 4 日。

北京日报：《"空巢"家庭占比升 13.2%》2012 年 8 月 6 日。

大卫·亚普：《婚姻下半场——中老年夫妇面临的八个挑战》，赵灿华译，团结出版社，2010。

符琼：《中国空巢家庭研究综述》，《经营管理者》2009 年第 18 期。

郭霞、李建明、孙怀民：《婚姻质量的研究现状》，《中国健康心理学杂志》2008 年第 7 期。

洪芳等：《基于心理控制源视角的女公务员婚姻质量研究》，《应用心理学》2010 年第 1 期。

金晓霞：《城市空巢家庭研究现状》，《学理论》2013 年第 13 期。

穆光宗：《家庭空巢化过程中的养老问题》，《南方人口》2002 年第 1 期。

全国老龄办：《我国城市老年人"空巢家庭"比例达 49.7%》，中国广播网，2012 年 9 月 23 日。

石燕：《以家庭周期理论为基础的"空巢家庭"》，《西北人口》2008 年第 5 期。

王黎洋等：《学会表达　减少抱怨》，《生命时报》2013 年 9 月 3 日。

望月嵩：《结婚与家庭》，牛黎涛译，中国大百科全书出版社，2002。

徐安琪等：《婚姻质量：婚姻稳定的主要预测指标》，《上海社会科学院学术季刊》2002 年第 4 期。

易松国：《影响城市婚姻质量的因素分析——根据武汉千户问卷调查》，《人口研究》1997 年第 5 期。

张淑印：《从和谐家庭角度看女性在和谐社会中的责任与权利》，《山西高等学校社会科学学报》2011 年第 12 期。

赵力俭：《中国"空巢老人"生活现状及对策研究》，《长春教育学院学报》2013 年第 3 期。

第四篇　流动人口研究

北京人口红利研究现状及流动人口趋势预判

尹德挺　原晓晓 *

摘　要：

在人口红利文献回顾的基础之上，本研究利用 2010 年人口普查数据和 2012 年劳动力市场数据，深入分析了首都人口红利的基本特征和走势。研究发现：第一，户籍劳动适龄人口总量充足，但未来可补给的人口减少；35 岁以前户籍就业人口占比不高，户籍人口分年龄别的就业率"两头"偏低；第二，2020 年以后，支撑北京人口红利的人口流出省份劳动年龄人口规模将减少，北京常住劳动年龄人口的存量和增量都会受到影响。由此判断，未来北京将可能遭遇"用工荒"，既有"总量荒"问题，也有"结构荒"问题。对此，我们提出三项政策建议：加快人

---

* 尹德挺，北京市委党校社会学教研部副主任、北京市人口研究所副所长、北京人口发展研究中心副教授；原晓晓，北京市委党校硕士研究生。

本文为 2013 年度北京市委党校学科建设课题（项目编号：2013XKJ 016）的阶段性成果。本文也是国家社科基金（项目号：13CRK029）的阶段性成果。

口红利向人力资本红利转变；加快经济方式转变，提升就业需求层次；在促进流动人口社会融合的同时，充分调动户籍人口参与就业。

关键词：

首都北京　人口红利　流动人口　户籍人口　用工荒

从 2004 年开始，我国东南沿海出现"用工荒"现象，"招工难"、用工短缺逐渐成为这些地区劳动密集型企业的普遍难题。近些年，"用工荒"现象愈演愈烈，从珠三角、长三角等一些沿海发达地区扩散到我国中西部的部分省份，甚至扩散到一些传统的劳务输出大省（翟振武等，2011）。那么，作为全国流动人口的重要集散地，首都北京短期内是否也会遭遇"用工荒"，人口红利是否会迅速消失，并对首都的经济发展产生实质性影响，这些都是亟待回答且应高度预警的人口经济问题。本研究利用 2010 年全国第六次人口普查数据（以下简称"六普"）和 2012 年北京劳动力市场供求数据，初步分析首都人口红利的基本特征和未来走势，对首都是否会出现实质性的"用工荒"问题做出形势预判，以期为未来的政策决策提供依据和预警。

一　北京人口红利研究的文献评述

1. 人口红利研究的起源

自"二战"以后，东亚国家的发展前景始终备受世界瞩目。20 世纪 60 到 20 世纪 90 年代，日本、新加坡、印度尼西亚及中国香港等东亚国家和地区取得了经济的迅猛发展，对世界经济产生巨大影响。"东亚现象"一时成为世界各国关注的焦点。1991～1993 年，世界银行组织有关专家试图对这些经济高速繁荣的东亚国家和地区进行研究和总结，并于 1998 年出版了题为《东亚奇迹：经济增长和公共政策》的报告。在报告中，世界银行将东亚国家和地区取得的经济成果称为"东亚奇迹"。有关专家对东亚经济长时期的高速增长做出解释：在东亚经济崛起的过程中，资金和人力资源的高速积累以及市场化改革和有效的政策干预都扮演着举足轻重的角色。

此后，西方学者对东亚经济奇迹以及人口结构变动做了深入的研究和解释，"人口红利"概念与理论就是在这个时候被提出的。人口红利这一概念最早出现于1997年由安德鲁·梅森发表在《亚洲－太平洋人口与政策》杂志第43期的一篇文章中。人口红利是指在生育率快速下降时期，人口增长率下降和人口年龄结构的变化（人口中的少儿比重大幅下降、劳动年龄人口的比重显著上升）所带来的利益。后来，联合国人口基金会在1998年的《世界人口现状1998》报告中使用了这一概念，这一概念也开始广为学界所接受；David Bloom和G. Williamson将总人口呈现"中间大、两头小"的人口年龄结构视为"人口机会窗口"或"人口红利"。

随着研究的深入开展，学者进一步界定了"第一人口红利"和"第二人口红利"。Mason和Lee把由于人口转变导致的劳动年龄人口比例的增加带来的经济增长定义为第一人口红利。同时，他们也进一步提出"第二人口红利"，即随着人口的老龄化，人们预期到这种人口年龄结构的转变必然导致将来出现高抚养率的结果，出于对未来养老的担心，相应调整个人行为和消费储蓄决策，进行以应对将来养老问题为目的的储蓄。在此过程中，投资增加引起资本深化，从而促使本国仍然可能实现持续的经济产出水平（Mason & Lee，2004）。他们把这种以未来养老为目的的储蓄可以推动经济增长的情形称为"第二人口红利"。快速的财富积累可能会是暂时的，但是人均资本占有率和人均收入会因此而永久稳定在一个比较高的水平。从这个方面来说，第一人口红利来自劳动年龄人口比例的增加，随着人口结构的进一步转变，必然会消失，而第二人口红利却来自人们持续的投资，显然要更持续。2006年，Mason和Lee对第二次人口红利作了清晰阐述，把以未来养老为目的的储蓄可以推动经济增长的情形称为"第二人口红利"。他们通过构建模型并进行了测算，发现第二人口红利的效应远大于第一人口红利（Mason & Lee，2006）。

2. 中国人口红利持续期的研究

关于中国人口红利持续期长短的问题，学术界也存在各种不同的观点。对人口红利消失的时间判断有早有晚，从时间的早晚顺序来看，对人口红利消失时间判断最早的是《2007 年世界发展报告》，报告中预测中国的"人口红利"将于 2010 年左右消失；其次是仲大军（2006），他认为目前我国的计划生育太过严厉，不仅影响到本国人民的生活格局，更影响到世界经济的发展。大约到 2013 年，中国的人口红利就将耗尽，劳动力供给优势将不复存在，那时，我国依靠"人口红利"的发展模式也将走到尽头。

王德文等（2004）认为，人口转变使得中国从 20 世纪 60 年代中期开始享受人口红利。中国总人口抚养比的下降趋势大约持续到 2015 年前后。因此，2015 年前后是中国人口红利阶段的转折点。此后，蔡昉（2007）又指出，中国人口红利的峰值在 2010 年出现，而且峰值过去之后直到 2030 年，人口红利仍然可观，只不过这个盈利在 2010 年之前是累进的，之后是递减的。同时，中国正在由劳动力过剩向劳动力短缺的时代转变，拐点可能在 2009 年出现，届时中国城乡将普遍出现劳动力短缺的现象。彭希哲（2007）认为，无论以何种指标来分析，中国的劳动力资源目前以至未来一段时间仍然处在非常丰富的阶段。人口机会视窗将在 2025 年前后关闭，城市和东部沿海地区会关闭得更早。

陈友华（2005）认为，中国的人口红利在 20 世纪 80 年代后期才开始出现，大约一直要持续到 21 世纪 30 年代初，前后历时 40 多年，2010 年前后人口红利最为丰厚；这与于学军在 2003 年的研究结果非常相近。其他一些学者如汪小勤、汪红梅（2007）得出类似的判断，认为我国人口红利可持续到2030 年前后；刘家强、唐代盛（2007）认为 1990 年我国开始进入"人口红利"时期，到 2030 年我国人口红利时期基本结束。而马瀛通（2007）从稳定低生育水平的角度分析人口红利问题，对老龄化问题持乐观的态度。他认为，人口红利会与日俱增，是 21 世纪中国跨越式发展的动力。

对人口红利延续期的时间长短，分歧源于对人口红利衡量的标准问题。现有文献大都用理论抚养比、老龄化率、有效抚养比、社会抚养比等单指标作为计算人口红利程度或水平的标准。

陈友华（2005）认为，人口负担的轻重是衡量人口红利与人口负债的唯一尺度，人口负担的轻与重是相对的，是相对于"参照人口"或"标准人口"，离开"标准人口"谈论人口红利或人口负债是没有什么意义的。他以瑞典 1957 年生命表人口为基准，将少儿抚养比、老年抚养比和总抚养比是否分别低于 30%、23%、53% 确定为人口红利存在与否的分水岭。蔡昉（2008）以中国总抚养比为标准，计算出中国总抚养比每降低 1 个百分点，导致经济增长速度提高 0.115 个百分点；田雪原（2005）以从属年龄比（每个劳动年龄人口负担的老少被抚养人口即从属年龄比）低于 0.5 作标准计算人口红利；刘家强和唐代盛（2007）以总抚养比低于 50% 作为"人口红利"测量的基准年龄，计算出 1990 年我国总抚养比达到 50%，从 2005～2015 年，我国总抚养比基本在 40% 以下，到 2030 年我国总抚养比为 49.7%。

与以上学者不同，车士义等（2011）建议以总抚养比和老龄化率两个指标共同计算或衡量人口红利的高低。以总抚养比 50% 为基础条件，以老龄化率等于 10% 为分界线，将人口红利分为"真正的人口红利"和"虚假的人口红利"两个阶段；王丰等（2006）提出"有效生产者"和"有效消费者"的概念和计算方法，并利用"有效生产者"和"有效消费者"之比来衡量人口红利；陈涛等（2008）认为"人口红利"受人口规模、人口素质、就业结构、生产与消费模式等因素的影响，因而提出用"社会抚养比"计算人口红利水平，并引入"标准消费人口"的概念，对不同年龄结构人口的消费状况和不同产业的劳动人口的生产状况进行统一，并将标准化后的抚养比称为"社会抚养比"。

目前国内多数学者是以抚养比 50% 作为衡量人口红利期的标准。在同一标准下对人口红利延续期的研究结论虽有差异，但大致情况相似。但总的来说，首先，关于人口红利延续期的不同结论，既有各自理论依据的不同，也有研究方法和使用标准不同所导致的不同。学者在测算人口红利的过程中，常常会采用不同的模型，如何衡量这些模型的精确性及模型间的可比性，学者常用的几个标准，如理论抚养比、老龄化率、有效抚养比、社会抚养比等单指标如何操作才能更具代表性、更与现实情况相符，各个衡量标准之间如何进行比较——这都是很值得讨论的问题。其次，衡量标准具体如何得出及其选用都没有具体一致的解释。如何保证同一衡量标准在计算口径上宽窄度的相同，所使用的衡量标准的确定是该依据其变动率还是依据其绝对水平。如何确定衡量标准的稳定水平等一系列问题无疑都将对人口红利的延续期产生重大影响。

3. 北京人口红利研究的观点分类

从目前的文献看，关于北京人口红利及用工荒问题主要有以下三类观点。

第一类为劳动力资源丰富论。"六普"数据表明，北京常住人口年龄结构"两头小、中间大"，劳动力资源丰富，处于"人口红利"的黄金时期，且伴随外来人口的不断流入而将持续一段时期。北京劳动年龄人口将在2014～2017年达到高峰，高峰人口规模在1280万人左右，年龄构成将从以年轻型劳动力为主发展到以成熟型劳动力为主（张丽萍，2008）；还有学者认为，奥运会促进首都经济快速增长，进而导致更多的流动人口流入北京（陈卫，2008）；第二类为劳动力老化论。有些学者认为，北京市将经历一个较短的劳动力资源"黄金时期"，2015年前后将可能会出现劳动力资源规模和比重的双重绝对下降，进而面临严峻的劳动适龄人口老化的挑战（童玉芬等，2007）；第三类为劳动力供不应求论。有研究表明，2010～2020年，北京劳动力市场中的劳动年龄人口供给将越来越难以满足劳动力需求，2020年以后劳动力市场的紧张状况可能加剧。原因可能包括，北京市人口规模调控政策、人口自然增长率很低、全国人口老龄化、抚养比上升等因素（周祝平，2007）。不过，也有学者对此提出不同意见，认为尽管劳动力市场上表现为明显的供不应求状况，但还不能判断北京已经进入劳动力短缺时代，一个重要原因是劳动力市场仅仅是劳动力实现就业的一个途径，在我国现阶段，通过"非正规"途径实现就业的人口比例还很高，特别是外来流动人口。劳动力市场所反映的北京劳动力供需状况只是表明了目前北京劳动力供需关系的一个趋势，未来北京仍然是一个吸纳流动人口的重要城市（王文录，2008）。

从以上的文献回顾中我们不难发现，"北京人口红利是否消失"这一问题在学术界依然没有形成定论，而且未来随着经济发展方式的转变，北京就业市场中究竟是哪类人群、哪些职业会率先表现出实质性的用工短缺，仍不明朗。利用最新的人口普查数据和劳动力市场供求数据，这些问题会得到怎样的解读？这是本文研究的逻辑起点。

二 北京人口红利的结构性分析

1. 常住人口：正处人口红利期，但未来需要补给

总的来看，北京市常住人口目前处于人口红利期，但未来需要更多补给。2010 年"六普"数据表明，北京市常住人口中，0~14 岁的少儿人口为 168.7 万人，占 8.6%；15~64 岁劳动年龄人口为 1621.6 万人，占 82.7%；65 岁及以上老年人口为 170.9 万人，占 8.7%。与 2000 年人口普查相比，少儿人口比重下降 5 个百分点；老龄人口比重微增 0.3 个百分点；15~64 岁劳动年龄人口比重上升 4.7 个百分点，人口老龄化进程减缓（见图 1）。可见，北京市劳动力资源丰富，处于"人口红利"的黄金时期。

不过，从人口年龄金字塔来看，北京市常住人口的年龄结构表现出明显的"底部收缩"态势，也就是说，未来新进入劳动年龄阶段的人口将会出现明显减少。另一方面，北京市人口年龄结构的变动受外来人口流入影响较大，常住流动人口的年龄集中在 20~39 岁，这部分人口占流动人口总量的 62.8%，而 16~34 岁常住流动人口占常住人口的比例为 52%，已经成为北京劳动力市场的主体人群。"六普"数据还表明，2010 年全市常住人口的年龄中位数为 35.7 岁，常住户籍人口的年龄中位数为 41.5 岁，常住流动人口的年龄中位数

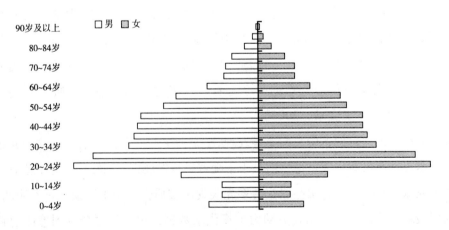

图 1　2010 年北京常住人口金字塔

为29.6岁。因此，在假定经济发展方式等条件不变的情况下，北京市的经济发展可能需要其他外省市流动人口更多的补给。

2. 常住户籍人口：总量相对充足，但部分年龄段就业率有待提高

（1）户籍劳动适龄人口总量充足，但未来可补给的人口减少

从人口的年龄结构来看，目前北京户籍劳动适龄人口总量是相对充足的，15~64岁人口为978万人，占常住户籍人口总量的77.83%，65岁以上人口仅占12.6%，不过，未来进入劳动年龄段的人口明显减少，0~14岁人口仅占9.6%（见图2）。

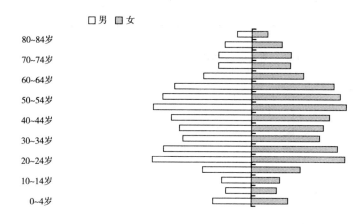

图2 2010年北京常住户籍人口年龄金字塔

（2）35岁以前的户籍人口就业占比不高，年龄别就业率"两头"偏低

从"六普"就业结构数据来看，北京常住就业人口约为977万，其中，常住户籍就业人口529万左右，约占全部就业人口的54%；从就业人口的年龄结构来看，16~34岁的常住就业人口中，户籍人口占40%，35~64岁的常住就业人口中，户籍人口占67%，而且随着年龄的增长，常住户籍就业人口占常住就业人口的比例逐步上升。由此可见，在35岁以后，北京劳动力市场中户籍就业人口比例较大（见表1）。

然而，值得注意的是，户籍人口的就业率呈现"两头偏低"的情况，即在20~24岁、55~59岁、60~64岁组就业率分别仅为33.95%、29.74%和10.16%（见表2），这些年龄段的劳动力资源存在很大的开发空间。

表1　2010年北京市常住人口分年龄段就业人口占比

单位：%

年龄	常住外来就业人口占比	常住户籍就业人口占比	合计
16～19岁	92.42	7.58	100
20～24岁	69.08	30.92	100
25～29岁	54.17	45.83	100
30～34岁	51.13	48.87	100
35～39岁	45.52	54.48	100
40～44岁	38.46	61.54	100
45～49岁	25.34	74.66	100
50～54岁	17.74	82.26	100
55～59岁	19.67	80.33	100
60～64岁	25.61	74.39	100

表2　2010年北京市常住户籍人口分年龄别的就业率

单位：%

年龄	常住外来人口就业率	常住户籍人口就业率
20～24岁	66.44	33.95
25～29岁	75.26	73.06
30～34岁	76.06	78.82
35～39岁	76.11	79.04
40～44岁	75.73	77.92
45～49岁	73.35	70.35
50～54岁	59.68	50.07
55～59岁	39.11	29.74
60～64岁	19.74	10.16

（3）户籍人口在现代服务业的就业占比具有明显优势

从行业分布来看，在第一产业和第三产业中，常住户籍就业人口占比明显高于常住外来就业人口。在第三产业中，常住外来就业人口和常住户籍人口存在明显不同的分布状况：在常住外来就业人口中，批发零售业、制造业和建筑业就业占比稳居前三，分别占29.5%、17.7%及9.2%，这些行业的共同特点是属于劳动密集型产业，以体力劳动为主，薪金待遇较低，且流动性较强；而常住户籍就业人口则集中于信息传输、计算机服务和软件业、金融业、房地产业、公共管理、文体教育卫生和科研等行业，这些行业的共同特点是属于资金或者技术密集型产业，薪金待遇较高且具有较高的职业评价。

从职业分布来看，北京常住就业人口的分布与行业分布存在一定的相关性。常住外来就业人口仍聚集于传统服务业和制造业,"商业、服务业人员"和"生产、运输设备操作人员及有关人员"两大职业领域集中了326.74万外来从业人员,占流动人口从业人员总数72.87%,而常住户籍就业人口多分布于专业技术人员、办事人员和有关人员等职业。由此我们可以推断,在常住就业人口中,在中高端就业市场上,户籍人口要比外来人口更具优势。

3. 常住流动人口:黄金劳动年龄段的主体人群,但2020年以后将明显减少

(1)主要来源省份:冀豫鲁皖黑

从2010年普查数据来看,北京常住流动人口达704.5万,占常住人口的35.9%。常住流动人口的来源地涉及了30个省、自治区和直辖市,其中,82.5%的流动人口来自东北、北部沿海、黄河中游及长江中游地区。从流动人口的来源省份看,56.3%的流动人口来自河北、河南、山东、安徽和黑龙江五个省。其中,河北省来京人口最多,为155.9万人,占常住流动人口的22.1%;其次是河南省,为98.0万人,占13.9%;山东省位居第三,为59.8万人,占8.5%;安徽省、黑龙江省的来京人口分别为43.0万人、40.3万人,分别占6.1%和5.7%。

(2)主要来源省份的人口年龄结构变化:2020年以后供给明显萎缩

从支撑北京的五个人口流出大省年龄结构来看,"六普"数据显示,目前除黑龙江省年龄金字塔底部有明显收缩之外,其他四个省份0~14岁人口所占比例依然较大,这对北京来说,似乎是一个较好的人口信号,然而,从五个人口流出大省的抚养比来看,虽然五省的总抚养比均低于50%,但五省的老年抚养比均大于10%,属于理论上的"虚假人口红利"(梁海艳等,2012),这与现行的生育政策及人口流动有很大关系。如果不考虑已有人口的流出以及其他省市人口的再流入,从未来5~10年的人口年龄结构状况来看,五个人口流出大省中的部分省份将可能会出现15~64岁人口规模的减少(见图3)。到2015年,河北和黑龙江将会出现劳动年龄人口的略微减少,但由于人口年龄结构的影响,河南、安徽和山东将依然分别增加205万人、71万人和7万人;然而,到2020年,除河南依然会增长80万人以外,其他四个人口流出大省都将出现较大程度劳动年龄人口的减少。届时,五个人口流出大省的劳动年龄人口规模将会缩小约393万人。如果不考虑经济发展方式的转变,那么五大人口流出地劳动力资源补给不足将会对北京流动人口的规模和结构产生实质性影响。

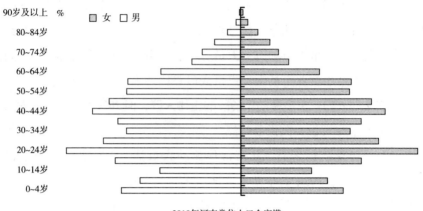

2010年河北常住人口金字塔

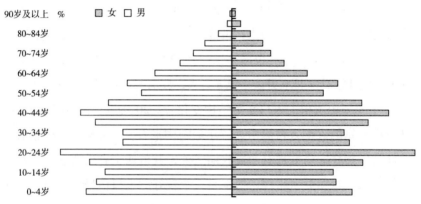

2010年河南常住人口金字塔

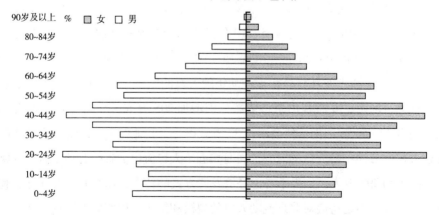

2010年山东常住人口金字塔

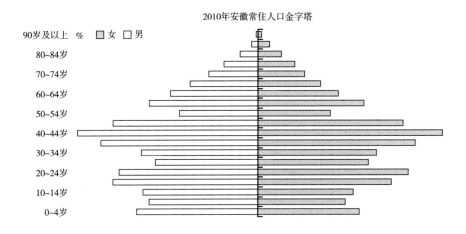

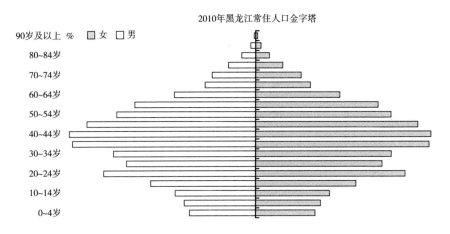

图 3　2010 年北京流动人口主要补给省份年龄金字塔

表 3　2010 年六省市的人口年龄结构和抚养比

单位：%

省　份	0～14 岁	15～64 岁	65 岁及以上	总抚养比	少儿抚养比	老年抚养比
北　京	8.6	82.68	8.71	20.94	10.41	10.54
河　北	16.83	74.93	8.24	33.46	22.46	10.99
黑龙江	11.94	79.78	8.28	25.35	14.97	10.38
安　徽	17.77	72.00	10.23	38.89	24.69	14.20
山　东	15.74	74.42	9.84	34.37	21.15	13.23
河　南	21.00	70.64	8.36	41.56	29.73	11.83

表4　2010～2020年五大人口流出省份15～64岁劳动年龄人口规模变化匡算

| 省　份 | 2010年 | | | | 2015年 | 2010年 | | 2020年 |
	15～64岁人口数	15～64岁人口比例（%）	10～14岁人口数	60～64岁人口数	劳动年龄人口净变动	5～9岁人口数	55～59岁人口数	劳动年龄人口净变动
河　北	5384.14	74.93	327.39	342.25	-15	404.13	480.70	-77
河　南	6642.33	70.64	616.02	410.89	205	648.00	568.04	80
山　东	7128.88	74.42	477.15	470.08	7	496.79	663.48	-166
安　徽	4283.98	72.00	355.72	284.70	71	332.56	364.13	-32
黑龙江	3056.62	79.78	169.75	181.93	-12	149.72	267.83	-118
合　计	26495.95	73.7	1946.03	1689.85	256	2031.2	2344.18	-313

（3）北京未来的"用工荒"：流动人口聚集的行业短缺明显

"六普"数据显示，在2015年左右，五大人口流出省份的劳动年龄人口规模持续增长，在人口流动趋势不变的情况下，将为北京继续提供丰富的劳动力资源，北京常住劳动年龄人口规模将不会发生太大的变动，北京将仍然处于"人口红利"期，北京的经济持续增长潜力依然强劲。然而，在2020年左右，除河南省以外，其他四个人口流出大省的劳动年龄人口总量都将出现不同程度的减少，北京劳动年龄人口的存量和增量会受到实质性影响。

从北京劳动力市场的供求状况来看，改革开放以来，随着经济的持续发展，北京劳动力市场在很长一段时间内处于供大于求的状况。供求关系发生变化是在2004年第一季度。此时，北京劳动力市场需求人数第一次超过了供给人数，此后，供不应求的状况一直持续至今。进入2012年第二季度，需求人数更是迅速增加，超过了供给人数的三倍，达到28万人，供需缺口达到19万人。2012年第二季度北京人力资源市场需求大于供给的缺口最大的十个职业分别是餐厅服务员、厨工、营业人员、治安保卫人员、推销、展销人员、清洁工、电信业务人员、话务员、饭店服务人员、保管人员、简单体力劳动人员和部门经理。可见，北京劳动力市场需求大于供给的职业主要集中于商业服务业和生产运输设备操作人员，这也是流动人口主要从事的职业。未来这些行业中流动人口的补给状况将对北京劳动力市场的供求关系产生更加深刻的影响。

从以上分析可以初步得出两点结论：第一，2020年以前，户籍劳动适龄人口总量充足，但未来可补给的人口减少；35 岁以前户籍就业人口占比不高，户籍人口分年龄别的就业率"两头"偏低；第二，2020 年以后，支撑北京人口红利的人口流出省份劳动年龄人口规模将减少，北京常住劳动年龄人口的存量和增量都会受到影响。由此判断，未来十年北京将可能遭遇"用工荒"，既有"总量荒"问题，也有"结构荒"问题。

三　延续首都人口红利的对策分析

未来北京人口发展有两个不可逆转态势，即劳动力规模的萎缩和劳动力资源的老化，进而影响首都的经济发展。面对这一趋势，为了延续"人口红利"，促进经济的可持续发展，北京应该未雨绸缪，早做应对。

（一）加快北京市人口红利向人力资本红利转变

以劳动力数量为基础的人口红利消失并不可怕，反而有利于构建首都经济发展方式转变和社会发展转型的"倒逼"机制。为此，在总体布局上，必须把人力资源建设作为经济社会发展的根本动力，挖掘以人口素质为基础的人力资本红利。在要素投入上，注重通过人力资源的充分开发利用来促进经济发展；在目标导向上，要在确保经济持续健康发展的同时，促进就业持续扩大，不断提升劳动力素质，实现经济结构调整和就业能力提升的有机结合；在具体措施上，要大力推进职业教育改革，继续加强劳动力市场准入制度，进一步探索工学结合、校企合作、订单式培训的职业教育新模式；通过培训补贴、免费培训、培训就业一体化等方式，进一步做好就业技能培训工作。

（二）加快经济发展方式的转变，提升就业需求层次

加快转变经济发展方式，意味着未来北京的发展要由依靠增加资源投入带动向依靠提高资源利用效率带动转变，由主要依靠资金和物质要素投入带动向主要依靠科技进步和人力资本带动转变，支持企业走"专、精、特、新"的发展路子，注重把自主创新、节能减排、兼并重组、淘汰落后等工作有机结合起来，尽快完成高污染、高耗能、高耗水和"五小"企业的退出任务。传统

落后产能的大力淘汰和新兴产业的大量发展，必然会带来与之相应的就业结构变化，有助于就业需求层次的提升，有助于北京摆脱劳动密集型产业对于劳动力需求的大量依赖，从而为推动自主创新、发展先进生产力创造广阔空间。

（三）在促进流动人口社会融合的同时，充分调动户籍人口参与就业

从制度层面看，一方面，要积极推动有稳定住所和稳定就业的流动人口逐步实现本地化，加快教育制度、就业制度、户籍制度和养老保障制度的改革，为人口自由流动扫除制度障碍；另一方面，要组织专项调研，深入研究部分年龄段户籍人口就业率不高的深层次原因，通过就业补贴、税收减免等多种制度安排，鼓励企业招募本地人口，提升户籍人口就业意愿和行为，从而减少对流动人口的过度需求。

参考文献

蔡昉：《劳动力无限供给时代结束》，《金融经济》2008 年第 3 期。

蔡昉：《中国人口与劳动问题报告 No. 8——刘易斯转折点及其政策挑战》，北京：社会科学文献出版社，2007。（Cai Fang, Reports on China's Population and Labor No. 8: The Coming Lewisian Turning Point and its Policy Implications, Beijing: Social Sciences Academic Press, 2007.）

车士义、陈卫、郭琳：《中国经济增长中的人口红利》，《人口与经济》2011 年第 3 期。

陈涛、陈功、宋新明、郑晓瑛：《从人口抚养比到社会抚养比的探索分析》，《中国人口科学》2008 年第 2 期。

陈友华：《人口红利与人口负债：数量界定、经验观察与理论思考》，《人口研究》2005 年第 6 期。

梁海艳、徐行、代燕、陈瑞生：《2011～2050 年云南省人口红利预测分析》，《南京人口管理干部学院学报》2012 年第 4 期。

刘家强、唐代盛：《关于人口红利问题的几点思考》，《市场与人口分析》2007 年第 4 期。

马瀛通：《人口红利与日俱增是 21 世纪中国跨越式发展的动力》，《中国人口科学》2007 年第 1 期。

彭希哲：《人口红利的中国特色》，《市场与人口分析》2007 年第 4 期。

田雪原：《从"人口盈利"到"人口亏损"》，《浙江日报》2005 年 11 月 21 日。

童玉芬：《奥运活动对北京市流动人口影响的定性定量分析》，《人口研究》2008 年第 1 期。

童玉芬、齐晓娟：《北京市劳动力资源变动历史、现状及趋势研究》，《北京社会科学》2007 年第 2 期。

汪小勤、汪红梅：《"人口红利"效应与中国经济增长》，《经济学家》2007 年第 1 期。

王德文、蔡昉、张学辉：《人口转变的储蓄效应和增长效应——论中国增长可持续性的人口因素》，《人口研究》2004 年第 5 期。

王丰、安德鲁·梅森：《中国经济转型过程中的人口因素》，《中国人口科学》2006 年第 3 期。

王文录：《北京劳动力市场供求变化与京津冀人口流动》，《人口学刊》2008 年第 4 期。

翟振武等：《民工荒：是刘易斯拐点还是伊斯特林人口波谷》，《经济理论与经济管理》2011 年第 8 期。

张丽萍：《北京市劳动年龄人口规模变动及其影响因素分析》，《北京社会科学》2008 年第 4 期。

仲大军：《劳动人口减少后对中国未来的影响》，《开放导报》2006 年第 1 期。

周祝平：《北京市劳动力供求趋势预测》，《北京社会科学》2007 年第 3 期。

Mason, Andrew, Ronald Lee. Reform and Support Systems for the Elderly in Developing Countries: Capturing the Second Demographic Dividend. International Seminar on the Demographic Window and Healthy Aging: Socioeconomic Challenges and Opportunities, China Centre for Economic Research, Beijing: Peking University, 2004.

北京城市户籍人口人户分离现状、问题与对策研究

——以朝阳区为例

尹志刚*

摘 要:

京籍人户分离人口已经成为北京市一种常态现象,并呈现不断增长趋势。政府期盼当事人不断把户口迁移到实际居住地、以实现人户一致,是计划经济体制的思维定势,是不切实际的假设。本文通过实证调查,了解人口流入地区的公共资源短缺,描述京籍"人在户不在"人户分离人口的数量和结构,这一群体离开户籍地的原因、时间,在居住地的生活状况,对迁移户口、人口登记等问题的态度。进而探索通过人口登记制度化解人户分离带来的人口管理困境,实现实有人口基本公共服务均等化的思路和对策。提出激励各级政府推进日常人口登记,激励人户分离者及家庭参与日常人口登记,政府授权建构以社区居委会为网点的租房服务网络系统,便于人口登记和管理等对策。

关键词:

人户分离人口 生活状况 分离原因和时间 人口登记 管理思路与对策

---

* 尹志刚,北京市委党校社会学教研部教授,北京市人口研究所、北京人口发展研究中心研究人员。本课题由北京市朝阳区人口和计划生育委员会 2011 年立项,委托北京市人口发展研究中心进行调查研究。该课题由尹志刚教授主持。在课题研究全过程中,两单位密切交流,通力合作。朝阳区人口计生委史素珍主任亲自做调查动员;肖志锋主任组织参加全部集体访谈和调研全过程;研究室章宁环主任及该室成员大力支持课题研究,提供了力所能及的各种支持。调查中得到 10 个街道(地区)、98 个社区的人口计生干部的大力协助,在此一并感谢。北京市人口发展研究中心潘建雷博士,张子谦、王雪辉、李振峰和张亚鹏四位硕士生参与数据统计和部分内容的撰写,报告由尹志刚撰写、修改和定稿。

京籍人户分离人口已经成为北京市一种常态人口现象，并呈现不断扩大趋势。期盼人户一致是一种不切实际的假设。本文通过实证调查，了解人口流入地区的公共资源短缺状况，人户分离人口的数量和结构分布，他们离开户籍地的原因，对迁移户口、人口登记等的态度，探索通过人口登记化解管理人户分离人口的困境，以实现实有人口基本公共服务均等化的思路和对策。

一 朝阳区"六普"数据相关各主要 人口群组的数量和结构

北京市朝阳区既是外省市人口流入大区，也是京籍外区县人口流入大区。特别是近年来为了承接核心城区疏解出的人口，该区的人户分离现象日益严重。调查研究如何化解人户分离人口的难题，建立健全基本公共服务体系，保障实有人口基本服务均等化，是朝阳区、北京市乃至全国经济和社会发展面临的一个重大课题。

（一）朝阳区常住人口不同群组的结构

表1　朝阳区"六普"各人口群组的数据比较

	常住人口	半年以上外省市人口	本区京籍人口	外区县京籍人口	朝阳区京籍人口
朝阳区总计（人）	3545137	1514822	1666894	363421	1886554
各人口群组占常住人口（%）	100.0	42.7	47.0	10.3	53.2
外省市人口占各人口群组（%）	42.7	100.0	90.9	416.8	80.3
外区县人口占各人口群组（%）	10.3	24.0	21.8	100.0	19.3

全国第六次人口普查数据揭示出朝阳区常住人口、外省市流动人口、京籍人户分离人口等不同人群组的结构。

1. 常住人口中主要人口群组的结构

"六普"数据显示，朝阳区常住人口为3545137人。其中，半年以上外省市流动人口 1514822 人，占常住人口（下同）的 42.7%；朝阳区京籍人口 1666894 人，占 47.0%；外区县京籍人口 363421 人，占 10.3%。

2. 外省市常住流动人口与其他人口群组的结构

外省市常住流动人口占常住人口的 42.7%，占朝阳区京籍人口 90.9%，占朝阳区户籍人口的 80.3%，占外区县京籍人口的 416.8%。

3. 朝阳区京籍人口与各人口群组的结构

朝阳区京籍人口占常住人口的 47%，占外省市流动人口的 110%，占朝阳区户籍人口的 88.4%，占京籍外区县人口的 458.7%。

4. 朝阳区常住外区县京籍人口与各人口群组的结构

朝阳区常住外区县京籍人口占常住人口的 10.3%，占外省市流动人口的 24%，占本区京籍人口的 21.8%，占朝阳区户籍人口的 19.3%。从本课题研究的主题——京籍人户分离人口的角度看，朝阳区外区县京籍人口占到常住人口的 1/10 强，占到本区京籍人口的 1/5 强。

（二）朝阳区街道（地区）不同人口群组的结构

"六普"数据显示，朝阳区常住外省市流动人口超过常住人口 50% 的街道（地区）共有 14 个，占全部 43 个街道（地区）的 32.6%。常住外省市流动人口占常住人口的百分比依次是：十八里店（76.8%，下同），崔各庄（75.7%），王四营（73.7%），金盏（69.1%），平房（62.3%），黑庄户（58.5%），将台（58.1%），孙河（56.9%），东坝（54.6%），东风（53.5%），小红门（52.2%），豆各庄（51.9%），来广营（51.4%），高碑店（50.4%）。

朝阳区外区县京籍人口超过常住人口 10% 的街道（地区）共有 19 个，占 44.2%。外区县京籍人口占常住人口的百分比依次是：奥运村（24.2%），亚运村（20.9%），太阳宫（19.9%），堡头（18.7%），安贞（17%），大屯（16.8%），南磨房（14.5%），香河园（14.3%），东湖（13.9%），来广营（13.8%），小关（13.6%），常营（12.4%），双井（11.9%），和平街（11.6%），潘家园（11.5%），劲松（11.4%），高碑店（10.9%），望京（10.2%），左家庄（10.1%）。

朝阳区外省市流动人口加上外区县京籍人口超过常住人口 50% 的街道

（地区）共有 22 个，占 51.2%。外省市流动人口加上外区县京籍人口占常住人口的百分比依次是：十八里店（81.5%），崔各庄（80.6%），王四营（76.9%），金盏（69.7%），平房（69.5%），将台（66.5%），来广营（65.2%），黑庄户（62.2%），东坝（61.7%），高碑店（61.3%），东风（61.2%），豆各庄（61.1%），小红门（59.7%），奥运村（58.8%），孙河（57.6%），南磨房（56.3%），管庄（55.9%），大屯（55.6%），太阳宫（55.5%），建外（53.4%），望京（53.2%），亚运村（51.1%）。

二 本次调查的方法、被调查地区人口和 公共资源的短缺状况

（一）本次调查的方法

本次调查的对象是京籍外区县人在户不在人口，特别是人户分离时间较长的人口。人户分离时间较短，当事人对分离现实及相关问题还未有深切的感受，调查数据对解释人户分离现象缺乏效度。因此，本次调查的对象是经过主观选择的。课题组抽取调查样本家庭的条件是：①调查人群，北京市人户分离（人在户不在）家庭，短期拆迁并肯定回迁的家庭、外省市流动人口不在调查范围；②人户分离范围，原户籍在本街乡的不调查，跨区县的家庭占 70%，跨街（乡）的占 30%；③人户分离时间。1～2 年及以下、3～4 年和 5 年以上的分离家庭，各占 1/3。

在这些前提下，被抽取的街道（地区）和社区，根据人户分离家庭的名单，随机等距选择被访样本家庭。

表 2 被调查街道（地区）的被访家庭户的样本分布

街道(地区)	样本量(户)	百分比(%)	街道(地区)	样本量(户)	百分比(%)
奥运村	100	9.9	南磨房	100	9.9
常 营	110	10.9	三间房	100	9.9
大 屯	100	9.9	双 井	100	9.9
和平街	100	9.9	太阳宫	100	9.9
来广营	100	9.9	望 京	100	9.9

由于朝阳区是人户分离人口的大区，总量很大，且情况很复杂，在调查资源有限的制约下，课题组根据"六普"数据，选择了 10 个人户分离人口较多的街道（地区）。在总样本 1000 个左右的限制下，每个街道（地区）调查 100 个家庭，分配到 10 个社区（个别街道社区少于 10 个，实际调查的社区是 98 个），每个社区调查 10 个家庭①。

（二）本次调查的 10 个街道（地区）的人口简况

1. 被调查 10 个街道（地区）的人口结构

表3　被调查 10 个街道（地区）的人口数量、结构及不同群组占常住总人口的百分比

单位：%

地　区	人数(%)				
	常住人口	常住 外省市人口	常住外区县 人户分离人口	常住 户籍人口	朝阳 登记户籍人口
朝阳区	3545137 100.0	1514822 42.7	363421 10.3	1666894 47.0	1886554 53.2
和平街	108406 100.0	20962 19.3	12570 11.6	74874 69.1	95261 87.9
双　井	96898 100.0	31183 32.2	11578 11.9	54137 55.9	69016 71.2
南磨房	129844 100.0	54220 41.8	18890 14.5	56734 43.7	55977 43.1
大　屯	141433 100.0	54923 38.8	23736 16.8	62774 44.4	63209 44.7
望　京	168167 100.0	72272 43.0	17170 10.2	78725 46.8	70214 41.8
奥运村	105263 100.0	36458 34.6	25514 24.2	43291 41.1	50306 47.8
来广营	123665 100.0	63526 51.4	17010 13.8	43129 34.9	36590 29.6
常　营	48470 100.0	17048 35.2	6003 12.4	25419 52.4	16543 34.1
三间房	126183 100.0	46860 37.1	12010 9.5	67313 53.3	67680 53.6
太阳宫	70367 100.0	25068 35.6	14021 19.9	31278 44.4	35707 50.7

---

① 街道（地区）的社区数量少于 10 个，每个社区调查的家庭超过 10 户，常营地区调查了 11 个社区，110 户。

2. 被调查 10 个街道（地区）各人口群组均值及占常住人口比例

表 4   被调查 10 个街道（地区）各人口群组均值（人）占常及住人口比例

单位：%

	常住外来人口	常住人户分离人口（跨区人在户不在）	常住户籍人口	朝阳登记户籍人口
均值（人）	42252	15850	53767	56050
占常住总人口（%）	37.8	14.2	48.1	50.1
朝阳区总计（%）	42.7	10.3	47.0	53.2

被调查的 10 个街道（地区），京籍跨区县人在户不在人口比例高于"六普"朝阳区平均值（10.3%）的有 8 个，低于平均值的有 2 个。人在户不在人口的均值（14.2%）高于朝阳区"六普"数据。

（三）本次调查的街道（地区）和社区公共资源及服务短缺状况

1. 被调查街道（地区）和社区的人口管理和服务人员短缺状况

外省市流动人口和京籍外区县人口的大量涌入，导致街道（地区）和社区的基层公共人口管理服务人员配置的不均衡和短缺。10 个街道（地区）配备的人口管理人员是：有编制人员共 29 人，平均为 2.9 人。无正式编制的人员共 20 人，平均为 2.0 人。有 83 个社区填答了社区人口管理人员状况，有编制的人员共 191 人，平均为 2.3 人。13 个社区填答了无正式编制人员共 29 人，平均为 2.2 人。

10 个街道（地区）的常住人口超过 10 万人的有 7 个，最多的是望京，高达 168167 人。与人口流出地区的街道（如城市核心区的街道）相比，政府配备的人口管理和服务的人员短缺，工作量繁重，甚至不堪重负。

2. 被调查街道（地区）和社区公共服务资源稀缺状况

鉴于被访 10 个街道（地区）既是外省市人口流入地区，更是京籍外区县人口流入地区，原本按照京籍人口数量配置的各种公共资源势必相对短缺。课题组设计各街道（地区）、社区的公共资源短缺状况问卷，列出辖区最拥挤、困难或不满意的公共资源的选项，由于调查员选择。

（1）被调查的 10 个街道（地区）公共资源短缺状况

表5　被访10个街道（地区）公共资源最拥挤、困难或不满意的选项

具体项目	数量	个案百分比（%）	修正个案百分比（%）*	具体项目	数量	占个案（%）	占修正个案（%）
公共教育资源							
公立幼儿园	10	100.0	100.0	公立小学	5	50.0	50.0
公立初中	3	30.0	30.0	公立高中	3	30.0	30.0
公共卫生医疗资源							
社区卫生站	3	42.9	30.0	二级医院	1	14.3	10.0
三级医院	7	100.0	70.0				
公共行政服务资源							
社区居委会	1	100.0	10.0				
商业购物资源							
大型超市	2	40.0	20.0	日用品市场	2	40.0	20.0
菜市场	3	60.0	30.0				
便民商业服务资源							
邮局	2	40.0	20.0	银行	3	60.0	30.0
理发店	1	20.0	10.0	餐饮网点	1	20.0	10.0
维修服务网点	1	20.0	10.0				
物业及公用服务资源							
供水	1	20.0	10.0	公共厕所	3	60.0	30.0
小区治安	1	20.0	10.0	小区卫生	2	40.0	20.0
小区绿化	1	20.0	10.0				
社区服务资源							
各项为老服务	2	33.3	20.0	托老所	4	66.7	40.0
各种助残服务	1	16.7	10.0	公共健身场地	1	16.7	10.0
公共休闲娱乐场所	1	16.7	10.0	小区泊车	4	66.7	40.0

*表中修正个案百分比是将未回答的问卷视为对所问问题没有不满意。

调查数据显示，在10个街道（地区）最短缺的公共资源中，修正个案百分比在30%及以上的是：公立幼儿园为100.0%；公立小学为50.0%；三级医院为70.0%；托老所和小区泊车为40.0%；公立高中、银行和公共厕所为30.0%。

（2）被调查的98个社区的公共资源短缺状况

调查数据显示，在98个社区最短缺的公共资源中，修正个案百分比在30%

表6　被访98个社区对公共资源最拥挤、困难或不满意的选项

具体项目	数量	个案（%）	修正个案（%）*	具体项目	数量	占个案（%）	占修正个案（%）
公共教育资源							
公立幼儿园	71	81.6	72.5	公立小学	38	43.7	38.8
公立初中	26	29.9	26.5	公立高中	21	24.1	21.4
公共卫生医疗资源							
社区卫生站	39	52.0	39.8	一级医院	11	14.7	11.2
二级医院	9	12.0	9.2	三级医院	40	53.3	40.8
药店	6	8.0	6.1				
公共行政服务资源							
一站式服务大厅	14	40.0	14.3	社会保障事务所	17	48.6	17.4
社区居委会	8	22.9	8.2				
商业购物资源							
大型超市	28	44.4	28.6	社区超市(便利店)	11	17.5	11.2
菜市场	37	58.7	37.8	日用品市场	13	20.6	13.3
便民商业服务资源							
邮局	32	50.0	32.7	银行	27	42.2	27.6
理发店	5	7.8	5.1	洗衣店	9	14.1	9.2
餐饮网点	11	17.2	11.2	维修服务网点	26	40.6	26.5
物业及公用服务资源							
供水	7	10.4	7.1	供电	3	4.5	3.1
集中供暖	3	4.5	3.1	公共厕所	49	73.1	50.0
小区治安	20	29.9	20.4	小区绿化	20	29.9	20.4
小区卫生	20	29.9	20.4				
社区服务资源							
各项为老服务	14	17.5	14.3	托老所	39	48.8	39.8
各种助残服务	7	8.8	7.1	保姆服务	14	17.5	14.3
钟点工服务	12	15.0	12.2	公共健身场地	23	28.8	23.5
公共休闲娱乐场所	18	22.5	18.4	小区泊车	52	65.0	53.1

　* 表中修正个案百分比是将未回答的问卷视为对所问问题没有不满意。

及以上的是：公立幼儿园占 72.5%；公立小学占 38.8%；社区卫生站占 39.8%；三级医院占 40.8%；公共厕所占 50.0%；托老所占 39.8%；小区泊车占 53.1%；邮局占 32.7%；菜市场占 37.8%。

调查数据显示，在现行制度下，政府延续原计划经济体制的惯例，主要依据户籍人口数量制定各种公共资源配置规划，已经没有任何继续延续的根据。拥有公共资源配置权限的各级政府及其财政独立预算的行政区，必须根据基本公共资源和服务均等化的原则，按照其实有人口的数量和结构，进行人、财、物等各种公共资源的规划和配置。

就人口数量而言，包括户籍常住人口，外省市和本行政区外迁入的各类人在户不在常住人口。就人口结构而言，包括不同年龄段的人口，如学龄前、上学、就业、退休年龄段人口；不同性别的人口；不同空间、时间点的人口分布和流动，如定居人口、通勤人口；不同经济形态的人口，如非就业和就业人口；不同消费需求的人口；等等。唯有如此，才能兑现中央政府承诺的"基本公共服务均等化"的行政理念。

三　京籍人在户不在家庭简况

（一）家庭成员人户分离状况

1. 离开户籍地时间

被访家庭离开户籍地的时间是，一年以下仅占6.1%，1~3年占30.8%，3~6年占34.5%，6年以上占28.6%。调查数据显示，被访家庭离开户籍地时间大多在1~6年，占到65.3%（见表7）。长期（6年以上）人户分离的家庭占到近三成。

表7　离开户籍地时间

离开时间	数量（人）	占选择人次（%）
1年及以下	62	6.1
1~3年	311	30.8
3~6年	348	34.5
6~9年	114	11.3
9~11年	84	8.3
12年以上	91	9.0
合　计	1010	100.0

2. 被访家庭成员的户口寄存状况

问卷调查被访家庭成员的户口存寄状况。共有 1275 人填答。其中，户口地有真实地址的 944 人，占 74.0%，户口地已经没有真实地址的空挂户 223人，占 17.5%；户口寄挂在别人家的 72 人，占 5.6%；集体户口 33 人，占2.6%；其他 3 人，占 0.2%。空挂户占到被访家庭人口的 17.5%（见表 8）。这种状况表明，户口已经仅是一种符号，人户分离实属常态。

表 8　被访家庭成员户口状况

户口状况	数量（人）	占选择人次（%）
户口地有真实地址	944	74.0
空挂户	223	17.5
寄挂在别人家	72	5.6
集体户口	33	2.6
其他	3	0.2
合　　计	1275	100.0

3. 家庭成员每周在现居住地居住天数

从"您家常住成员每周在现居住地居住天数"的数据中可以看出，87.4%的被访家庭成员每天都居住在现居地。有 11.6%的家庭成员不是每天都居住在现居地，这部分家庭的住房可能不止一处。家庭中 0.6%的成员不在现居住地生活（见表9）。

表 9　家庭成员每周在现居住地居住天数

天数	数量（人）	占选择人次（%）
0	6	0.6
1	4	0.4
2	4	0.4
3	13	1.3
4	14	1.4
5	65	6.5
6	20	2.0
7	871	87.4
合　　计	997	100.0

4. 被访家庭打算在现居住地居住的时间

（1）被访家庭打算在现居住地住的时间

问卷询问：您家打算在现居住地住多长时间？46.5%（有效百分比，下同）的被访家庭打算居住10年以上，打算居住5~9年的家庭占6.2%，居住3~4年的占6.0%，居住1~2年的占4.6%，说不清的占35.9%（见表10）。调查数据显示，不仅有近一半的被访家庭打算长期在现居住地居住，还有35.9%的家庭对在现居住地居住多长时间持"说不清"态度。"说不清"即在观望、等待和选择之中。这些都说明人户分离是未来长期存在的常态社会现象，期盼人户一致是一种不切实际的假设。

表10　您家打算在现居住地住多长时间

分　类	数量（户）	占选择家庭（%）
10年以上	470	47.2
5~9年	62	6.2
3~4年	60	6.0
1~2年	46	4.6
说不清	357	35.9
合　计	995	100.0

（2）家庭打算在现居住地住的时间与近期是否打算把户口迁到现居住地的交互分析

调查数据显示，打算近期把户口迁到现居住地的家庭仅占22.5%，而不打算的高达55.5%（见表11）。家庭打算在现居住地住的时间与近期是否打算把户口迁到现居住地的交互分析，对迁移户口呈现出随时间推移两端高、中间低的态势，即打算在现居住地居住的时间在10年以上和1~2年的家庭，相对更倾向于迁户口。打算居住5~9年的家庭，更加倾向于不迁户口。此外，持说不清态度的家庭大多不倾向迁户口。

表 11　家庭打算在现居住地住的时间与近期是否打算把户口迁到现居住地交互分析

| | | 您家打算在现居住地住多长时间 | | | | | 合计 |
		10 年以上	5 ~ 9 年	3 ~ 4 年	1 ~ 2 年	说不清	
打算	户数	114	8	10	8	84	224
	与您家打算在现居住地住的时间(%)	11.5	0.8	1.0	0.8	8.4	22.5
不打算	户数	356	54	50	38	273	771
	与您家打算在现居住地住的时间(%)	35.8	5.4	5.0	3.8	27.4	77.4
合计	户数	470	62	60	46	357	995
	与您家打算在现居住地住的时间(%)	47.2	6.2	6.0	4.6	35.9	100.0

（二）离开户籍地原因的相关分析

表 12　离开户籍地的原因 *

原因	数量(户)	占选择家庭(%)	占个案(%)	原因分类合计
改善住房条件	375	29.8	37.3	住房相关原因小计:516 户次,占被访家庭41%,占个案51.4%
购置升值新房	79	6.3	7.9	
拆迁临时搬家	62	4.9	6.2	
照顾子女生活	90	7.1	9.0	生活相关原因小计:370 户次,分别占 29.4%、37.0%
子女上学	79	6.3	7.9	
照顾老人	64	5.1	6.4	
方便就医	19	1.5	1.9	
周边生活条件便利	74	5.9	7.4	
周边生态环境好	44	3.5	4.4	
务工	38	3.0	3.8	就业相关原因小计:288 户次,分别占 22.9%、28.7%
经商	6	0.5	0.6	
工作近便	244	19.4	24.3	
就业相关原因合计	288	22.9	28.7	
其他	86	6.8	8.6	
总　　计	1260	100.0	125.4	

*本题目是多选题。

187

被访家庭离开户籍地具体原因的百分比由高到低依次是：改善住房条件占29.8%；工作方便占19.4%；照顾子女生活占7.1%；购置升值新房占6.3%；照顾老人占5.1%；拆迁临时搬家占4.9%；居住地周边生态环境好占3.5%；务工占3.0%；居住地方便就医占1.5%；经商占0.5%。还有6.8%的家庭选择了其他因素。从个案百分比可以看出，25.4%的家庭分离原因不是一个，而是多个。

对离开原户籍地原因进行结构分析发现，选择与住房、搬家相关的原因（包括改善住房条件、购置升值新房、拆迁临时搬家）占41.0%；选择与家庭生活相关的原因（包括照顾子女生活、子女上学、照顾老人、方便就医、周边生活条件便利、周边生态环境好）占29.4%；选择与工作相关的原因（包括工作近便、务工、经商）占22.9%。这些数据反映出京籍人户分离人口在市内迁徙的结构性原因。

（三）京籍人在户不在家庭是否打算回原户籍地居住及相关分析

1. 被访家庭是否会回到户籍地居住

对"您估计您家还会回到原户籍地居住吗"的问题，回答数据比例由高到低依次为，不可能回到原户籍地居住占48.2%，可能回去居住占23.3%，说不清占22.3%，肯定回去居住的占6.1%（见表13）。将不同的态度赋值（肯定回赋值2，可能回赋值0.5，不可能回赋值-2，说不清赋值0）后的对该问题的整体态度值为-72.6。表明大多数被访家庭的态度是不会返回原居住地居住。如果这些家庭不把户籍迁到现居住地，就将长期处于人户分离状态。

表13　家庭是否会回到原户籍地居住

	数量（户）	占选择家庭（%）
肯　定	61	6.1
可　能	233	23.3
不可能	482	48.2
说不清	223	22.3
合　计	999	100.0

2. 家庭是否会回原户籍地居住与是否打算把户口迁到现居住地的交互分析

调查数据显示：全部填答家庭（999 户）打算迁户口的占 22.6%，而不打算迁户口的占 77.4%（见表 14）。比较而言，打算迁户口的家庭中，不可能回原户籍地居住的家庭比例较高，其余的比例都较低。其中，打算迁户口占不打算迁户口家庭的 29.2%，即填答家庭对是否迁户口的整体态度值为 29.2。

表 14　家庭是否回原户籍地居住与是否打算把户口迁到现居住地的交互分析数据

		您家还会回原户籍地居住吗				合计
		肯定	可能	不可能	说不清	
打　算	户数	11	40	132	43	226
	是否回原户籍地居住（%）	1.1	4.0	13.2	4.3	22.6
不打算	户数	50	193	350	180	773
	是否回原户籍地居住（%）	5.0	19.3	35.0	18.0	77.4
合　计	户数	61	233	482	223	999
	是否回原户籍地居住（%）	6.1	23.3	48.2	22.3	100.0
综合态度值（打算/不打算）		22.0	20.7	37.7	23.9	29.2

与是否会回原户籍地居住的交互分析显示，在肯定会回原户籍地居住的家庭中，打算迁户口的占 1.1%，不打算迁的占 5.0%；在可能会回原户籍地居住的家庭中，打算迁户口的为 4.0%，不打算迁的为 19.3%；在不可能回原户籍地居住的家庭中，打算迁户口的占 13.2%，不打算迁的占 35.0%。在说不清的家庭中，打算迁户口的为 4.3%，不打算迁的为 18.0%。

从态度的综合值分析，只有不可能回原户籍地居住的家庭的综合态度值（37.7）高于全部填答家庭的综合态度值（29.2），肯定回（22.0）、可能回（20.7）和说不清（23.9）的家庭均低于综合态度值。即是说，不可能回原户籍地居住与打算迁户口的两种态度的相关度更高些。总体看，被访家庭倾向于维持现状，而不打算通过迁户口实现人户一致。

四　实现人口属地管理的可行性、途径和方式

调查京籍人户分离人口的现状，了解该人群对通过迁户口实现人户一致的相关态度，是为了探索实现人口属地化管理的可行性、途径和具体方式。

（一）人户分离的现状及相关问题分析

1. 因户口不在，得到政府公共服务方面有无不便的相关分析

选择在得到政府公共服务方面"没有不方便"的共 824 户，占全部家庭的 81.6%，选择"有不方便"的 186 户，占 18.4%（见表 15）。调查数据显示，在得到政府公共服务方面，大多数人户分离户家庭没有感受到太多不便。对此现象可以从三个方面解释：一是政府为居民提供公共服务的现行政策和措施，并没有明确区分本地户籍人口和非本地户籍人口，而是一视同仁地对待；二是政府提供的基本公共服务，与百姓的日常生活关系不大；三是政府提供的基本公共服务，如供水、供电、供气、道路、交通等城市基础设施规划和建设，医院、学校、商业等民生设施的规划建设，老百姓没有直接感受到。

表 15　因户口不在，在得到政府公共服务方面有没有不方便？

	数量（户）	占选择家庭（%）
没有	824	81.6
有	186	18.4
合　计	1010	100.0

从"不方便"事项的分类看（见表 16），列第一位的是与居委会相关的公共服务，201 户次选择，占全部事项的 55%，占个案数量的 108.6%。包括 5 个具体事项：到居委会开各种证明，分别占 27.1%、53.5%，计划生育事务（9.9%、19.5%），参加各种选举（9.6%、18.9%），登记购买经济适用房（6.8%、13.5%），登记廉租房（1.6%、3.2%）。

列第二位的是与社会保障相关的公共服务事项，83 户次选择，分别占 22.7%、44.8%。包括 4 个具体事项：医疗保险金事务（11.2%、22.2%），领取养老优待券（4.9%、9.7%），养老金事务（4.4%、8.6%），最低生活保障事务（2.2%、4.3%）。

列第三位的是与家庭生活的相关服务，70 户次选择，分别占 19.1%、37.8%。包括 3 个具体事项：孩子上学事务（14.8%、29.2%）、物业服务事宜

表16　因户口不在引起不便情况的多重响应分析*

具体事项	数量(户)	占选择家庭(%)	占个案(%)	分类小计
医疗保险金事务	41	11.2	22.2	与社会保障相关公共服务小计83户次,占填答家庭的22.7%,占个案的44.8%
领取养老优待券	18	4.9	9.7	
养老金事务	16	4.4	8.6	
最低生活保障事务	8	2.2	4.3	
到居委会开各种证明	99	27.1	53.5	与居委会相关公共服务小计201户次,分别占55%、108.%
计划生育事务	36	9.9	19.5	
参加各种选举	35	9.6	18.9	
登记购买经济适用房	25	6.8	13.5	
登记廉租房	6	1.6	3.2	
孩子上学事务	54	14.8	29.2	与家庭生活相关服务小计70户次,分别占19.1%、37.8%
物业服务事宜	10	2.7	5.4	
联系家政服务	6	1.6	3.2	
其他事情	11	3.0	5.9	
总　　计	365	100.0	197.3	

＊本题目是多选题。

（2.7%、5.4%）、联系家政服务（1.6%、3.2%）。这些事项或多或少与政府的公共服务相关。

调查数据显示，人户分离的确给家庭获取政府基本公共服务带来一些不便，同时也说明人户分离也给政府的日常工作带来诸多不便，影响到政府相关政策的贯彻实施和居民获得基本公共服务。

2. 平时是否需要回户籍地办事的相关分析

调查数据表明：人户分离家庭平时不需要回户籍地办事的有583户，占57.7%，需要回去办事的有425户，占42.1%（见表17）。反映出人户分离的现状给四成多的被访家庭日常生活带来诸多不便，需要政府出台相关的政策措施予以解决。

被访家庭每月需要回原户籍地办各种事务的共有710户次。其中，列第一位的是到居委会开各种证明，占到全部被访家庭的30.8%，占个案的51.8%；列第二位的是医疗保险金事务，分别占15.4%、25.8%，列第三位的是计划

表 17 平时您还需要回户籍地办事吗

	数量（户）	占选择家庭（%）
不需要	583	57.8
需 要	425	42.2
合 计	1008	100.0

生育事务，分别占 13.8%、23.2%，列第四位的是养老金事务（含领取老年优待卷），分别占 11.4%、19.2%，并列第五位的是孩子上学事务、参加各种选举，分别占 7.5%、12.5%。

分类统计看（见表18），社会保障相关服务小计199户次，占填答家庭的 28.1%，占个案的 47.1%，户均 12.2 次；居委会相关公共服务小计398户次，分别占 56%、94.1%，户均 7 次；家庭生活相关服务小计 80 户次，分别占 11.3%、18.9%，户均 14.9 次。其他事情 33 户次，分别占 4.6%、7.8%，户均 6.6 次。

表 18 需要回户籍地办理的事项及平均次数*

具体事项	数量（户）	百分比	个案百分比	户均次数	分类小计
医疗保险金事务	109	15.4	25.8	2.3	社会保障相关服务小计199户次，占填答家庭的28.1%，占个案的47.1%，户均12.2次
养老金事务	54	7.6	12.8	2.3	
领取老年优待券	27	3.8	6.4	3.6	
最低生活保障事务	9	1.3	2.1	4.0	
到居委会开各种证明	219	30.8	51.8	1.7	居委会相关公共服务小计398户次，分别占56%、94.1%，户均7次
计划生育事务	98	13.8	23.2	1.5	
参加各种选举	53	7.5	12.5	1.2	
登记购买经济适用房	22	3.1	5.2	1.6	
登记廉租房	6	0.8	1.4	1.0	
孩子上学事务	53	7.5	12.5	1.4	家庭生活相关服务小计80户次，分别占11.3%、18.9%，户均14.9次
物业服务事宜	25	3.5	5.9	2.5	
联系家政服务	2	0.3	0.5	11.0	
其他事情	33	4.6	7.8	6.6	
总 计	710	100.0	167.8		

*本题目是多选题。

3. 近期是否打算把户口迁到现居住地相关分析

调查数据表明：在被调查家庭中，近期打算把户口迁到现住地的为 231 户，占被访家庭的 22.9%，而近期不打算把户口迁到现住地的为 779 户，占 77.1%（见表 19）。表明绝大多数被访家庭近期不打算迁户口，更愿意维持人户分离的现状。

表 19　近期是否打算把户口迁到现居住地

	数量（户）	占选择家庭（%）
打　算	231	22.9
不打算	779	77.1
合　计	1010	100.0

被访家庭对近期不打算把户口迁到现住地聚生原因的选择列前三位的是：没有本地区的户口，对生活也没什么影响，381 户，占 38.8%；迁户口很麻烦，244 户，占 24.8%；原户籍地学校更好，161 户，占 16.4%（见表 20）。整体分析，对被访家庭而言，不打算迁户口的原因主要是迁户口的收益低、成本高。同时考虑的是保留原户籍地户口的成本低、收益高，比如原户籍地的学校更好、医疗条件好且报销方便、养老待遇好。

表 20　近期不打算把户口迁到现居住地原因的多重响应分析

原　因	数量（户）	百分比	占个案（%）
迁户口很麻烦	244	24.8	31.3
没有本地区的户口，对生活也没什么影响	381	38.8	48.9
集体户口没法迁	10	1.0	1.3
户口挂在"人才中心"，没法迁	3	0.3	0.4
原户籍地学校更好	161	16.4	20.7
原户籍地医疗条件好，报销方便	70	7.1	9.0
原户籍地养老待遇好	40	4.1	5.1
其他原因	73	7.4	9.4
总　计	982	100.0	126.1

（二）政府出台法规要求居民在居住地进行人口登记的相关分析

1. 对人口属地化管理和登记的看法

在询问实现人口属地化管理的两种方式中，有高达72.9%的被访家庭认为"居民在居住地进行身份登记"这种方式更为合理（见表21）。选择家庭户口随居住地的变更而迁移的仅占27.1%。倘若政府制定人口属地化管理政策，身份登记无疑是一种比较符合民意、也符合现实可行性的方式。

表21　对人口属地化登记和管理两种方式的选择

	数量（户）	占选择家庭（%）
家庭户口随居住地的变更而迁移	271	27.1
居民在居住地进行身份登记	729	72.9
合　计	1000	100.0

2. 对"如果政府出台法规要求居民在居住地登记身份"的态度

调查数据显示，有83.2%的家庭赞成政府出台政策，要求居民进行身份登记（见表22）。这说明采用身份登记是符合社会发展趋势和民意的，政府通过身份登记人口实现属地化管理有广泛的民意基础。

表22　是否赞成政府出台法规要求居民在居住地登记身份

	数量（户）	占选择家庭（%）
赞　成	832	83.2
不赞成	168	16.8
合　计	1000	100.0

问卷进而询问不愿意在居住地登记身份的原因（见表23）。被访家庭选择"登记身份太麻烦"的占38.3%；"登记了，也没什么需要政府提供服务"的占26.2%；"政府提供的公共服务对家庭没有多大价值"（言外之意是登记身份没有用）的占14.5%。此外还有13.6%的家庭选择"登记后，担心居委会常会上门影响家庭正常生活"。

调查数据揭示：政府现在提供的多数服务相对来说对居民的作用不大，吸引居民主动进行身份登记的作用也不大，导致居民在"登记成本"与"登记收益"之间做出了更符合自己需求的理性选择。在引导人口属地化管理和身份登记过程中，建议政府不仅要尽量简化登记的手续，方便居民登记，更重要的是进一步提升基本公共服务对居民的实际效用。

表23 不赞成在居住地登记身份原因的多重响应

原　因	数量(户)	占选择家庭(%)	占个案(%)
登记身份太麻烦	82	38.3	48.8
登记了,也没什么需要政府提供的服务	56	26.2	33.3
政府提供的公共服务对家庭没有多大价值	31	14.5	18.5
登记后,担心街道和居委会常上门影响家庭正常生活	29	13.6	17.3
其他原因	16	7.5	9.5
总　　计	214	100.0	127.4

3. 对登记地点和方式的选择

问卷询问居民希望采用何种方式进行身份登记。选择"到居委会就近登记"的家庭所占比例最大，达54.7%；选择上门登记的占25.1%，选择网上登记的占19.8%（见表24）。多数居民赞成就近在居委会这一社区基层组织办理身份登记事务。在网络普及的今天，有一部分家庭选择网上登记的方式，这是行政事务和公共服务"网络化"大势所趋。

表24 赞成居民在居住地登记身份方式的多重响应分析

登记方式	数量(户)	占选择家庭(%)	占个案(%)
上门登记	270	25.1	32.5
到居委会就近登记	587	54.7	70.6
网上登记	213	19.8	25.6
其他方式登记	4	0.4	0.5
总　　计	1074	100.0	129.1

4. 对核实登记数据间隔的选择

为了保证人口信息的及时更新和准确性，身份登记后需要定期核实。在调查"希望对登记身份进行核实的间隔"时，66.5%的人选择间隔在2年及以上，30.5%的人选择间隔在一年（见表25）。相对来说，多数居民出于避免频繁核查的麻烦的考虑，倾向于时间间隔稍长一点。

表25　登记身份定期核实的间隔

间隔时间	数量（户）	占选择家庭（%）
半　年	26	2.6
1　年	308	30.6
2年及以上	672	66.8
合　计	1006	100.0

5. 当地公共资源不足，登记人口有优先享受服务权的相关分析

对"如果当地资源不足，登记人口有优先享受服务权"这一观点，选择很赞成的家庭占56.8%，较赞成的占30.0%，合计有高达86.9%的家庭持赞成态度。较反对的占2.0%，很反对的占1.4%，持反对态度的合计占3.4%。这既说明"人户分离登记人口享有服务优先权"这一政策建议得到绝大多数人户分离家庭的肯定，具有合理性，也潜在地说明了当前人户分离地区存在着一定程度的公共资源不足。

表26　当地公共资源不足，是否赞成登记人口有优先享受服务权

	数量（户）	占选择家庭（%）
很　赞　成	571	56.8
比较赞成	302	30.0
说　不　清	98	9.8
比较反对	20	2.0
很　反　对	14	1.4
合　计	1005	100.0

对不同态度赋值（很赞成+2，比较赞成+1，说不清0，比较反对-1，很反对-2）后，被访家庭的整体态度值是138.8%，即持赞成态度。这就为

在属地进行人口登记的人户分离人口优先享受基本公共服务提供了广泛的舆论支持，也为制定并出台相关政策奠定了坚实的群众基础。

五　解决京籍人户分离人口的思路与对策探索

近年来，我国学者对国外大城市人口管理的经验进行梳理，概括起来主要是：①以"法治加市场"的机制，保障公民自由迁徙的权利；②以"生命登记"和"社会安全号码化"两大制度安排，搭建人口管理信息系统；③以法律、税收等行政性措施为制约，实现人口准入及分类管理；④与个人利益捆绑、公共福利关联，引导居民主动登记；⑤以"责权利相统一"为准绳，保障人口合理、有序流动。这些制度和经验值得我国学习和借鉴。

下面，探索近期我国化解人户分离难题的思路和举措。

（一）我国化解"人户分离"制度困境的思路

1. 人口自由迁徙是国民的权利，人户分离是经济社会发展的必然趋势和社会常态现象

社会流动是现代社会的重要标志。其中人口的自由迁徙既是公民的基本权利，也是市场经济发展的基础性条件。从公民基本权利的角度看，公民及其家庭依据迁移成本和收益的计算，会向收益高、成本低的地区迁移，以获得更好更多的发展机会和收益，这是天经地义的。从市场的角度看，通过市场配置各种资源（最重要的是人力资源），就必须让资源按照市场的需求自由流动。限制公民的迁徙不仅是践踏人权，而且是违背市场经济发展规律的。

中国产生人户分离问题的关键症结在于，现有的户籍管理制度依然延续着原有计划经济的制度惯性。期望实现人户一致，本身就是计划经济体制的思维定势，是希望回归到计划经济体制下的白日梦，是一个根本无法实现的伪命题。

2. 实现人口登记是突破人户分离的制度困境、实现有效人口管理的必由之路

无论是借鉴发达国家的人口管理、调控制度，还是建立和完善我国特别是北京这样特大城市的人口管理、调控制度，可行的思路是：在现有户籍管理制度的基础上，出台人口登记法规，搭建社会人口登记和管理的平台。

突破人户一致思维定势，首先要质疑——原有户籍管理制度存在的价值何在？克服人户分离困境的第一个疑问是：为什么要固执地维护户籍制度和人户一致的做法？也就是说，没有户籍制度行不行？人口信息是国家和政府提供公共服务、建立社会秩序、维持可持续发展的重要前提和保障。获取人口信息的途径主要有三条：第一，出生登记，囊括个人终生不变的原始人口数据，包括时间、地点、性别、民族、血型及亲子关系等；第二，与个体和家庭相关的变动信息的收集和更改，包括个体的学历、婚姻乃至死亡等变化，以及个体和家庭的迁移；第三，与社会管理和服务相关的变动信息的收集和更改，首先是就业、纳税、社会保险金缴纳等涉及个体对国家的义务和相关权利的信息；其次是偷逃税、违约、犯罪等关乎个体社会信誉和与他人交易诚信和风险的信息。第二和第三两类信息及其变更的采录和更替，靠一个户口本是无法容纳的。因此需要建立全国各地政府的人口数据库，把出生登记特别是日常人口登记以及政府组织的各种人口调查、登记的信息，及时收集并准确更改，这是一个庞大的社会信息系统，是治国安邦的基础性信息平台。

化解人户分离困境的制度建设和安排，及以上人口信息的采集、整理、存留、变更，将以怎样的制度为支撑？

一是出生信息登记制度。由国家公安（或民政部门）通过人口出生地点进行采集、汇总和录入，作为原始数据保留在国家人口数据库中。二是日常人口登记制度，是采集各种人口变更信息最主要的途径，借鉴美国和日本等国家的有效制度，我国适宜采取身份登记制度。这一制度的有效性已经得到检验。问题的关键是改进现有的身份记录人口信息的内容，关键是建立与身份内录信息可以连通和联网支持的网络系统，并最终连接各地政府直至国家的人口信息库。三是政府组织的人口调查制度。具体分为普查、抽样调查和专项调查等，人口调查的信息用以修正、补充、完善日常人口登记制度产生的信息缺失和失真等问题。人口调查的信息同样要输入各地政府和国家的人口信息库。在录入、变更时，还要进行大量繁杂的信息辨伪和甄别工作。

（二）近期流动和人户分离人口登记的途径和方法

1. 激励各级政府推进日常人口登记

我国现行的分税制，并没有充分体现出各级政府的事权和财权对等的机制。在这种分税制下各级政府的财政预算，主要是依据户籍人口的数量制定的。近年来，中央政府强调基本公共服务均等化，其要义是依据人口数量，为每个公民（无论在农村还是城市，是富贵还是贫穷）提供均等的公共服务。这些服务既包括义务教育、公共医疗卫生、就业、社会保障、保障性住房、养老等基本民生需求的经费规划和预算，也包括为提供这些服务需要政府设立的机构及聘用人员所承接的服务人口数量的均等。目前的问题是，由于人口的大迁徙，出现了人口净流入区和净流出区，导致净流入区的人均公共服务经费相对短缺、净流出区的人均服务经费相对宽裕的不公平现象。

人口净流入区，或是指跨省（市）的人口流入超过跨省（市）的人口流出的地区，或是在一个省（市）内，跨单独财政预算及核算的行政区的人口流入超过流出的地区，进而导致各级政府事权和财权不对等，属地公民获得的基本公共服务难以均等化。

加强人口日常登记，获取及时和准确的人口数据信息，是保障和改善民生的信息凭证的基础制度。建议中央政府立法，明确划分各级政府的事权和财权，即划分中央政府主管的事务及地方各级政府主管的事务，并据此分配相应的税种、税率及财权。在此基础上，依据各地人口的迁出和迁入的变化，核实实有人口，据此来调剂跨独立税收和财政行政区按人口核算的公共服务经费。

要实现上述理念和原则，需要进行一系列具体制度创新和安排。

2. 激励人户分离者及家庭参与日常人口登记

调查数据显示，目前的人户分离人口，既不想把户口迁到现居住地，也不想主动进行人口属地登记。他们从自身的成本最小化、收益最大化的个体理性计算出发，认为登记也不会带来更多、更好的公共服务，不登记似乎对生活也没有什么影响。他们很少考虑政府需要依据人口登记的数据进行各年度及各种规划的制定、财政预算和实施。

需要指出的是，基本公共服务的内容包括：公民获得的基本服务、纳税人获得的基本公共服务（未纳税人不能获取）、缴费人获得的公共服务（未缴费者不能获得）等不同层次，以体现权责统一的原则。

建立和实施人口登记制度，必须给予登记的人口看得见摸得着的公共服务的益处，必须增加身份证的信息存储量，把缴税、缴费、个人消费支出信誉度等信息加载到新一代身份证内。同时也要注意使身份登记更简化、更便捷、更节约时间。从调查数据看，应当主要通过社区居民委员会就近办理人口登记事宜。各登记地点要把人口信息的收集、更新、加工、存储等集中放在国家人口信息库。

政府的许多公共服务的经费是以家庭为单元计算的，而与户口本的信息容量相比，身份证没有家庭成员及其关系的信息。这需要在登记项目和内容上进行制度和技术的创新。

此外，涉及公民守法、守信的信息，也应在身份证信息里有所反映，这是政府降低各种经济和社会交易风险，维持社会有序运行，实施有效社会管理的基础性信息。

3. 提升日常人口登记制度的可行性——制度性激励和约束

在问卷调查中，课题组设计了若干相关议题，比如，如果当地公共服务资源短缺，进行身份登记的人口有优先获取权。对此，绝大多数人户分离人口持赞成态度。据此，可以做出一系列制度设计。

其一，学龄前幼儿教育资源短缺，幼儿入托困难。给予登记人口以优先入托权。

其二，中小学教育资源短缺，适龄儿童上学困难。给予登记人口以优先入学权。

其三，没有登记和没有在辖区缴税记录的人口，义务教育阶段要另行收取一定的费用。

其四，社区卫生站（中心）资源不足，看病排队。给予登记人口以优先看病权。未登记人口在社区卫生站（中心）看病，超出了正常工作负荷，挂号要增加一定费用。同时，社区卫生站（中心）不承担未登记人口的转诊、转院的义务，如要提供，需另付费。

此外，其他社区短缺的公共服务资源，也要遵循登记人口优先享有权的原则。

4. 政府授权建构以社区居委会为网点的租房服务网络系统，便于人口登记和管理

人口管理和登记面临的一大难题，是整个社会管不着住房，自然也就管不着住房人。因此，政府特别是北京这样特大城市的政府，要先从管好房入手，进而实现对人口的有效登记和管理。

在人口登记流程中，大量障碍和问题出在房屋租赁过程中。目前由房屋中介公司承接的服务，是行政难以约束的市场运作，城市特别是特大城市的房屋租赁必须有行政约束机制介入。建议政府出台法规，授权给有政府人口登记行政职能代理的中介公司承接所有房屋租赁事宜。在社区层面，把房屋租赁业务统一交由政府授权的社区居民委员会（或社区服务站）代理。这样，以最基层的社区居民委员会（村民委员会）为网络末梢点，把所有社区出租和求租房屋的信息通过网络连接起来，共享共用，将极大地提升房屋出租中介的服务效率。更为关键的是，通过这个庞大且渗透到社区的网络，就能掌握房屋需求和租赁的第一手信息，同时为人口迁移和登记提供了最为便捷的平台。通过社区居委会这一巨大网络，政府就可以掌握人口迁移的第一时空点的准确信息。

城市人户分离人口的登记和管理，是新形势下城市社会管理的重大课题，面临诸多困难和挑战。但是，发展趋势是清晰的，改革的目标是明确的，具体政策、措施的轮廓也已经大致勾勒出来。如果政府进行科学决策，实现人口属地化登记，实有人口基本公共服务均等化的目标将指日可待。

参考文献

胡英：《从美国社区调查看美国人口统计方法制度的改革》，《市场与人口分析》2004年第4期。

朱冬梅、陈槲圆：《发达国家人口管理办法及对我的启示》，《西南民族大学学报》（人文社科版）2005年第7期。

薄晓光：《美国的社会保障制度》，《中外企业文化》2004年第6期。

首都流动人口有序管理的宏观思维和基层治理

尹德挺*

摘 要:

(1) 首都流动人口管理的问题: 一是管理客体, 即流动人口组织弱、就业差、管理难、融合低; 二是管理主体, 即管理主体不清、效率不高、信息不明、队伍不足。 (2) 首都流动人口有序管理的四大制度障碍: 一是人口信息整合环节断裂, 信息归口管理主体不明; 二是财权事权环节断裂, 地方政府吸纳人口的动力不足; 三是鼓励就业环节断裂, 政府考核的人口发展指标权重不够; 四是举家迁移环节断裂, 社会福利分配体系制约人口流动。 (3) 首都流动人口有序管理的宏观框架: 人口信息真实且动态更新, 取得人口信息后进行严格的资格审查, 然后根据审查过的相关资质, 有序供给相关公共服务, 从而进一步引导人口主动登记, 实现人口总量、流动、结构与分布不断优化的目标。 (4) 首都流动人口基层治理的主要思路: 以社区为载体, 发挥社区自治组织、社区中介组织、属地企事业单位和民众等多元主体作用, 建立多元互助的社区组织网络和协调机制, 通过实有人口的信息化, 拓展管理平台的外延, 提升流动人口有序管理的效率。具体来讲, 七项体制机制创新是流动人口基层治理的有效保障: 完善人口管理综合协调机制; 建立规划实施和纠偏机制; 完善社会公平正义机制; 建立社会多元参

---

* 尹德挺, 北京市委党校社会学教研部副主任、北京市人口研究所副所长、北京人口发展研究中心副教授。

与机制；完善责任追究和绩效考核机制；强化诚信约束机制建设。

关键词：

首都北京　流动人口有序管理　宏观思维　基层治理　制度框架

首都区位优势决定了北京必然成为流动人口的重要吸纳地。庞大的流动人口群体既为北京的经济增长带来了活力，同时也给首都城市承载力、社会管理和公共服务带来巨大压力和挑战。本文基于北京流动人口及其服务管理的现状特征和主要问题，提出了首都人口有序管理的制度框架及基层治理对策，以期在有序管理中实现流动人口的社会融合。

一　首都流动人口的现状与问题

1. 流动人口的发展变化

从规模来看，2000 年以来首都流动人口总量加速膨胀[①]，2000 年为 256.1 万，2010 年突破 700 万，2012 年增长到 773.8 万，12 年间增加了 517.7 万，年均增加约 43.1 万；从比例来看，流动人口占常住人口的比重由 2000 年的 18.8% 提高到 2012 年的 37.4%，即 2000 年首都每 5 个常住人口中约有一个外地人，2012 年每 3 个人中就有 1 人来自外地。

从 2010 年全国第六次人口普查数据来看，首都常住流动人口表现出以下特征。

第一，从年龄性别结构看，平均年龄 31 岁，劳动年龄人口逾 640 万，青年人群职业竞争优势明显；"男多女少"格局未变，但女性比例增至 45%，家庭化趋势明显。

第二，从户籍性质和教育程度看，农业户口占比超 2/3，非农户口达 227 万，"同公民同待遇"呼声强烈；初中人口比例跌破五成，大专以上人口接近

---

① 本文中的"流动人口"都是指"常住流动人口"，即在北京居住半年及以上的流动人口。

1/4，学历分化明显。

第三，从职业和行业结构看，职业身份"非农化"，职业结构提升，但仍聚集于传统服务业和制造业，"商业、服务业人员"和"生产、运输设备操作人员及有关人员"两大职业领域集中了 326.74 万外来从业人员，占流动人口从业人员总数 72.87%；第三产业从业人员超七成，批发零售业、制造业和建筑业稳居前三，分别占 29.5%、17.7% 及 9.2%。

第四，从不同人群看，1980 年以后出生的新生代比例过半，由"卖苦力"向"拼智力"转变；流动儿童逼近 50 万，接近半数在京出生，卫生保健和教育需求巨大；育龄妇女 270 万，总和生育率为 0.75，年出生人数近 7 万。

第五，从来源地和滞留时间看，户口登记地以冀豫鲁三省居多，分别占 22.13%、13.91% 及 8.49%；城市发展新区聚集趋势明显，朝阳、海淀占比依然最高，分别高达 21.50% 和 17.83%；离开户口登记地时间趋长，近三成超五年。

第六，从来京和滞留原因看，务工经商比例超 70%，家属随迁比例居第二，占 8%；务工经商人群受传统服务业和传统第二产业的就业机会拉动明显；随迁人员中少年儿童比例超六成，男孩偏好显著，教育需求导向明显；投亲靠友人群中呈现少儿和老年双高峰；专业技术人员及大专以上学历人员的增加，源于寻求个人发展机会；流动人口大量集聚于城乡结合部，源于居住成本和生活成本低廉；周边及人口大省剩余劳动力的城市化，促进了人口向京流动。

2. 流动人口有序管理的主要问题

从人口有序管理角度来看，目前首都流动人口服务管理工作存在以下两个方面的问题。

一是管理客体的问题，即流动人口组织弱、就业差、管理难、融合低。目前人口流动与就业岗位的分布与国家经济社会发展的总体布局之间匹配程度不高，呈现一种无序流动的状态；从微观个体层面来看，流动人口的就业层次较低、收入较低，在住房、教育、卫生、社会保障等基本公共服务方面难以享受户籍人口待遇，且户籍迁移的障碍不同程度地存在。此外，由于流动人口的社会资本和社会网络薄弱，在劳动力市场上的处境艰难，从而在一定程度上造成流动人口对整个城市的认同感和归属感缺乏，社会融合度不高。再加上流动人口流动迅速，基本信息不易掌握，相关社会管理困难，因此，流动人口违法犯罪的比例与户籍人口相比也相对较高。

二是管理主体的问题，即管理主体不清、效率不高、信息不明、队伍不足。诸多公共服务的统筹协调处于缺位状态，政府有关部门难以找到一个改善流动人口公共服务的枢纽平台，即"主体不清"；诸多政府部门的流动人口服务管理机构之间缺乏交流，不能形成改善流动人口公共服务的合力，即"效率不高"；流动人口的基础信息一直处于"散、乱、旧"的状态，即"信息不明"；各地、各部门调查登记获得的信息不能实现交换和共享，有关流动人口的登记、统计口径十分混乱，使得不同信息源获得的数据没有可比性，流动人口信息动态性不足，不能发挥应有的作用；流动人口管理的基层队伍力量单薄，基层队伍配合不力，疏于有关公共服务，即"队伍不足"。

究本溯源，基于管理客体和管理主体分析的视角，流动人口服务管理问题产生的根源应归因到体制层面，主要是没有从全局的角度，把人口服务管理工作与社会经济的发展彻底地结合起来，没有从人口布局与社会经济布局一致性的角度，有序地引导人口流动，从而出现了管理客体城市归属感不高、管理主体包容性不强的尴尬局面。因此，破解流动人口社会融合的难题，我们需要跳出拘泥于人口内部管理的狭隘思维，从人口与社会经济协调发展的视角，在人口与社会经济的良性循环中，合理引导人口流动，充分激发政府体制创新的内在动力。

二 首都人口有序管理的主要障碍和制度框架

1. 制度障碍

诺贝尔经济学奖得主缪尔达尔在循环积累因果关系理论中分析到：一方面在一个区域内引进新产业或扩大原有产业规模，将会创造更多直接或间接的就业机会，而人口的增加又意味着地方财富的增加，地方政府税收的增加又扩大了政府的现实消费能力，从而可以提供更好的公共服务，这也将促进第三产业的发展；另一方面，产业的发展也增加了熟练劳动力的储备，进而吸引相关劳动力指向型的企业进驻该区域，该区域成为重要的增长极。作为发展过程中的衍生效应，增长极的形成过程还可以促进技术创新和发明创造，这些又进一步带动相关产业的发展，从而形成良性循环。从循环积累因果关系理论中我们可以看到，如果一个国家人口与经济的良性循环建立起来，那么这个国家的经济发展将会加速；相反的，如果一个国家人口和经济的循环体系出现了断裂，那么这个国家的经济发展和社会建设都会受到一定程度的影响。与国外区域经济聚集和人口聚集的良性循环形成过程相比，中国目前采取的是绕开人口系统福利"抄近路"的发展方式（见图1），即经济的增长没有引发人口福利的增加，人口的增加也没有带动当地经济的增长，因此，地方政府在吸纳人口上的动力明显不足。结合首都北京现阶段的实际情况，人口与经济的循环体系存在四种"过程断裂"，从而造成了流动人口的社会融合严重受阻。

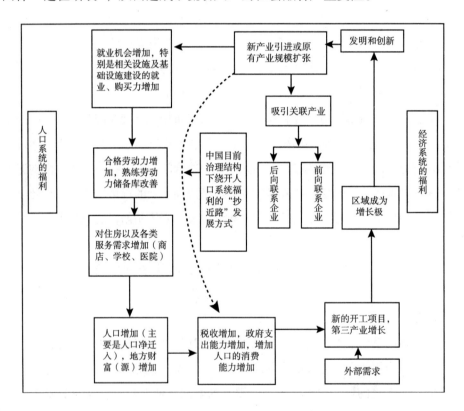

图1　缪尔达尔"循环积累因果关系理论"在中国人口流动领域中的应用[*]

注：图中虚线代表绕开人口福利系统"抄近路"的发展方式，而实线则代表发达国家人口与经济系统中的良性循环。

[*] 此部分参阅了 Gunnar Myrdal，*Asian Drama：An Inquiry into the Poverty of Nations*，New York，Pantheon Books，1968。

第一，人口信息整合环节存在断裂，人口信息归口管理主体有待明确。目前，由于部门利益的阻力，长期以来，人口特别是流动人口信息不清，人口基础信息仍处于"散、乱、旧"的状态。从管理主体来看，尽管党委的政法部门在地方上是流动人口服务管理的牵头协调部门，但由于其工作重心在治安管理上，对诸多公共服务的统筹协调处于缺位状态，而政府序列的有关部门又难以找到一个改善流动人口公共服务的枢纽平台，因此，北京首先需要明确的是人口信息系统主管部门的归属问题，特别是类似美国"社会安全号"的生活事件信息系统权限归属。

第二，鼓励就业环节存在断裂，地方政府绩效考核体系有待调整。对发达地区而言，引进产业时往往从提高区域人均 GDP 等考核指标出发，引入的产业和企业通常属于资本密集型，从而造成在产业发展与吸引人口方面存在一定程度的断裂；也就是说，在经济聚集的同时不能形成很好的人口聚集。

第三，地方税收环节存在断裂，地方政府吸纳人口的动力有待强化。国外很多国家采取的是"消费偏好型发展模式"，对消费环节征税，人口增加意味着政府财源的增加，对地方政府吸引人口迁入该区形成了良好的正向激励。而我国采用的是"生产偏好型发展模式"，征税以生产环节为主，因此，人口增加对地方政府而言，通常意味着公共服务供给和财政压力增大，地方政府对于流动人口具有一种"本能"的排斥力。

第四，举家迁移环节存在断裂，社会福利分配体系有待完善。由于现行制度上的障碍，劳动力迁移通常只能以个体而不是家庭为主，所以新增劳动力对住房以及其他服务的需求往往无法得到有效释放，既不能拉动当地的消费，又使得流动人口的社会融合受阻。

显然，目前人口管理的基本理念，仍是把人口作为一个经济发展和社会稳定的单一要素来进行单向控制，而非系统调控，再加上客观国情国力和政治经济体制约束性条件的存在，以致流动人口管理体制并没有严格按照人口要素有利于经济社会发展、有利于人民福祉的标准来构建。因此，如果不能及时弥补缪尔达尔循环体系中存在的"过程断裂"，那么北京就很难在人口流动中实现经济发展和社会融合的双赢局面。

2. 制度框架

基于以上的理论分析，本文认为首都人口有序管理的制度框架应如图2所示。按照此思路，我们构建出人口有序管理良性循环的理论框架和思路：人口信息真实且动态更新，取得人口信息后进行严格的资格审查，然后根据审查过的相关资质，有条件地有序供给相关公共服务，而公共服务供给又进一步引导人口主动登记，最终实现人口总量、人口流动、人口结构与分布不断优化的管理目标。

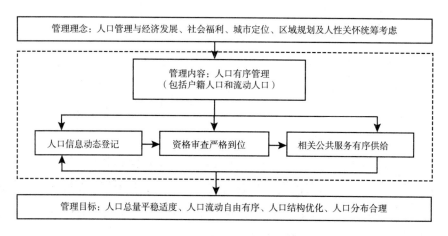

图2 人口有序管理良性循环的理论框架

三 首都流动人口有序管理的基层治理

在人口有序管理宏观思维框架的指导下，我们还需要进一步对流动人口的基层治理进行深入思考，即如何在利益博弈中，确保不同行为主体在基层流动人口管理中实现协同和有序，从而推动宏观思维的贯彻落实。

20世纪90年代末，在经历了对传统治理模式的变革之后，英国学者佩里·希克斯和帕切科·登力维提出了整体性治理论，即以公民需求为导向，以信息技术为治理手段，以协调、整合、责任为治理机制，对治理层级、功能、公私部门关系及信息系统等碎片化问题进行有机协调和整合，不断从分散走向集中，从部分走向整体，从破碎走向整合，为公民提供无缝隙且非分离的整体型服务的政府治理模式。这一理论强调治理理念的回归（公共性）、参与主体的多元以及组织形式的创新。在此理论的基础上，本研究认为，要实现整体性政府在流动人口基层治理上的体制机制创新，必须"做好两个方面的工作，协调好六类人群"（见图3）。

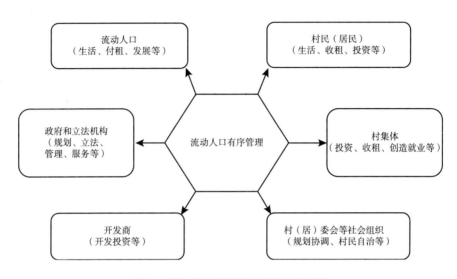

图3　流动人口有序管理的利益相关者

这两个方面表现为：第一，要实现功能的协调，涉及经济功能、政治功能、社会功能以及文化功能之间的协调有序；第二，要实现结构的合理，包括不同行为主体介入进度和介入程度的合理，以及在此过程中不同利益相关方利益分配的合理。

从六大人群来讲，要注意处理好流动人口、村民（居民）、政府和立法机构、开发商、村集体以及村委会（居委会）等社会组织的相互关系，在多方共赢、整体协同的基础上实现流动人口的有序管理。

1. 功能协调

（1）经济功能的有序性

经济的价值本质是以市场需求为导向，通过调整和控制各种生产要素（生产资料、劳动力和科学技术等）的直接配置比例，以达到财富的价值增值的目的。经济的有序化实际上就是各种生产要素配置的有序化。在旧村（城）

改造以促进流动人口有序管理上，要注意以下几点。

第一，规划先行。规划一定要先于开发且真正落实，不能随意更改。在规划设计中，要将与人口规模调控相关的城乡发展规划、产业发展规划、土地利用规划、人口发展规划等与本地区的国民经济与社会发展规划有机结合起来，在规划中直接体现以产业结构调整、城市功能扩散、住宅用地控制、就业政策引导、社会保障监督等人口有序管理的思路。

第二，产业转型。产业升级要树立三大理念：一是产业要与人口、资源、环境协调发展的理念；二是产业发展要坚持结合本地特色和文化资源的理念；三是产业发展要有利于促进居民素质和生活水平提升的理念。在三大理念的指导下，发挥产业发展对人口规模的调节作用，提升产业的组织化程度和现代化水平，吸引高端人才聚集；依法取缔低级次产业，减少从事低级次产业的流动人口数量。

第三，村集体经济升级。村集体组织必须改变"瓦片经济"传统、单一的盈利模式，要拓宽思路，实现资产的保值增值。村集体经济的转型要注意三个问题：首先，短期内不能彻底地放弃"瓦片经济"，可以鼓励农村集体经济组织集资贷款，利用集体土地建设公租房，解决外来务工人员住房问题；其次，要逐步通过股份化途径，对农村集体经济进行产权改革，使其融入现代城市经济体系；最后，要慎用商业开发形式。一方面在市场机制下推动旧村向城市现代居住小区方向发展，另一方面又要避免开发商介入旧村改造后造成过多的后遗症问题，应该调动当地居民的积极性。村集体经济的升级是在带动村民就业和收入提升的基础上，提高村民旧村改造升级的积极性，从而达到调控人口的目的。

第四，村民（居民）就业帮扶。是否能够实现区域流动人口有序管理的前提，是要得到村民的支持和配合，要解开村民收入提升受阻的心结。主要要把握有三个方面的核心要素：首先，首要的功能定位应考虑保留部分低端租赁住房供给的功能，通过平房改楼房或村集体统一经营住房租赁的方式，提升"瓦片经济"水平，实施优化改造；其次，要把村民纳入到完善的就业和社会保障体系，在土地出让、招商引资时，将就业安置作为征地的前提条件，旧村改造后也可吸收参与社区服务与管理，保障农民失地后获得相应的就业机会，养老保险、医疗保险等社会保障等都一并解决，彻底消除城中村中的二元管理体制，稳定增收让村民享受"同城同等"待遇；第三要加强村民的文化教育与职业技能培训，推动"市场引导就业、培训促进就业"机制的形成。

（2）政治功能的有序性

政治有序实际上就是各种生产要素配置之规则的有序化。特别要注意以下几点。

第一，信息要明晰。数字时代的来临使信息技术成为当代公共服务系统理性运行的工具，其在公共行政变革中的重要作用以及在公共管理中的核心位置，为整体性治理的产生和发展提供了坚实的技术基础。在流动人口有序管理中，重点要抓好人口信息数据库的建设和出租房屋数据库的建设。

第二，管理要精细。在人口管理中，要注重管理理念、管理方式、管理政策以及管理体制对人口有序管理的影响。在区域发展过程中，要逐步细化人口管理政策和手段，规范房屋出租行为，要特别注意农村管理体制向城市管理体制转变，可以尝试财政体制中出租纳税、物业税改革以及土地制度中"集体建设用地同地同价"改革在农村地区的应用。

第三，服务要到位。对于居民的基本公共服务，不仅应包括本地村民，而且还应该涉及流动人口，特别是要通过市场机制为城市外来流动人口提供可支付的体面住房和子女的义务教育。

（3）社会功能的有序性

第一，要注重社会组织培育。一是要用好村委会。要充分发挥村级党组织的战斗堡垒作用，巩固党组织的核心地位，带领全体村民共建美好家园；镇、街道要督促村两委健全民主决策机制，完善民主管理制度，建立民主监督制约制度，公正、公平、公开管理村级事务，特别是利用村规民约（居委会章程）来引导村（居）民加强流动人口有序管理；二是要利用其他社会组织，特别是流动人口自组织，来加强流动人口的自我管理。

第二，要注重营造社会公平和社会融合的和谐氛围。流动人口有序管理必须建立在社会公平正义以及社会融合的基础之上。既要注重征地农民的生存权和发展权，而且还要加大对弱势群体、外来务工人员的关怀力度，增强社会融合程度。

（4）文化功能的有序性

文化有序是指对规则形成观念上的认同性、意念上的连续性、情感上的共鸣性和逻辑上的一致性。在流动人口有序管理上，要注意以下几点。

第一，努力实现文化认同。在流动人口有序管理中，要实行任何改革和探索，应该首先得到全体居民的认同，特别是要注意寻求城市文化、农村文化和外来文化共有的价值观，即生活质量和人居环境的提升，在共同价值观下，探讨旧村（城）改造以及人口有序管理的思路和对策；另外，旧村（城）改造还应特别注意对传统文化资源的保护，传承本土文化，以培育本地居民的文化优越感，这样才能够更好地推动人口有序管理的各项改革措施。

第二，积极构建信任体系建设。一方面，要注意建立以信任为基础的村庄治理网络，探索没有控制的管理；另一方面，要建立本地居民的诚信系统。通过各项记录，建立人口信用指标体系，提高违规成本，形成良好的社会导向，如遵纪守法、实行计划生育等。

2. 结构合理

（1）行为主体结构合理

第一，确保不同行为主体介入进度合理。在旧村改造、推动人口有序管理过程中，不同行为主体介入进度是不同的。对于前期阶段，政府介入更多；中期阶段，需要多元行为主体共同介入；而待社会培育成熟、社会政策完善之后，社会组织介入更多，从而形成不同时间段、不同行为主体介入的梯度干预方案。

第二，确保不同行为主体介入程度合理。虽然行为主体存在介入的阶段性，但一定要保证介入主体的多元性和结构性。阶段性并不代表唯一性，在每一个阶段，应是不同行为主体的合力协作，只不过，在某一阶段以某一个或某几个行为主体为主，而其他行为主体为辅。

（2）利益分配结构合理

利益分配应该贯穿流动人口有序管理的全过程，这一原则性的问题若不被遵守，就会引起不同行为主体的不满，也会引发经济功能、政治功能、社会功能以及文化功能的失调。因此，流动人口有序管理必须处理好利益分配的问题，只有在多方共赢的格局中才能实现人口管理和旧村（城）改造等诸多目的。

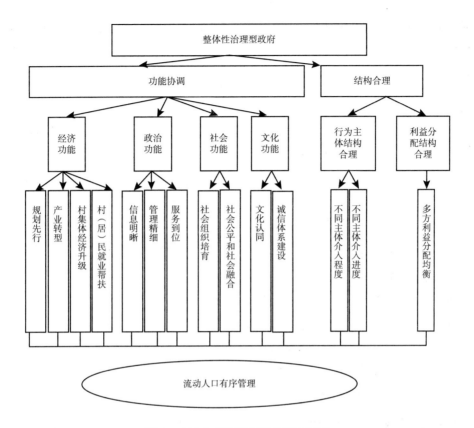

图4 流动人口有序管理的核心要素

四 首都人口有序管理的政策思路

1. 流动人口宏观调控的政策建议

本文认为要实现人口服务管理的有序规范，首都必须在人口信息管理、资格审查、公共服务供给三个方面同步改革，形成合力。就此，本文提出以下几点政策建议。

（1）管理基础：建立两轮驱动的"双核心"人口服务管理信息平台

可以尝试建立两权分立的两套人口信息系统，其中，一套信息系统反映个人的生命事件信息，与户口相关，体现人口登记的职能；另一套信息系统反映个人的生活事件信息，体现公共福利供给凭证之一的职能，引导人口有序流动。未来改革的目标很明确：还原"户口"的人口登记职能，各种公共福利与户口脱钩，通过抓住流动人口的公共福利需求，达到流动人口主动登记的目的。

（2）管理机制：以成本调控为突破口，建立人口管理协作机制

首先，尽早建立以人口有序管理为导向的政策统筹协调机制和会商制度，降低因政策冲突导致区域流动人口过度聚集的政策成本，减少政府对市场的干预行为，还原流动人口正常的就业成本和生活成本。在各项政策法规颁布之前进行审查，对不符合流动人口成本调控思路或其他重大执政目标的政策提出修改和完善意见，交由相关部门进行充分协调，待形成一致意见后再颁布实施；其次，强化以流动人口服务管理为导向的部门统筹机制，降低因政策设计和执行漏洞导致流动人口成本费用不实的问题。与人口服务管理相关的部门需要全面树立"成本调控"的理念，形成部门合力：在就业成本调控方面，要着力严惩违法用工单位，既强化劳动执法力量，维护流动人口合法的劳动权益，又要重点查处流动人口聚居区内的个体工商户、"六小七黑"等存在事实劳动关系的单位，间接提高特殊区域和特殊行业流动人口从业人员的择业成本；在居住成本调控方面，各个部门要统筹协作，加快城乡结合部城市化工程建设，严格控制违法建设的新增，加大对违法建筑的依法拆除力度，保证流动人口居住环境安全；积极建立并完善出租房屋综合执法长效机制，尽快出台违法出租的处罚性法律法规，如地下空间及群租房的管理罚则；强化对违规中介机构和个人房东的间接执法，规范房屋租赁行为，如加强对出租房主偷税漏税的监管力度和处罚力度等。

（3）管理手段：建立居住证制度，实现流动人口渐进式福利供给

将各种公共福利，包括教育、医疗、养老等从户口上剥离下来，并运用居住证的形式，将这些福利分阶段、渐进式地给予流动人口。进行居住证制度改革时，要特别注意四个问题：第一，要实行居住证的分类管理，针对不同类型的人群发放不同阶段的居住证，以达到渐进式给予公共福利的目的；第二，要重点区分"真诚居住"和"福利旅游"两类人群，要通过居住时间、纳税记录等多项指标，综合判断流动人口是否仅仅只是为了享受城市较优的公共福利或优惠而迁移流动；第三，凸显居住证的综合管理职能，要将居住、纳税、子

女义务教育、医疗保险、驾照、贷款等多项记录集中于此证，使之成为流动人口必须使用的身份证件，从而达到政府部门掌握人口流动信息的目的；第四，通过居住证，建立流动人口的诚信系统。通过居住证记录的各项记录，建立人口信用指标体系，提高违规成本，形成良好的社会导向，如遵纪守法、实行计划生育等。

（4）服务配套：通过分税和转移支付，实现公共福利均衡供给

实现人口合理流迁、有序管理的关键在于地区间公共福利相对无差异供给，而在其背后是以有效的财政税收体制作为支撑。因此，未来财税体制应该着重进行以下两项改革：第一，要深化分税制改革。在保证中央财政收入增长的情况下，建立地方财政，特别是基层财政税种，类似于美国地方学区的财产税。这样，人口流动能够增加地方政府的财政收入，而不会加重其财政支出的额外负担，从而实现人口自由流动、地方政府良好服务的双赢局面；第二，强化转移支付制度，必要时可以建立某项公共服务的专项资金，支持地方财政。通过这项制度，改变国内城乡差异、地区差异的现状，实现公共服务的均衡供给，促进人口有序流动和合理分布，避免人口过度向大城市、特大城市聚集。

（5）空间布局：建立以"城市功能定位"为导向的公共资源合理配置机制

要力争提高城市公共资源，特别是土地资源的配置效率，在区域功能定位的指导下，更大程度地发挥土地资源在疏解人口与产业分布方面的重要功能。土地供给和使用应该符合城市空间结构的调整方向，统筹考虑中心城与新城的协调发展，兼顾不同区域的城市发展现状；在产业调整方面，着重淘汰调整低端产业，控制低级次产业吸纳流动人口的规模。逐步建立起产业退出机制和产业准入制度。结合土地市场专项整顿，强化土地资源的集约利用，着重提高农村集体建设用地开发效益，在特大城市坚决停止审批经济和社会效益低下的市场、仓储、简单加工等低效项目。

（6）管理目标：实现彰显人性关怀的城市社会融合

在人口有序管理的同时，必须树立迁移流动人口社会融合的根本理念。对"非事实移民"式的流动人口，可以尝试利用市场的手段，引导其在区域之间合理分布，而对于"事实移民"式的流动人口，必须建立社会融合机制，即

在一定的财力和监管机制等客观约束下，流动人口能够有机会逐步获得包括政治选举权、平等就业权、家庭团聚权等在内的多项权利，但是这种权利的赋予应该是有条件的、分阶段性的。

2. 流动人口基层治理的政策建议

在基层治理的过程中，要实现流动人口有序管理，应该遵循社会管理的"行政调控""市场配置"以及"社会自治"相结合的逻辑体系，充分体现"三维治理"的原则：一是坚持政府责任为主体。在流动人口治理过程中，政府是主导性力量，应扮演主导性角色，流动人口的服务与管理是政府的重要职能。只有通过政府服务和管理功能的引导，才能保证人口流动的整体有序。二是坚持市场化为核心的流动机制。通过市场化的资源配置手段，推动教育、就业、社保、户籍、人才等相关机制和制度建设，逐步实现人口流动与产业调整、产业布局相一致，促进流动人口的合理吸纳、提升和转移。三是坚持基层治理为平台。基层治理的主体是多元的，既包括政府、社区组织，也包括社区公民。在流动人口治理过程中，应以社区为载体，充分发挥社区自治组织、社区中介组织、属地企事业单位以及民众等多元主体作用，建立多元互助的社区组织网络和协调机制，并通过实有人口的信息化，拓展管理平台的外延，提升流动人口有序管理的效率。

在三维原则的指导下，本研究认为，首都北京在流动人口有序管理方面可以推动"七大体制机制"的创新。

（1）完善人口管理综合协调机制，实现行为主体和利益分配的有序

综合协调机制的建立涵盖部门协调、政策协调以及利益引导和利益均衡机制的建立三个方面。政府应充分发挥指导、协调、监督和平台搭建的作用，发挥市场机制对劳动力资源配置的基础性作用，加强劳动力市场的管理和服务作用。充分发挥利益引导和均衡机制的作用。在流动人口有序管理过程中，要充分保证不同行为主体在旧村（城）改造过程中的利益均衡，从而减少人口调控的阻力。

（2）建立规划实施和纠偏机制，实现人口与经济功能的协调有序

在促进流动人口有序管理方面，要从规划实施评价的工作目标、工作程序、工作内容、基本方法和基本原则等方面，对区域的产业规划、土地

利用规划、区域功能定位规划进行重新审定，突出规划对人口的引导功能。联合各个部门，通过日常监督、督察、监控等手段，对区域规划的审批和实施、重点产业的培育以及特殊地区的开发保护等方面加强执法，做到及时发现问题，提出整改措施，当好政府的决策参谋，将问题解决在萌芽状态。

（3）完善社会公平正义机制，实现人口服务功能的有序

实现社会公平正义是推动流动人口有序管理的软环境建设，有利于营造获得多方支持的重要社会氛围。在旧村（城）改造时，既要确保村民利益的可持续性，而且还要保证流动人口居住和生活的权利，相关部门应在做好"以证管人、以房管人、以业控人"的基础上向"民生为本、服务为先、融合为要"的"三为"工作理念转变。加强流动人口计划生育服务管理政策与户籍管理、劳动就业、教育、医疗、社会保障、住房等方面政策制度的衔接，形成部门协同推进流动人口基本公共服务均等化的工作合力，真正实现流动人口经济立足、社会接纳、身份认同、文化交融的一体化发展。

在人口服务管理机制创新方面，要实现五大转变：管理主体由政府管理为主向政府、市场和社会管理为主转变；管理体制由户籍管理向人口登记制度转变；管理内容由防范型单一管理向服务型综合管理转变；管理方式由粗放型管理向精细型服务转变；管理途径由有偿服务为主向无偿服务为主转变。

（4）建立社会多元参与机制，强化社会自治功能的有序

随着越来越多的"单位人"成为"社会人"，社会结构正在发生着深刻变化，曾经政府"大包大揽型"的社会治理模式效应递减，出现了许多政府管不到也管不了的问题。在旧村改造的过程中，难免出现各种社会隐患和社会矛盾，然而，基层是化解社会矛盾纠纷的主战场，也是社会管理的重点和难点。未来的基层治理，不仅仅是被动的维稳，而应该是主动的服务；不仅仅是应急的办法，而应该是长效化的机制，从源头上、根本上、基础上搞好社会管理，努力构建党委领导、政府负责、社会协同、公众参与的社会管理格局，将政府自上而下的管理职能与社会自下而上的自发力量有机融合、形成合力。社会管

理是对全社会的管理，也是全社会共同参与的管理。特别要构建政府与社会组织的新型互动关系，依托社会组织发挥人口有序管理的作用。例如，村委会作用的提升以及流动人口自组织作用的发挥等。

在村（居）委会组织方面，要充分调动村委会在促进人口有序管理的作用，重视村规民约对于村民出租等行为的约束，实现基层民众的自我管理和监督。

在流动人口自组织方面，政府部门要帮助构建流动人口自主管理的网络体系。既要利用流动人口自组织的自我管理、自我教育、自我服务，有效弥补政府管理的不足，从而更好地保障其合法权益，政府又要以法规和政策等形式，明确规定对自组织参与管理的具体内容、权利和职责等边界，确保其自主管理网络的运行有章可循，切实发挥辅助管理效能。

（5）完善责任追究和绩效考核机制，实现人口管理功能的有序

在责任追究机制建设方面，切实构建由国家机关、社会团体、新闻媒介以及公民依法进行监督的多层次网络体系。落实公安机关治安管理的首要责任，社区的组织管理责任、企业"谁用工谁负责"的责任制，出租户的治安和计生责任，流动人口自组织的自我管理责任。

在绩效考核机制建设方面，应逐步明确基层政府在人口管理中的职责和绩效考核标准，把经济增长指标同人口资源环境和社会发展指标有机结合起来，以实现全区人口规模的适度发展和人口分布、结构的优化。

（6）健全信息整合机制，突出人房协调功能的有序

可在现有公安部门治安管理综合信息系统的基础上，加强劳动、工商、卫生、计生、教育等部门的流动人口信息数据库和服务平台建设，全面实现政府对流动人口网络化的系统管理。此外，要特别注重出租房屋数据库的建设，构建社区"民情图"，对出租房屋内各类人群的总含量、结构情况要做到户户清、人人清，从而夯实人口有序管理的基础。

（7）强化诚信约束机制建设，突出人口与文化功能的有序

为了实现流动人口的有序管理，北京基层公职人员、居民小组班子成员、工程建设承建商、政府采购供应商、房屋租赁业主和个体工商户、流动人口这七大人群可以考虑签订《诚信承诺书》，明确自己在诚信建设工作中

应承担的责任和义务，以及违反诚信建设规定应当承担的纪律、法律责任，做到从我做起，自我约束，践行承诺，形成全社会参与诚信体系建设的工作格局。特别要对"诚信出租屋业主"设定一套涉及治安防范、安全管理、租赁业务等多个方面的评选标准。可以考虑街道出租屋管理部门对评选出的"诚信出租屋业主"开设办事绿色通道，享受便利服务措施，在次年的管理费核定中给予优惠等；对不信守承诺、不配合管理的出租屋业主，进行不守信评价，列入重点监管对象，并根据情节，依据相关法律法规给予罚款等相应的处理。

第五篇　人口政策与服务管理

北京六十年户籍管理制度演变

潘建雷　何雯雯*

摘　要:

户籍管理制度是重大的人口管理制度,我国的户籍管理制度历史悠久。新中国成立以来,我国逐步建立了一套适合我国国情、行之有效的户籍管理制度,北京市也积极探索并形成了适合首都和特大城市特点的户籍管理制度,在首都经济建设、维护社会秩序等方面发挥了重要作用。新中国成立初期,全国户籍管理制度先从城市开始建立,农村处于试建阶段。随着计划经济体制的基本建立,户口登记和人口统计工作得到发展,全国城乡户籍管理机构得到统一。户籍管理制度发展总体趋势和特点是逐步形成以控制市镇人口增长为基本内容的户口迁移制度。1985 年,居民身份证制度正式形成。至此,我国基本建立健全户籍管理制度,形成一套以户为单位,以人为对象,包括户口

---

* 潘建雷,北京市委党校社会学教研部讲师,北京市人口研究所、北京人口发展研究中心研究人员;何雯雯,《求是》杂志社编辑。

登记制度、居民身份证制度、户口迁移制度、常住人口和暂住人口管理制度等内容的日益完善的制度体系。北京率先实行居民身份证制度，较早建立了暂住人口登记管理制度。但在建立健全人口管理制度方面也同样经历了曲折的过程，进入20世纪80年代以后，北京作为特大城市，成为人口流动的主要目的地，不断增加的人口与资源环境承载力之间的矛盾日益凸显，在新时期如何加强和完善人口管理，积极稳妥地推进城镇化速度，仍然是北京市面临的首要问题。

关键词：

北京　户籍制度　演变　启示

一　户籍主管部门的历史变革

1949 年 1 月，北京（北平）① 和平解放。当时北平的户籍管理工作由北平市公安局户籍科与北平市政府民政局户政科共同负责，公安局户籍科主管户口调查，民政局户政科主管户籍登记。1949 年 6 月 3 日，根据北平市人民政府秘字第 882 号训令，北平市民政局户政科负责的户籍登记业务移交给北平市公安局治安处户籍科。此后，北京市的户籍管理工作一直由市公安局统一掌管，各公安户籍派出所是法定的户口登记机关，我国的户籍管理制度由民政系统转向治安意味浓厚的公安系统。经过多年的发展和不断完善，北京市的户籍管理形成了三级管理制度，分别为北京市公安局户籍处、县局（公安分局）户籍科、街道／乡镇户籍派出所（北京市地方志编纂委员会，2004）。

二　户籍的分类

根据公安户籍管理部门的长期实践与探索，截至目前，北京市的户籍可以

---

① 1949 年 9 月 27 日，中国人民政治协商会议第一届全体会议决议定都北平，自即日起改北平为北京，并确定北京是中华人民共和国首都。

分为三大类。

非农业户口（城镇居民户口）。这一类户口包括城镇居民住家户、人数少且流动量不大的公共户口（集体户）；派出所建立户口登记户口簿（底簿），给每户发放各自的户口簿。

农业户口（农民户口）。农业户由乡政府设立户口登记簿按户登记，设有公安派出所的近郊区，由派出所按户设立常住户口登记，1990年之前各户都不发放户口簿。1990年全国第四次人口普查时，北京农业户口普查登记后，北京市率先给本市农业户口发放了户口簿。

公共户口（又称集体户口）。公共户口包括大型党政机关、人民团体、各类学校、医院、企业、大型商店、寺庙、机密户和工地户、集体宿舍等。这一类户口管理工作由各单位人事保卫部门专人登记管理，每月向住地派出所报送人口统计月报表，派出所不设户口登记簿。1956年3月，北京市公安局修改了此项管理制度，发出《关于更改机关、团体、学校、企业等单位户口登记制度的通知》，派出所将原来使用的公共户的户口登记簿改为《活页户口登记表》（一式两份），一份由派出所保存，一份由公共户单位负责保存。机密单位按户籍部门要求，设专人进行户口登记，每月向住地派出所报送人口统计报表。

三 北京市常住人口户籍管理制度沿革

北京市的户籍管理分为两大类：一是常住人口管理，二是暂住人口管理。下面是新中国成立以来北京市常住人口户籍管理制度沿革的大致情况。

（1）城乡二元的户籍管理制度初步形成（1949～1965年）

新中国成立以后，党的工作重心由乡村转移到城市，而城市工作以生产建设为中心。新中国成立初期，我国户籍制度的指导思想是：经济上，围绕生产建设，恢复国民经济；政治上，镇压反革命活动，保卫新生政权。户籍管理工作"先在城市做起，农村户口工作，可从集镇试办，然后逐步推广"（公安部三局，1964），逐步形成了我国城乡二元的户籍管理制度。

1949年，北京市公安局在接收旧北平市政府的各类户政法规及户口簿册后，开始在全市进行查对户口工作，查明全市户数448141户，人口2004807

人。北京市政府决定，废除国民党警察局、民政局关于市民申报户口的规定及各种户口簿册，颁布了《北京市市民声（申）报户口暂行规则》和《违反市民声（申）报户口规则暂行法则》。市公安局改户口簿册三部制为一部制，即市局、分局建立特户管理制度，保留派出所一部。

北京市公安局下发的《管理户口内务细则》第四条规定：凡在一处食宿，共同生活的家庭、商铺、团体单位，无论其人数多少、关系如何，均立为一户。但一家分为两处，分起伙食，分住两个门牌以上者，均分别立户。

1949 年末，各户籍派出所把有血缘关系、共同食宿的家庭立为住家户；把商店、工厂、公司、作坊、合作社等共同食宿的立为工商户；把庵、观、寺庙、教堂等共同食宿的立为寺庙户；把小工业者共同食宿的立为锅伙户；把长期住在旅店、公寓的立为公宿户或公寓户；把集体单位共同食宿的立为机关户、团体户、医院户、工地户、集体宿舍户。在常住人口登记中，实行迁出、迁入、出生、死亡、失踪、寻回、收养、认领、雇工、解雇、分户、并户、店铺开张歇业、更换户主、结婚、离婚及变更更正等 18 种项目的变动登记制度。

1953 年 2 月 5 日，北京市公安局对《户口管理实施细则》进行了修订，将原 18 种户口登记改为 5 种，即迁出、迁入、出生、死亡、变更更正。

在 1953 年全国第一次人口普查的基础上，农村户籍制度初步建立完善。1954 年 12 月 20 日内务部、公安部、国家统计局发出联合通知，要求建立农村户口登记制度，加强人口统计工作。1955 年 6 月 22 日国务院发布《关于建立经常户口登记制度的指示》，它规定全国户口管理行政工作由内务部和县级以上人民委员会的民政部门主管。办理户口登记的机关，在城市、集镇是公安派出所，在乡和未设公安派出所的集镇是乡、镇人民委员会。1956 年 2 月，国务院指示，把全国的户口登记管理工作及人口资料的统计汇总工作业务全部交给公安机关。从此，全国城乡的户籍管理工作和组织机构便得到统一（张英红，2005）。

1957 年 5 月 3 日，北京市公安局下发了《关于未设公案派出所的郊区农村户申报登记的几项规定》。《规定》要求：未设公安派出所的郊区农村户口登记、统计工作，由公安特派员或由乡人民委员会指定乡文书负责办理。只登记常住人口，对寄住人口、暂住人口不登记。此文件对户口申报登记手续、户口异动统计等作了具体规定。市公安局还决定在昌平区建立户口登记制度。截至同年6月底，昌平区25个乡建立了农村户口登记制度。

1958年11月19日至1959年4月，北京市公安机关在通州、顺义、大兴、周口店、平谷、怀柔、密云、延庆8个远郊区县原有简易户口登记的基础上，建立健全户口登记制度。据统计，8个区县共建258.5万余人的常住人口登记表。在此基础上，又于1959年7月10日制定了《关于郊区农村户口管理工作的若干制度规定》，确定公社政法部（公安派出所）是农村户口管理的基层单位，负责户口迁出、迁入登记，保管户口资料，进行人口统计。生产队为户口登记单位，设兼职户籍员1人，协助进行户口调查工作和办理出生、死亡人口登记。该《规定》还对户口异动申报登记、兼职户籍员的条件和任务、常住人口登记表的编排，以及户口统计的种类和报告日期等提出了具体要求。

1961年9月14日，北京市公安局提出了《关于按单位管理户口、加强控制入户的意见》，规定：按单位管理的户口，城区8个区只登记城市常住户口，远郊9个县只登记中央、市级区、县所属的工矿、企业、机关、学校的干部职工及其抚养家属的城市常住人口。同年12月6日，北京市公安局下发了《关于加强和改进户口登记管理工作的意见》（以下简称《意见》）。《意见》提出：遵照按户口供应粮食的原则，为便于户口和粮食的统一管理，原则上以常住户口为准，户口在哪里，粮食关系在哪里；凡申报迁入、出生登记的，应先办户口手续，后办粮食关系；凡申报迁出、死亡、逮捕等转移、注销户口的，则应先办理粮食转移、注销手续，后办理户口手续。

1964年3月3日，北京市公安局针对本市远郊县村庄分散，交通不便，群众申报户口困难的状况，下发了《关于远郊区县派出所建立户口登记站的通知》，同意各县局可在距离派出所较远的公社，选择适中的地区建立户口登记点。随《通知》下发的还有户口登记站《常住户口申报登记制度和手续》的规定。

（2）户籍制度的曲折发展阶段（1966～1976年）

"文化大革命"期间，本市户籍管理工作一度松弛，出现混乱现象。1967～1969年的户口统计年报中断了3年，人口登记工作处于瘫痪状态。直到1970年"抓革命，促生产"，形势略有好转后，人口登记工作才有了一定程度的恢复。

1972 年 10 月至 1973 年 3 月，全市开展了核实户口和更换派出所户口底簿的工作，共查出入伍、出国、逮捕、死亡、失踪等该销未销的户口 15763 人，查出漏登报的 678 人。为此，北京市公安局于 3 月 26 日发出《关于严格执行户口注销制度的通知》。

1975 年 5 月至 9 月底，全市居民户口簿进行了更换。共更换 127 万余户，550 万余人。工作中查出影响人口统计数字的差错 2450 件，更正了姓名、性别、年龄、籍贯、民族等 5 个主要登记项目的差错 91011 件。与此同时，全市共重新建立人口卡片 400 万张，使人口卡片查中率由 50% 提高到 80%。

（3）户籍制度改革破冰（1978～1984 年）

1978 年改革开放之后，在市场化、工业化的推动下，一方面城市由于经济发展的需要产生了对大量劳动力的需求，另一方面由于农村家庭土地承包经营制度的实施和政策放宽的影响，产生了农村劳动力向城市转移的现象。国家对此现象有所鼓励，出台了多项"农转非"政策，开始逐步调整和改革户籍制度。1980 年，公安部、粮食部、国家人事局联合颁布了《关于解决部分专业技术干部的农村家属迁往城镇由国家供应粮食问题规定》，突破了对农–城户籍转化的严格控制，在"农转非"政策的执行上表现出一定程度的松动：如明确科技骨干、煤矿井下职工、三线艰苦地区职工、部分边防军官的农村家属等可以在原籍转化为城镇户口；对"农转非"的控制指标，由不超过当地非农业人口的 1.5‰，提高到不超过农业人口的 2‰ 等（殷志静、郁奇虹，1996）。

同时，由于经济体制改革的逐步推行和完善，加上政策引导，乡镇企业快速发展。大批农民及其家属开始到集镇务工经商，并迫切要求在集镇落户。为了满足这部分人的要求，同时为了促进集镇发展和加强集镇户口管理，1984 年 10 月 13 日，国务院颁布了《关于农民进入集镇落户问题的通知》，要求公安部门准予符合条件的到集镇务工、经商的农民及其家属转为非农业人口，落集镇常住户口等。条件包括在集镇有固定住所，有经营能力，或在乡镇企事业单位长期务工等，并要求自理口粮。

这一政策转变使得农民初步取得了进入集镇的权利，是我国户籍制度的一项重大突破。尽管户籍制度的改革还是局限在县以下小集镇层面，县城和城市的户籍制度依然没有丝毫松动，但这已经引发小城镇户口买卖的热潮与政策的反复尝试。

（4）试点小城镇户籍制度改革（1985～1992年）

一方面，随着小城镇户口买卖热度的上升，1992年5月4日，经国务院办公厅同意，公安部下发了《关于坚决制止公开出卖非农业户口的错误做法的紧急通知》，8月31日，中央办公厅与国务院办公厅又联合发文《关于立即制止出卖非农业户口的紧急通知》，强调对各地卖户口政策要采取急刹车，要求对已出卖的非农业户口一律予以注销，在原常住户口所在地恢复农业户口，并做好各项善后工作。但几乎是与此同时，1992年8月，公安部拟制了《关于实行当地有效城镇居民户口制度的通知》，决定在小城镇、经济特区、经济开发区、高新技术产业开发区实行当地有效城镇户口制度，涉及对象为外商亲属、投资办厂人员、被征地农民。执行的办法是实行"蓝印户口"（由于"当地有效城镇居民户口"的户口簿印鉴为蓝色，故也称作"蓝印户口"），允许他们以"蓝印户口"形式在城镇入户，享受与城镇常住户口同等待遇。1992年10月，广东、浙江、山东、山西、河南、河北、福建等10多个省份先后开始试行此制度。这标志着我国的户籍准入制度拓宽到小城镇。这一制度有以下几个特点：一是入镇农民转变身份，成为新的城镇居民并与原有的城镇居民享有同等的权利和义务；二是农民入镇时要支付一定的建镇费、开发费等，即户口商品化；三是城镇户口不属于国家严格控制的农转非指标，只在当地有效，迁往其他城镇时不予承认。这一政策在全国掀起了买卖户口热潮，农民可以以4000元到数万元不等的价格购买小城镇户口。据有关部门估算，截至1993年底，全国大约有300万农民购买了小城镇户口，由此产生的收入达250亿元（刘军辉，2010）。

另一方面，随着市场经济的进一步发展，市场上的生活资料产品日益丰富，统购统销、供给（配给）的情况逐渐减少。1992年以后，各地相继开放了粮油价格，粮票、油票逐渐成为历史。1993年，北京市开放粮油价格，取消粮油凭票供应。6月9日，北京市公安局下发了《关于办理户口迁移不再查验粮食供应关系转移证明的通知》，并于1993年6月15日起执行。这样，国家对城镇人口提供商品粮、农副食品的压力消失，这为深化户籍制度改革创造了深刻的物质基础。

相比之下，就对人口迁移的影响力而言，市场经济与城市工业化的发展，尤胜政策层面的变动。经济发达城市，尤其是北京、上海这样的一线城市，流动人口不断增加，人户分离现象日益严重，一户一本的《户口簿》难以保证公民进行合法的社会流动。面对大规模的流动人口，公安部制定了《中华人民共和国居民身份证试行条例》，并率先在北京进行了试点。我国的居民身份证携带方便，不记载农业、非农业户口类型，突破了传统户口簿隐含的公民身份不平等的局限，这是我国人口管理制度的重大突破。同时，为了规范流动人口管理，公安部又颁发了《关于城镇暂住人口管理的暂行规定》，规定明确对暂住时间拟超过 3 个月的 16 周岁以上的人员，可申领《暂住证》，开启了我国对流动人口的暂住证管理制度。

另外，随着流动人口的增加，对户口管理的信息化要求进一步提高。1995 年，北京市城近郊 9 个公安分局的 128 个户籍派出所实现了计算机管理户籍资料及使用计算机前台办公，远郊县公安局部分派出所也开始使用计算机管理人口信息。截至当年底，全市人口卡片达到 1800 万张。

（5）深化户籍制度改革（1993～2005 年）

1993 年 9 月，根据中央关于重视小城镇建设的精神，国务院着力研究小城镇户籍制度改革方案。1995 年 7 月 1 日，国务院正式批准了《小城镇户籍管理制度改革试点方案》。1997 年 7 月，国务院批转公安部《小城镇户籍管理制度改革试点方案》。方案允许已经在小城镇就业、居住并符合一定条件的乡村人口在小城镇办理城镇常住户口。同时，继续严格控制大中城市人口数量的增长。

与 1984 年国务院颁布的《关于农民进入集镇落户问题的通知》相比，1997 年的《改革试点方案》明确提出农民可以进入小城镇（含县级市和建制镇）。但小城镇落户仍然存在着一些限制，包括：农民进入小城镇必须购买商品房或有合法的自建房，实际上筑起了一道经济门槛；农民落户小城镇必须首先将承包地和自留地无偿上交，使农民落户城镇的成本和风险大大增加，许多人因此放弃了落户选择。所以，尽管《改革试点方案》是一项户籍制度的重大突破，但实际效果并不理想。1997 年，城镇人口比重由 1996 年的 29.37%上升到29.92%，仅增长了 0.55 个百分点，距离政策设计者一年 1 个百分点的目标差距较大。而且 1998 年，城镇人口比重仅增长了 0.48 个百分点，增长乏力显现。究其原因，除了由于经济形势不景气，农民城镇就业受阻之外，户籍制度改革设计也是原因之一（张雷，2009）。

针对上述问题，1998 年国务院转批了公安部《关于解决当前户口管理工作中几个突出问题的意见》，对当时的户口管理做出了"四项改革"：一是实行婴儿落户随父随母自愿的政策；二是放宽了解决夫妻分居问题的户口政策；三是对男性超过 60 周岁、女性超过 55 周岁，身边无子女，需到城市投靠子女的公民，可以在其子女所在的城市落户；四是在城市投资、兴办实业、购买商品房的公民及随其共同居住的直系亲属，准予在该城市落户。与 1997 年《改革试点方案》相比，《意见》进一步放宽了农民进城的条件，主要表现为：一是不再强调中等城市需要限制落户数量；二是不再提出进城落户农民必须先交还承包地和自留地。

2000 年 6 月 13 日，中共中央、国务院下发了《关于促进小城镇健康发展的若干意见》，规定"从 2000 年起，凡在县级市区、县人民政府驻地镇及县以下小城镇有合法固定住所、固定职业或生活来源的农民，均可根据本人意愿转为城镇户口，并在子女入学、参军、就业等方面享受与城镇居民同等待遇，不得实行歧视性政策"。上述政策的出台和实施，在一定程度上促进了城乡劳动力资源的合理流动。2001 年 3 月 30 日，国务院转批公安部《关于推进小城镇户籍管理制度改革的意见》，小城镇户籍制度改革开始全面推进。

2000 年之后，各城市为了吸引人才纷纷放宽了对人才落户的控制。然而，2004 年，特大城市转而开始严格控制户籍指标，大幅度减少落户人数，所需费用也相应上涨。2005 年之后，相关政策又出现松动，呈现一定的反复。

四 北京市暂住人口登记管理制度沿革

暂住证制度是伴随着我国工业化、城镇化的发展和人口流动规模增大，为了加强流动人口管理而产生的制度。暂住证是公民离开常住户口所在地的市区或乡、镇，到其他地区暂住的证明。暂住人在暂住地办理劳务许可证、工商营业执照等证明时应当出示居民身份证和暂住证。北京作为首都，在常住户籍人口管理之外，较早建立了暂住人口登记管理制度。随着流动和暂住人口的增加，通过不断实践，于1986年开始实施外来人口《暂住证》管理制度，逐步健全完善了暂住人口登记制度。但暂住证制度带来的高额行政收费、蛮横的暂住证检查制度以及收容遣送制度等问题逐步突显，全国上下对暂住证的合理性和正当性出现了争议。以下就新中国成立后北京市的暂住人口登记制度沿革做一简介。

（1）暂住申报制度的形成（1949～1958年）

1949年11月6日，北京市人民政府颁布的《北京市民申报户口规则》第三条规定："凡非北京市或在北京市有户口而非本户之人，来户内住宿三日以上者，应由户主于即日持户口簿申报登记，离去时即日申报注销……"第五条规定："凡旅栈、客店之住客，应由经理人于每日就寝前向该管片公安派出所呈送旅客循环登记簿及统计日报表。"全市各派出所均设有《留客登记簿》，凡市民住家中之来客，派出所要在《留客登记簿》和市民《户口簿》上进行登记，走时注销，同时每日对旅栈、客店送来的《旅客循环登记簿》和统计报表进行审核。

1952年，北京市公安局为贯彻公安部颁布的《城市户口管理暂行条例》，制定了《北京市户口管理实施细则》。对暂住人口管理增设了《医院住院病人登记簿》，由医院负责登记，每日将出入院及原住人数向派出所报告。并在机关、团体、学校等单位户内建立了暂住人口登记制度，由各单位负责进行登记。各派出所按此规定，在各有关单位建立了初步的暂住人口登记制度。1952年5月，北京市公安局制定的《管理修建工地户口暂行办法》规定：工地来的暂住人口，由工地负责在《修建工地户口簿》上进行登记，每日送派出所审核。

1953年2月，各派出所按照北京市公安局《办理户口申报工作程序》第二条规定，对落脚在居民户口中的暂住人口，除在《留客登记簿》和市民《户口簿》上登记外，还在《户口登记表》来客住宿栏内进行登记。1953年北京市公安局治安处通知各派出所，从本年6月20日起，对居民中由外省市来的暂住人口，仍按上述规定登记、统计，对市内的流动人口在《留客登记簿》上不再作登记、统计。但为掌握各户主要社会关系，只在《户口登记表》和市民《户口簿》上进行登记。

1954年5月，按北京市公安局规定，对医院、公共、工地户的暂住人口仍由各户负责登记，并每月向住地派出所报送《暂住人口统计月报表》。

1957年，北京市公安局规定自本年1月1日起，各派出所只对由外省市来的暂住人口进行登记，将《旅客循环登记簿》改为《旅客登记簿》，不再送派出所审核，每月将旅客情况填写《情况统计月报表》报送派出所。

1958年全国人大常委会颁布《中华人民共和国户口登记条例》，其中第十五条规定：公民在常住地市、县范围以外的城市暂住三日以上的，以暂住地的户主或本人在三日内向户口登记机关申报暂住登记。这标志着暂住申报制度上升到全国范围，成为国家级别的法规。

（2）暂住证制度的逐步形成（1958～1986年）

1963年11月14日，北京市公安局制定了《关于进一步加强远郊农村暂住人口管理工作的实施办法》。规定在暂住人口登记中，除农户中从外省市来的直系亲属和16周岁以下的儿童可不进行登记外，其余外地来北京市人员，由生产大队或生产治保会主任、委员或户籍员负责登记工作。设有公安派出所的，由派出所负责登记。公共户由单位人事保卫部门或指定专人负责登记。

1966年"文化大革命"后，暂住人口登记管理工作受到破坏。原设置的"户口箱"不再使用，暂住人口的登记工作交给居民委员会负责，派出所只是在每月末统计一下数字，放松了管理。

20世纪80年代，出现了全国范围内的人口大流动。外地来北京市和北京市远郊区县进入城镇从事务工、经商等活动的人员大量增加。原有的暂住人口登记制度已不能完全适应新形势的需要。1981年，北京市公安局开始加强对暂住人口管理问题的调查研究。

1985年公安部制定《关于城镇暂住人口管理的暂行规定》：对暂住时间拟超过三个月的十六岁以上的人须申领《暂住证》，开启了以暂住证管理流动人口的时代。1986年1月1日起，北京市对外地来京的暂住人口实行《暂住证》管理制度。外地来京暂住人员，凡年龄在16周岁以上（含16周岁），暂住期拟超过 3 个月的，应在 15 日内向暂住地公安派出所申领《暂住证》。申领暂住证的范围是：①来京从事建筑工程施工人员；②经批准来京从事商业、饮食业、修理业等第三产业的个体户；③外地与北京联营或来北京市独资经营企事业的从业人员；④受聘来北京市的科技人员、临时工、合同工；⑤保姆；⑥借读和培训进修人员；⑦借调人员；⑧采购、推销洽谈贸易等业务人员；⑨来京进行科学研究、技术协作人员；⑩投靠亲属人员；⑪养病、治病及随行护理人员；⑫其他应申领暂住证人员。

1986 年实行《暂住证》管理制度后，暂住人口领证人数大幅度增长。1986 年 318444 人，占暂住人总数的 52.02%；1989 年 429875 人，占 66.46%；1993 年 636042 人，占 73.92%；1994 年 794058 人，占 77.42%。通过实行暂住证管理，进一步严格了户籍管理制度，使暂住人口管理逐步走上了法制化、规范化的轨道。

（3）暂住证制度的存废之争（1987~2005 年）

1995 年，公安部又发布了《暂住证申领办法》，对暂住证的适用范围、暂住证的登记程序、暂住证的申领人员以及申领程序都做出了明确的规定，暂住证制度进一步规范化。

2003 年，孙志刚事件①之后，暂住证制度引起了全国争议，对未持有暂住证的流浪乞讨人员的收容遣送制度被终止。2003 年，全国一些城市，包括辽宁省沈阳市、浙江省德清县、安徽省芜湖市、湖北省武汉市相继停止了暂住证制度。

2005 年 12 月，全国率先宣布废除暂住证制度的沈阳市公安局表示将于 2006 年恢复暂住证制度。北京市人民政府法制办和北京市公安局等部门明确表示，暂时不会取消暂住证制度。暂住证制度由于在流动人口管理、维持社会秩序、计划生育管理等方面起到了积极效果，将在一段时期内持续下去。然

---

① 2003 年 3 月，湖北籍大学生孙志刚在广州打工期间因没有"暂住证"，被执法机关以"三无人员"为由拘禁收容，后被中山医学院鉴定中心定为"大面积软组织损伤致创伤性休克死亡"。孙志刚的死引发全国的声讨浪潮。贺卫方、盛洪等著名法学家以中国公民的名义，联名上书全国人大常委会，就孙志刚案及收容遣送制度实施情况提请启动特别调查程序。同年 6 月 20 日，中国政府颁布新法规，同时废除了"收容遣送制度"。

而，暂住证制度改革将朝着人性化目标发展，暂住证制度由治安管理功能转向社会管理和公共服务功能的转化也在不断探索之中。

五　户口迁移管理

户口迁移是指国内常住人口改变居住地和住所，跨越一定的行政辖区，将户口迁往他地注册落户的一种人口迁移。户口迁移大体分为户口的迁入和迁出两项，具体又可以分为市内的迁出迁入、外地迁入与迁往外地。市内迁出迁入是户口在本市内部的移动，居民可直接到户口登记地户籍派出所办理。新中国成立以来，北京市户口迁移经历了不同的政策阶段。

（1）外地迁入本市的户口管理：以控制城镇人口增长为特征

凡是从国外、境外、外省市迁入北京的常住人口都属于市外迁入。1949年11月至1953年初，市外迁入户口只要本人拟在北京长期居住，并持有户口迁移证件，即可入户登记为常住户口。对外省市无迁移证但计划在北京长期居住的，由公安派出所审查核实，允许取保入户；1953年2月，北京市取消了无证入户的规定。

1954年6月，北京市公安局决定："暂住人口连续在本市居住三个月以上，提出常住者均应促其入北京市正式户口即常住户口，办理迁入手续。其中由其他城市来京者应索要迁移证。由农村来京而确已就学、就业以及有可靠生活来源者，即准报正式户口，事后函告原地注销户口。对盲目流入城市的农民，应协助有关部门动员其回乡生产。"

1954年5月与12月，北京市公安局下发《关于户口管理的几项补充规定》和《关于控制新迁入人口入户问题的几点补充说明》，初步规范了外地迁入北京的入户标准和手续。两份《说明》都明确规定了各单位党委、公安分局、县公安局的审批权限，要求各单位、公安局、公安分局、派出所严格按照规定执行，开始显露出抑制外地人口迁入北京市的态势。然而，最初执行力度比较有限。

1957年8月，北京市公安局制定《控制入户内部掌握标准和手续的一些规定》，同年12月，又对《规定》做修改补充。这份《规定》经中共北京市委批转北京市各党政机关、企业、学校、人民团体贯彻执行。

1960 年 10 月，中共北京市委批准北京市公安局制定的《关于控制入户的意见》，进一步严格控制外地人口入户的基准与手续。具体可以归纳为五条：一是首次对干部、职工调动，学生就学的入户标准作了规定，审批手续更加严格；二是不论是外地农业人口迁入本市，还是本市农业人口，原则上都不批准转为本市非农业户口，特殊情况需经北京市公安局审批；三是首次规定外地农业人口来京入农业户口的人员，只准许外地农村妇女与本市农民结婚的方可入户；四是对外地精简来京和本市精简去外地被拒绝接收的人员，暂时不予入户；五是详细规定了入户审批的权限，凡在京申请入户的人，由派出所受理，上报公安分局或者县公安局，由主管局长审批，特殊情况需报市公安局户籍处审批。

1964 年 8 月，北京市根据公安部《关于处理户口迁移问题的规定》（草案），提出具体贯彻实施的意见，严格入户审批权限，坚持两级审批制度，进一步收紧外地迁入人口的入户规定。

1973～1976 年，北京市公安局陆续就知青病退、困退、返城、下放干部回调、军人转业复员、学生就学、遣送倒流回京等类别人口的入户问题做了细致的规定与修改。

1977 年 12 月 9 日，北京市革命委员会转发《国务院批转公安部关于处理户口迁移的规定》，这份文件对户口迁移标准与审批权限做了较为具体的规定。

1978 年 9 月，北京市公安局印发了公安部《关于户口迁移问题的解答》等文件。1979 年 1 月，北京市公安局颁发了《关于简化改进户口审批手续的通知》，4 月制定了《关于处理人民群众申请入户材料的具体规格要求》（试行），12 月又制定了《关于控制入户若干问题解答》，加强了对迁入人口入户的控制。1979 年 8 月，北京市革命委员会根据国务院批准的公安部、粮食部《关于严格控制农业人口转为非农业人口的意见报告》，决定从 8 月 8 日起，将进京户口的审批权限放回各单位，北京市公安局把关审查。1979 年 10 月 13日，北京市知识青年办公室发出《关于改变下乡知识青年病退、困退审批权限的通知》，《通知》规定北京市下乡知识青年因病退、困退回京落户，由原来的区县知青办改为市知青办审批。总而言之，1978～1979 年，因为大批科技文教人员、干部职工（包括家属）回调、知识青年返城、军人复员转业、冤假错案平反等，北京市迁入人口大大超过之前的数量，1978 年为 14.7 万人，1978 年 19.2 万人。

1982 年 4 月 10 日，北京市政府转发国务院《关于严格控制农村劳动力进城做工和农业人口转为非农业人口的通知》；1982 年 5 月 1 日，北京市政府转发国务院《关于严禁在招收、调配职工工作中搞不正之风的通知》。根据以上文件的精神，北京市公安局着重加强了审查把关工作，再次严格控制外地迁入人口的规模。1980～1990 年，北京市每年平均迁入人口保持在 10 万人左右；同时北京市控制人口入户工作在标准、程序、审批制度等方面日渐完善，向规范化、制度化逐步迈进。

1994 年 3 月，北京市公安局转发公安部《关于办理出国留学人员户口登记问题的通知》；1994 年 9 月 8 日，北京市第十届人大常委会第十二次会议通过《北京市征收城市容纳费条例》，将本市迁入人口的增长纳入本市国民经济和社会发展计划，凡是经过主管机关依照本市户口条例政策，批准迁入本市的常住人口，按标准征收城市容纳费。

1999 年，实行积极落实首都人才引进战略，北京先后出台一系列户籍改革政策，为各类人才和投资创办企业人员办理了进京户口，户籍迁移人口总量增长。

2002 年按照人才政策办理进京户口 10.1 万人，占全市户籍人口增长的 8.15%。北京吸引人才落户政策有结构上不合理之处。从统计数据上可见，人才引进表现为"一高三低"，即非北京生源的毕业生所占比重高、来京投资创办企业人员比重低、留学回国在京创业人员比重低、高级专业人才比重低。在引进的人才中，非北京生源毕业生 7400 人，占人才引进总数的 72.94%；为符合外地来京开办私营企业人员办理进京户口 35 人，占 0.34%；为持中国护照的留学人员来京创业者办理进京户口 434 人，占 4.28%；为高新技术企业、民营科技企业和跨国公司地区总部及其研究开发机构申请引进的人才办理进京户口 2276 人，占 22.44%（冯晓英，2004）。

（2）本市外迁户口的管理：政治动员为主要驱动力

1949 年 10 月 28 日，华北人民政府批转《北京市移民察北办法》，北京首次开展迁民工作，各公安派出所和民政部门对辖区内无业、失业且原籍不清或不愿回归原籍的人员，动员他们迁往察哈尔、绥远省。至 1951 年，这次移民共迁出人口 0.88 万人，收效甚微。

1951~1953 年，北京市第二次迁民，向宁夏回族自治区迁民 0.13 万人。

1955~1956 年，向甘肃、青海两省共迁民 1.66 万人。

1957 年 7 月，北京市人民委员会主持成立了"北京市人口办公室"，负责动员闲散人口返乡生产，各区人民委员会、街道办事处、公安派出所也成立了"人口办公室"或"人口工作组"，在全市开展动员还乡工作。据统计，仅当年动员还乡生产的迁出户口就达到 17 万之多。同年 12 月，北京市人民委员会责成公安局、劳动局、民政局、粮食局组成联合办公室，开展经常性的动员工作。1956~1957 年两年期间，北京市因还乡生产外迁的人口达到 45.5 万人。

1960 年，北京市执行国家关于调整、巩固、充实、提高的八字方针，精简职工，压缩城市人口。

1965~1969 年，在驱逐体制外闲散人员与外调体制内职工双项政策的驱动之下，5 年之间北京迁往外地的人口达到 91 万人，这是北京市自新中国成立以来迁往市外人口的高峰期。

1972 年 4 月，北京市公安局军管会在给中共北京市委的《关于户口管理工作中两个问题的请示报告》中指出，一些外迁单位和调出本市人员长期不迁出户口。根据对 15 个单位的抽样统计调查，已经调出北京市的 3.6 万人之中，没有迁出户口的达到 3.5 万人。1975 年，北京市公安局根据北京市委指示，对西城、宣武、朝阳、海淀、门头沟等 5 个公安分局进行调查，外迁单位与外调人员没有迁出户口的有 2.1 万人。1975 年 5 月，北京市全市更换户口，北京市革命委员会决定：这批外调人员户口未迁的，一律不给更换新的居民户口簿或户口卡。当时，全市未予更换的人数共有 2.8 万人。

1978 年 10 月，中共中央 58 号文件指示："对于调往外地工作户口仍然留北京的人员，有关单位动员他们尽快迁出户口，否则应按规定期限迁走，注销户口。"当时因为涉及面太广，规定没有真正落实。1980 年，中共中央 48 号文件与国务院 277 号文件重申并强调了 58 号文件的精神，据此 1981 年 11 月北京市公安局向中共北京市委提交了报告，没有批文，这个问题就逐渐成为北京市人口管理的老大难问题。

1990年全国第四次人口普查时，北京市共有已经离京工作一年以上的常住户口2.9万人，其中一部分是1975年更换户口簿和户口卡的人员，另一部分是改革开放之后，常住人口前往外地务工、经商或调往经济特区工作的人员。

进入90年代以来，随着小城镇落户政策的试点和全面实施，以及高等院校扩大招生，北京的户籍净迁入人口呈平稳增长态势，2000年以后，户籍迁移人口更是进入一个较快发展阶段。20年间北京净迁入人口170余万人。总体来看，进入市场经济以后，原计划经济时代的行政色彩日益淡薄，北京的外迁户籍人口呈现远远小于迁入户籍人口态势，人口"只进不出"的局面还会维持一个较长的时期。

六　居民身份证制度

身份证制度是国家管理和社会管理的重要手段，是当今世界各国所普遍采用的法律制度。居民身份证是根据国家法律规定，对本国公民统一颁发、公民个人持有的具有证明公民身份效力的法律证件。我国居民身份证制度确立于20世纪80年代。公民在国内迁移过程中，户籍迁移手续相当烦琐，而居民身份证则不必更换，便于携带。随着我国人口流动和变动越来越频繁，居民身份证制度既方便了群众，又使人口管理能够及时有效进行。北京是我国身份证制度的先行城市。

1. 北京率先全国实行居民身份证制度试点

实行居民身份证制度是全国户籍管理工作的一次重大改革，也是北京市户籍管理工作的一大进步。北京市是全国第一个居民身份证的试点城市，因此北京居民身份证管理工作的不断规范与健全过程集中体现了这项工作的成就与艰辛。

早在20世纪50年代，我国就曾组织研究、筹划实行居民身份证制度的工作，后来因各种缘由未能落实。1978年，党的十一届三中全会以后，改革开放不断深入，人们在政治、经济和社会生活各方面的交往活动日益增多，同时随着社会主义法制的不断健全，要求证明公民身份的事项大量增加。然而，当时可用于证明身份的证件有户口簿、工作证、学生证、介绍信等，其中工作证、学生证、介绍信种类繁多，没有统一格式，容易被伪造、顶替，而且不具备证明公民身份的一般法律效力；而一户一本的户口簿，只限于当地使用，不便携带，已经与广大人民群众正常活动的需要大大脱节。为了适应我国政治、经济形势发展，更好地保障公民的合法权益，维护良好的社会治安，国家已经有必要统一颁发具有普遍法律效力的居民身份证件。

1983 年 5 月 9 日，公安部党组向中共中央提交《关于加强和改革公安工作的若干问题》的报告，报告正式提出"提请国家立法，实行公民证制度"的建议，并随即得到中央批准。1983 年 5 月 28 日，报告以中共中央文件的名义转发；1984 年 4 月 6 日国务院批准了公安部《关于颁发居民身份证若干问题的请示》，并发布《中华人民共和国居民身份证试行条例》。随即，北京、上海、天津等大城市先后开始逐步试行身份证制度，其中北京作为第一个试点城市，工作取得相当成绩。

2. 北京实行居民身份证制度的历程

作为《试行条例》发布后的第一个试点城市，北京从 1984 年 5 月上旬开始，在东城区朝阳门、宣武区天桥、朝阳区八里庄和顺义县杨镇两个乡展开颁发居民身份证试点工作。在条件非常困难的情况下，试点区域工作人员以人工整理与手工填写的方式，于 1984 年 8 月 30 日，完成了全国第一批居民身份证的发放工作。

1985 年 9 月 6 日，中华人民共和国全国人大常委会第 12 次会议批准颁布《中华人民共和国居民身份证条例》[①]，条例中规定所有年满十六岁居住在中华人民共和国境内的中国公民（除服现役的人民解放军军人、人民武装警

[①] 2003 年 6 月 28 日，全国人大通过《中华人民共和国居民身份证法》，代替了《中华人民共和国居民身份证条例》。《中华人民共和国居民身份证法》扩大了证件发放范围，法律规定现役的人民解放军军人、人民武装警察，可申领居民身份证；未满 16 周岁的公民，也可以根据自愿申领居民身份证。法律确立了第二代身份证的设计方向：居民身份证具备视读与机读两种功能。这样可以适应人口信息化管理的需要，有效防止伪造、变造，并便于查验、核查和真伪鉴别。《中华人民共和国居民身份证法》自 2004 年 1 月 1 日起施行。

察、依照法律正在服刑的犯人和被劳动教养的人员之外）都应当申领居民身份证。

根据《中华人民共和国居民身份证条例》，北京市政府于 1986 年 5 月 16 日公布了《北京市居民身份证使用管理暂行规定》（1986 年 7 月 1 日起实施）。《规定》指出，市公安局是本市居民身份证管理的领导机关，各分（县）局是居民身份证的签发机关，各公安派出所负责具体办理居民身份证的日常管理工作；凡有本市常住户口的居民申请领取居民身份证，或者申请补领、换领新证的，应向常住户口所在地的公安派出所履行申请领取手续。同年 10 月 20 日，北京市公安局制定了相应的《关于居民身份证管理工作试点办法》，作为居民身份证管理工作的基本依据与工作流程指导。

1986 年 11 月 28 日，公安部发布《中华人民共和国居民身份证条例实施细则》。自此，公安机关开始在全国范围内陆续依法发放和管理第一代居民身份证。几乎与此同时（1986 年 12 月），北京市基本完成了第一次集中制发居民身份证的任务；全市 16 周岁以上的常住人口，共计 7280181 人办理了居民身份证，占应办证人数的 96%。

1988 年 5 月 1 日，经北京市政府批准，北京市公安局户籍处居民身份证科改为北京市公安局居民身份证制作管理中心，全面负责全北京市的居民身份证制作与管理工作。

1995 年 7 月 1 日开始，全国统一使用新工艺印制居民身份证。新的居民身份证采用透视全息图像防伪。

1999 年 8 月 26 日，国务院做出《关于实行公民身份证号码制度的决定》，决定自 1999 年 10 月 1 日起在全国建立和实行公民身份号码制度。公民身份证号码是国家为每个公民从出生之日起编定的唯一、终身不变的身份代码。居民身份证编码由 15 位升至 18 位。建立和实行公民身份号码制度，是国家加强社会管理的一项重要基础建设，也是实现社会信息化管理的重要措施。

2003 年 6 月 28 日，第十届全国人大常委会第三次会议通过了《中华人民共和国居民身份证法》，将原居民身份证条例修改为居民身份证法，进一步完善和规范了现有的居民身份证制度，使居民身份证制度在社会管理和社会生活发挥更积极的作用（王姝，2003）。

参考文献

北京市地方志编纂委员会：《北京志·综合卷·人口志》，北京出版社，2004；《北京志·政法卷·公安志》，北京出版社，2003。

冯晓英：《深化户籍制度改革与北京人口管理》，《前线》2004 年第 5 期。

公安部三局：《罗瑞卿在全国治安行政工作会议上的总结报告》，载《户口管理资料汇编》第一册，1964。

刘军辉：《改革开放以来我国户籍制度改革研究》，首都经济贸易大学硕士学位论文，2010。

王姝：《从居民身份证法看我国身份证制度的规范与完善》，《吉林公安高等专科学校学报》2003 年第 4 期。

殷志静、郁奇虹：《我国户籍制度改革》，中国政法大学出版社，1996。

张雷：《当代中国户籍制度改革》，中国人民公安大学出版社，2009。

张英红：《户籍制度的历史回溯与改革前瞻》，《宁夏社会科学》2005 年第 3 期。

北京惠农政策与计划生育利益导向政策的协调性研究

尹德挺　苏 杨*

摘　要:

本研究旨在系统梳理近些年北京农村地区强农惠农政策对计划生育政策的冲击和影响程度,把握未来人口计生工作政策协调的重点和难点,并从政策制定和实施层面,有效建立惠民政策与计生基本国策的协调机制。本文的基本判断有以下几个。

第一,北京惠农政策与计生政策待协调问题涉及征地拆迁、农村集体资产配股、农村义务教育惠农政策、低保等若干领域。

第二,惠民背景下北京计生利益导向制度面临的重大挑战表现为:在政策制定环节,惠农政策的经济利益大于计生优惠政策,形成激励超生的利益导向;在政策实施环节,惠民政策的风险防范能力优于计生优惠政策,削减超生的现实成本;在政策保障环节,惠农政策的保障力度强于计生优惠政策,削弱了计生基本国策的执行效果。

第三,保持惠农政策与计生政策协调性的工作思路:树立"国策上位"理念,坚持计生基本国策不动摇;建立基本国策协调机制,在政策制定环节切实做到"以和为贵,兼顾优先优惠";建立健全人口计生利益导向政策体系,做好惠民政策与计生优惠政策的"加法";以人口计生网络为重要平台,推动基本公共服务体系建设,在公共政策的协同中切实解决民生问题。

---

* 尹德挺,北京市委党校社会学教研部副主任、北京市人口研究所副所长、北京人口发展研究中心副教授;苏杨,国务院发展研究中心社会发展部研究员。

关键词:

计划生育　基本国策　惠农政策　政策协调　北京市

一　问题的提出

西方发达福利国家大多经历了由"普惠性"向"普享性"与"选择性"并存型福利体系转变的过程。"二战"后,英国等发达国家在公共服务方面实行了"广覆盖、均贫富"的措施,虽大大缓和了当时资本主义社会劳资双方的矛盾,但几十年后,普遍患上了高税收、高福利、财政负担沉重、经济活力下降的"福利病",不得不纷纷着手福利制度的市场化改革,即在已完成基本公共服务均等化之后,转向强调效率、强调权利与义务对等的发展路径。然而,目前我国仍处于实现基本公共服务均等化的爬坡阶段,考虑公平必然要多过考虑效率——主观上更强调均等化结果的实现,而较少考虑实现手段及其连带效果;我国的政策过程还不完善,在政策的制定和实施环节,制度化程度略显不足,因此,在客观上也难以实现兼顾实施效果和谐、"副作用"少的政策协调。在我国,最先开始关注惠民政策对计划生育政策(以下简称"计生")不利影响的研究来自重庆和湖南两省市的政府领导干部。例如,重庆忠县2006年调查结果指出,在该县乌杨镇5所义务教育学校中,共有2231名非贫困学生享受义务教育阶段的"一免一补"政策,其中违法生育的子女竟达772名,占享受此项惠民政策总人数的35%(秦仕连,2006)。可见,此类惠农政策可能强化群众超生的"违规"导向,对现行人口政策产生冲击。

作为国际大都市,北京同样面临类似挑战。2012年,北京市常住人口为2069.3万,户籍农业人口仍有258.2万,占户籍人口总数的19.9%。随着诸多强农惠农政策的纷纷出台,自2006年以后,从北京人口计生工作第一线反馈回来这样的信息:旨在改善农民生活的多项普惠性惠农政策与计生政策存在政策协调问题——部分惠民政策要么彻底普惠,要么根据某项条件(大多是经济条件)进行筛选,基本未对受益人是否符合计生基本国策为标准进行资格认定,一些地方因此出现了"多生孩子多得益,不生少生要吃亏"的现实。

由于群众进行利益权衡后能够算出其中的得失，故容易诱发违法生育现象，直接影响计生利益导向政策的实施效果，给首都人口计生工作带来了新的难题。为此，2009 年，本课题组在北京市人口计生委的指导下开展了"农村改革发展和惠民政策对计生利益导向政策影响研究"，旨在系统梳理北京农村地区强农惠农政策对计生政策的冲击和影响程度，把握未来人口计生工作政策协调的重点和难点，从而从政策制定和实施层面，建立惠民政策与计生基本国策之间的有效协调机制。

二 北京计生利益导向政策的主要类别

2004 年以来，国家相继出台了以公共财政为主要支撑的农村计生家庭奖励扶助、少生快富工程和子女伤残死亡的计生家庭特殊扶助三项制度。北京市于 2007 年发布了《关于深入贯彻落实科学发展观统筹解决人口问题的决定》。该《决定》从首都实际出发，明确了新时期北京市人口计生工作的大政方针，规定到 2010 年，全市常住人口各级财政人口计生事业费投入不低于人均 30元。北京市认真贯彻落实这一系列民生政策，在中央确定的扶助标准基础上几度提高扶助水平，让计生家庭得到更多实惠。总结起来，北京针对农村计生家庭的利益导向政策主要分成三大类。

第一类是农村计生家庭奖励扶助政策和独生子女家庭奖励费。通过各部门的努力，北京市对农村计生家庭年满 60 岁的老人，奖励扶助标准由原来每年600 元/人的基数每年递增 5%，调整为 2008 年起每年补助 1200 元/人；此外，1991 年以后，北京市人大修改标准，规定子女 14 岁以前，奖励计生家庭每人每月 5~10 元的独生子女家庭奖励费。

第二类是子女伤残死亡的计生家庭特殊扶助政策。北京市加大了对独生子女死亡的家庭扶助力度，在中央 100 元/月标准基础上增加 100 元，对母亲年满 49 岁的家庭扶助标准增至 200 元/（月·人）；对于独生子女为国家三级以上伤残的家庭予以扶助，扶助标准是母亲年满 49 岁的 160 元/（月·人）。此外，自 2003 年起，发生意外死亡、伤残独生子女家庭，一次性给予补助不少于 5000 元。此标准会随着时间的推移而发生变化。

第三类是针对计生家庭的少生快富工程。北京市积极推行计生低收入家庭增收致富小额贷款贴息政策。2005 年由北京市人口计生委牵头，市财政、市农委、市农村信用合作社联合开展了"以 10 个远郊区县为重点，利用财政贴息贷款，资助 5000 户困难独生子女家庭发展生产"的活动，此次贷款总额达到 1 亿元。

三　北京惠农政策与计生政策协调性问题的主要表现

近些年来，北京市政府部门已为计生家庭建立了多层次、广覆盖、人性化的利益导向政策。同时，除计生政策之外，一系列惠农强农政策也陆续出台，其力度更大、覆盖面更广、影响力更深刻，在现实生活中造成了对计生利益导向政策不同程度的冲击。

（一）严重抵消计生利益导向政策效应的惠农政策

1. 征地补偿政策：按人头分配——家庭人口越多，补偿越大

随着北京城市建设的不断扩大，北京农村局部地区的征地补偿政策对北京市计生利益导向政策产生了明显冲击。

（1）政策冲突的表现

从征地补偿金额来看，若北京局部农村地区征地补偿政策不当，即按人头来分配征地补偿款，那么在北京多生一个孩子获得的征地补偿净利益就可能达到百余万元甚至几百万元，而在北京以外的省市，超生一个孩子获得的净利益（征地补偿减去社会抚养费）仅为几万元到十余万元。2010 年，北京市已启动 50 个重点村改造工作，涉及 9 个区，108 个自然村、管委会，面积约 85.3 平方公里，建设规模之大、任务之重、难度之大，在北京城市建设历史上前所未有。在未来数年，北京市将至少有分属 227 个行政村的 450 处自然村被改造和整治，总面积将达 753 平方公里。如果按人头分配土地补偿款的政策得不到有效监控，那么未来征地补偿对计生基本国策的影响将会进一步加大。

（2）调研发现

根据北京市政府批复的《关于北京市城市房屋拆迁补助费有关规定》，对于东城、西城、宣武、崇文 4 城区被拆迁户，其补偿低限按照经济适用住房均价和户均 30 平方米（合 10.5 万元）确定；加上相关补助费、奖励费，最低能补到 13 万~14 万元。海淀、朝阳、丰台、石景山 4 区的拆迁户补偿低限大约是 9.9 万元。在拆迁中，对于符合廉租条件的家庭，北京市提出"廉租还贷"政策，按 2 人户低于 13 万元、3 人户低于 16 万元、4 人以上户低于 18 万元的家庭补到上述的标准。不过，以上的补贴标准仅仅是北京拆迁补偿的最低限。在实际操作过程中，补偿的标准往往比这一标准高很多。课题组在丰台某乡、海淀某乡等地的调查中发现，房屋拆迁引发的政策冲突问题在北京部分农村地区和城乡结合部地区表现得非常明显。例如，北京某乡的几个村出现了一种房屋拆迁模式，即"开发＋改造"模式：小区开发与村委会完全脱钩，房屋拆迁由社会招标产生的开发商全权负责，小区开发商一家一户地与被拆迁户座谈。在涉及房屋拆迁补偿款时，通常按人头补偿，一个人大约能补偿 40~50 平方米的住房面积，折合百余万元，而在这些地区超生一个孩子所缴纳的社会抚养费仅在 10 万~30 万元，因此，多生一个孩子获得的净利益很高，这对于当地农民的诱惑力是巨大的。针对这种现象，当地乡政府呼吁，希望以后北京市级政府部门在涉及房屋拆迁改造、小区建设时，应该采取由区、乡政府组织，村委会参与管理的模式，坚决杜绝超生家庭享受额外福利待遇现象。总之，征地补偿政策与计生利益导向政策的协调工作，需要得到国土、民政等多个部门以及区县、乡镇等各级政府的密切配合。

2. 农村集体资产配股：按人头分配股权，侵害计生家庭的合法利益

在计划经济条件下形成的农村集体经济管理体制所固有的产权不清、所有者职能错位等弊端日益突出，农村经济管理权高度集中，少数村干部随意支配集体资产，侵害农民利益，引发诸多的矛盾和问题，这是农民群众上访、农村干部违纪、党群干群关系紧张的重要原因之一。因此，农村产权制度改革势在必行。产权制度改革就是将集体资产量化配股给农民，实行股份合作制，民主管理集体资产，还权于民，还钱于民。将集体净资产总额量化配股后分为两部分，30% 为集体股份，为社员共同共有，集体资产收益由集体资产管理委员会管理，主要用于集体事务管理费用开支和公益事业开支；70% 为个人股份，个人股份包括户籍股、劳龄股。

然而，在北京农村产权制度改革的试点过程中，我们在昌平区某村发现，部分群众反映多生孩子多得股份不合理。如果按户籍人口分配，那么超生的二孩家庭就多得了一个户籍股，这样，守法群众并没有真正成为改革的最大受益者，不利于广大群众自觉实行计生的信心和积极性，不利于实现农村改革与人口计生政策的有效衔接。

3. 农村义务教育惠农政策的影响：越生越穷越有利

（1）政策冲突的表现

在教育方面，国家从 2001 年起，逐步开始建立健全资助家庭经济困难学生就学制度，即贫困生"两免一补"（免学杂费、免书本费、补助寄宿生生活费）制度，非贫困生"一免一补"（免书本费、补助寄宿生生活费）。从 2006 年开始全部免除农村义务教育阶段学杂费的政策，在相当程度上降低了群众抚育子女的成本。由于享受政策的八类人群划分标准主要是"经济困难"，这样的惠农政策反而可能起到激励部分低收入家庭违"规"多生的效果。目前，享受此类政策的农村贫困学生多数来自双子女或多子女家庭，这种状况有可能形成对群众的误导：反正读书不要钱了，超生的孩子国家还要一视同仁地补助学费，违法比守法更划算。

（2）教育优惠政策的经费投入

为了贯彻落实国家出台的"两免一补"政策和"一免一补"政策，北京市政府在此领域投入了大量资金。

首先，北京农村义务教育公用经费补助逐步提高，生均经费补助接近 1000 元。随着教育教学改革的深入，为保证学校运转经费，北京市于 2007 年开始实施调整公用经费定额标准的方案：小学生综合定额部分由每年 220 元提高到 800 元，初中生的综合定额部分由每年 260 元提高到 900 元，新修订的公用经费标准增长比原标准提高 51%。调整后公用经费达标新增部分，对除东城、西城、朝阳、海淀外的区（县），由市级财政补助 30% ~ 50%。2007 年，北京市、区县两级用于义务教育的财政拨款达到 118.89 亿元，小学生均公用经费 2951 元，教育事业费 7316 元；初中生均公用经费 5018 元，教育事业费 10402 元。①

---

① 《北京市十三届人大常委会公报》2008 年第 5 号，http：//www.bjrd.gov.cn/27925/2008/12/04/243@23048_6.htm。

其次，随着教材费用的减免和各项补助的提高，北京义务教育阶段生均教材费达到300元，生活补助超过1000元。自2006年开始，北京所有小学和初中阶段的学生均可免交杂费和书本费等一切行政性收费，其中包括在校学生学习生活所必需的部分公共性杂项费用。2007年秋季开学，北京市做到了对全市公办义务教育阶段学校本市户籍学生全部免杂费，农村户籍学生免交教科书费；同时对山区学生、城乡低保学生、特殊教育学生、工读学校学生免收杂费、免收教科书费、免收寄宿生住宿管理费，每人每年提供300元学习补助和每人每年1000元寄宿生活补助。自2008年春季开学起，对本市10个远郊区县及朝阳、海淀、丰台三区的农村地区有本市城镇户口的义务教育阶段公办中小学学生免收教科书费，进一步扩大了"两免一补"的政策范围。至此，本市义务教育阶段学生全部免除杂费，农村地区学生免费提供教科书，对贫困家庭及农村户籍学生，在住宿生的住宿费、助学补助等方面，予以免除或补助。市、区县政府按照各负担50%的经费投入原则安排相应的补助经费，切实减轻了贫困家庭及农民负担。

再次，从义务教育阶段教科书费用总量来看，以小学阶段教科书价格200元/年、初中阶段275元/年计（北京市可大致推测小学阶段学年教科书价格为150~250元，初中为250~300元），北京市2010年义务教育阶段小学所需教科书总价为9600万元，初中为6600万元，共计1.62亿元（黄晓玲、齐树同）。

从目前调查的情况来看，投入大量教育经费来保障北京市属地范围内教育适龄人口的受教育权利，是一项重要的民生工程，但必须要注意此类政策的人群甄别标准——"家庭经济困难"产生对计生工作的干扰，避免因"家庭经济困难"指标造成对超生行为的激励，即出现越生越穷、越穷就越能享受更多教育优惠政策的局面。如果此类前置政策缺失，那么北京市政府在教育优惠政策上经费投入越大，引导育龄人口产生超生行为的诱惑力就越强烈。

4. 低保：覆盖面约为3%，每人年均2400元

2004年中央一号文件提出"有条件的地方，要探索建立农村最低生活保障制度"，2005年中央一号文件提出"有条件的地方，要积极探索建立农村最低生活保障制度"，《中共中央关于构建社会主义和谐社会若干重大问题的决定》提出"逐步建立农村最低生活保障制度"。从政策覆盖面来看，到2008年，北京市农村最低生活保障人数7.88万人[1]，占农村总人口的2.8%，而同年北京市农村地区享受计生家庭奖励扶助制度的人数仅为1.12万人，明显少于低保的覆盖面；从政策补贴力度来看，北京农村低保平均标准为每人每年2040元，月均170元，同时开展专项救助（认定标准为低保标准的1.7倍)[2]，这个补贴比例明显高于北京市计生奖励补助金（100元／（人·月））。由于目前很多的惠农政策都是针对低收入家庭或低保户，而按照目前的政策规则，超生人口越多，家庭的平均收入也就越低，就越可能成为低保户，并享受到来自低保政策、高于计生奖励补助金的优惠补贴。因此，在低端收入群体中，此类普惠性的惠农政策与计生政策的冲突表现得较明显。

（二）部分削弱计生利益导向政策效应的惠农政策

1. 新型农村合作医疗：2009年参合率95.67%。，超生户同等享受各级政府出资额

目前，北京新农合政策属于北京农村居民医疗报销的普惠政策。北京市13个涉农区县从2007年开始统一人均筹资标准，即2007年220元，2008年320元，2009年420元，2010年520元。在每年增加的100元中，政府投资为主的格局基本形成。2009年，北京市新型农村合作医疗共筹资11.9亿元，其中市、区（县）、镇（乡）三级政府筹资占筹资总额的85.7%。最近几年北京新型农村合作医疗参加比例不断攀升，参合率已经从2004年的74.69%上升到2009年的95.67%。

按照市区的要求，无论是计生家庭还是超生家庭，都有权享受这些政策。以2008年为例，每个人缴费320元，其中，市补105元、区补75元、乡补40元、村补40元、个人出60元。为体现国家改善民生的执政理念，从中央到北京市，对于新农合的参保率都有具体要求。对于北京市基层干部而言，

---

[1] 《北京市统计年鉴2009》。

[2] 北京市统计局、国家统计局北京调查总队编《2010北京市经济社会统计报告》，同心出版社，2010，第227页。

他们不仅要动员农村地区群众更大限度地参加新农合，以便达到中央和北京市给出的指标要求，而且他们还需要兼顾到对计生家庭的优先优惠，以利于未来计生基本国策的继续实施。在这样的双重压力下，北京市很多基层部门只能采用一些"土政策"来协调这样一对矛盾。以丰台区某乡为例，该乡为了体现计生家庭的优越性，一方面让计生家庭全部享受市、区、乡、村四级的优惠补贴政策，另一方面对于超生家庭，不取消参合的资格，但村里的补贴40元不得享受。可见，与教育政策类似，此类补贴政策在原则上并未依据是否符合计生政策而采取区别对待的政策，所以同样也容易形成对农民生育意愿的不利导向。

2. 新型农村社会养老保险：2008 年参保率 37%，超生户同等享受政府出资的基础养老金

北京市新型农村社会养老保险试行办法从 2008 年 1 月 1 日起施行。新农保制度在制度模式、待遇计发标准、缴费方式和城乡衔接上实现了创新。北京新型农村社会养老保险制度分为个人账户和基础养老金两部分，参保农民缴费满 15 年，除享受个人账户养老金外，2008 年还享受由市区两级财政进行补贴的每人每月 280 元的基础养老金待遇。[①]

实行新型农保制度后，2008 年将有 5.9 万人能领取每人每月 280 元的基础养老金，北京市、区（县）两级财政预计将支出 1.98 亿元。北京市符合参保年龄段的 134 万农村劳动力人口中，虽然目前只有 49 万人参保，农村养老保险覆盖率为 37%，但新型农保方案实施后，预计农村养老保险覆盖率将大幅度上升。北京市农村地区农民普惠性基本养老保险与计生政策的冲突，基本与新农合政策类似，即不分计生户还是超生户，都可同等享受到市区两级财政补贴的 280 元基础养老金。因此，就此冲突而言，基层部门强烈呼吁中央、北京市级政府部门在政策制定过程中，加强各项政策的协调与沟通，否则就可能在基层增加社会矛盾，影响社会稳定。

3. 减少结婚和离婚的审查环节：生育管理的监管力度明显削弱

在民政部门办理结婚、离婚等手续时，按照中央的要求，北京减少了相关

[①] http://ldjy.beijing.cn/shbx/ylbx/n214061665.shtml.

的资格审查，只需审查当事人的户口簿，而不需要当事人所在单位开具相关证明，这在很大程度上削弱了人口计生部门对人口生育管理的监督力度。在首都北京，有一种现象已不是个别特例，即部分人群通过利用结婚、离婚审查环节中的漏洞，寻找计划外生育的机会。这种因离婚后政府对其生育监管无力造成的超生问题，应该引起政府部门的重视。

4. 随父入户和非婚生育：与《北京市人口与计划生育条例》冲突

北京市公安局为贯彻落实公安部发布的数十项便民利民措施，结合首都具体的情况，也同样出台了若干便民利民措施。这些便民措施与人口政策的冲突主要表现在子女随继父是否允许转入北京户口、非婚生育的子女是否允许转入北京户口等若干方面。

在子女随继父随迁方面，2006 年北京市公安局对户口调入北京进行了三项调整，其中一项就包括 18 岁以下未成年人投靠继父的规定。规定指出，未成年人申请投靠继父在京入户条件调整为：继父与未成年人的母亲结婚三年以上；继父再婚前未生育或只生育过一个孩子；未成年人由母亲抚养已达三年以上，并须提供法院的判决书或经公证的离婚协议书，时间以法院判决生效或经公证的协议书公证日期为准。户口迁入者只需满足以上条件，即可将户口转入北京。此项政策的出台，进一步降低了外来养子女落户北京的门槛，但以上条款的部分内容，在尚未修改《北京市人口与计划生育条例》之前，北京市人口计生部门是不允许的。随着随父入户条件进一步宽松，随父入户的人口伺机迁入，这直接带来了人口机械增长数量的扩张。以海淀区为例，2006～2008年 3 年的机械增长率分别为 29.3‰、19.8‰和 26‰。

在非婚生育问题上，《北京市人口与计划生育条例》第 41 条规定：育龄夫妻一方或者双方为外省市户口，违反规定生育的，夫妻本人及其子女的户口不予批准进京，即夫妻一方或双方为外省市户口，其违法生育的子女（包括超生和非婚生育子女）均不允许批准进京。但是按照北京市公安局 2006 年新的规定（以海淀分局为例）——超计划生育、非婚生育婴儿等违反法律法规规定生育的，持婴儿出生医院填发的《出生医学证明》和婴儿父亲、母亲的《居民户口簿》《居民身份证》《结婚证》及婴儿母亲户口所在地计生部门开具的缴纳社会抚养费证明即可办理出生登记。非婚生婴儿同时提供亲子鉴定证明经派出所审批办理。因此，就目前情况来看，北京市公安部门出台的部分便民措施与 2003 年通过的《北京市人口与计划生育条例》存在一定程度的冲突，两者之间有待进一步协调。

5. 农转居：引发计生家庭全户丧失计生奖扶政策享有权

因城市建设征地，北京郊区很多农民突然间失去了土地，从农民转成了居民。据了解，在 2009 年前后，全市因占地转工自谋职业的农民有 10 万左右，并且随着土地的征用，此类群体的规模还将逐年增加。从长远的角度来看，"农转居"可以结束长期存在的工农差别，改变农民的社会地位，为农民子女升学和农村青年择业等创造更加宽松的发展环境，但调研中我们还发现，由于征地造成的"农转居"，引发了计生家庭全户奖扶政策享有权的丧失。

为了促进北京市农村人口与经济社会的协调发展，解决农村部分计生家庭的特殊困难，根据《国务院办公厅转发人口计生委财政部关于开展对农村部分计生家庭实行奖励辅助制度试点工作意见的通知》精神，北京市从 2005 年 1 月 1 日起在农村地区开始实行计生家庭的奖励扶助政策。此项政策只针对农业户口计生家庭，而北京市一些郊区乡镇，结合小城镇户籍政策，将部分村的农业户口转成了小城镇户口，一些计生家庭由"双农户"转成了"一农一居户"或"双居户"。按文件规定，农转居的城镇居民，只要家庭成员中有一人转成居民户口，那么全部家庭成员均不能继续享受针对农业户口计生家庭提供的计生奖励扶助政策（每人每年 1200 元）。然而，这些转居的农民只是在户籍性质上发生了变化，但他们依然居住在农村，就业劳动在农村，离土不离乡，离土不转工。这样一类计生家庭转居后，既不能享受农村的相关待遇，也无法得到城镇居民的应有待遇，成为了政策体系之外的第三类人。针对这类人群，出现了"政策真空"。从调研的情况来看，以丰台区王佐镇、花乡等地为代表的很多地方都面临大量的"农转居"人群，他们迫切需要相关政策的出台与支持。作为北京市政府部门，应该重视"农转居"计生家庭这类特殊群体的生活和养老问题，切实保障计生家庭的根本利益，否则既会影响北京城市化的进程，还会阻碍计生基本国策的进一步实施。

6. 外地流动人口子女就学机会均等：约三成学生为超生子女，66%在公办学校就学

从局部数据分析，有近三成在京流动人口子女属于超生子女。例如，以海淀为例，2008年，流动人口在海淀出生15286人，计生率仅为69.73%；其中，流动人口在海淀出生并在海淀居住的7963人，占出生总数的52.09%。随着义务教育优惠政策的推广，这些学生同样能够享受到北京义务教育方面的减免和补贴。虽然超生行为发生在学生的父母身上，不应由此而剥夺孩子受教育的权利，但倘若类似这样的政策冲突问题得不到更高层次政府部门的重视，那么基本国策在基层的权威性将会大打折扣，这对遵守基本国策的计生家庭而言，也是一种不公平。

截至2008年5月，北京市义务教育阶段共有40.5万流动儿童就读，其中66%（约26.6万）在公办学校。市、区县两级财政每年为此投入超过10亿元，主要用于免收借读费、支持自办学校改善办学条件等。下一步，北京市还将继续以公办学校接收为主，积极稳妥地做好来京务工人员子女在京接受义务教育工作。由此可见，义务教育的普惠性问题如果不解决，那么对计生基本国策的影响面将进一步扩大。

表1　北京市惠农政策与计生基本国策的协调性问题

政策大类	项目	责任部门	政策内容
促进农民增收的惠农政策	征地补偿	国土	人均增收200~300元，个别地区突破500元。在涉及房屋拆迁补偿款时，通常按人头补偿，一个人大约能补偿40~50平方米的住房面积，折合人民币百余万元。
	农村集体资产配股	乡村集体经济产权制度改革工作指导组、国土、农委等	在北京农村产权制度改革的试点过程中，部分群众反映多生孩子多得股份不合理。如果按户籍人口分配，那两个孩子的家庭就多得了一个户籍股。
	农转居	公安	全市因占地转工自谋职业的农民有10万左右。农转居的城镇居民，只要家庭成员中有一人转为居民户口，那么全部家庭成员均不能继续享受针对农业户口计生家庭提供的计生奖励扶助政策（每人每年1200元）。

续表

政策大类	项　目	责任部门	政策内容
改善公共服务的惠农政策	新型农村合作医疗	卫生	2009 年,北京市新型农村合作医疗共筹资 11.9 亿元,其中市、区(县)、镇(乡)三级政府筹资占筹资总额的 85.7%。参合率已经从 2004 年的 74.69% 上升到 2009 年的 95.67%。
	低保	民政	2008 年,北京市农村最低生活保障人数 7.88 万人,占农村总人口的 2.8%,农村地区享受计生家庭奖励扶助制度的人数仅为 1.12 万人;北京农村低保平均标准为每人每年 2040 元,月均 170 元,这个补贴比例明显高于北京市计生奖励补助金 100 元/(人·月)的标准。
	新型农村社会养老保险	人力社保	2008 年北京有 5.9 万人领取每人每月 280 元的基础养老金,市、区(县)两级财政预计将支出 1.98 亿元。虽然农村养老保险覆盖率仅为 37%,但预计农村养老保险覆盖率将大幅度上升。
	农村义务教育公用经费补助	教委	2007 年,小学生综合定额部分 800 元,初中生的综合定额部分 900 元,市、区县两级用于义务教育的财政拨款达到 118.89 亿元。
	教材费用的减免和各项补助		本市义务教育阶段学生全部免除杂费,农村地区学生免费提供教科书,对贫困家庭及农村户籍学生,在住宿生的住宿费、助学补助等方面,予以免除或补助。据测算,2010 年义务教育阶段小学所需教科书总价为 9600 万元,初中为 6600 万元,共计 1.62 亿元。
	流动人口子女就学		有近三成的在京流动人口子女属于超生子女。截至 2008 年 5 月,北京市义务教育阶段共有 40.5 万流动儿童就读,其中 66%(约 26.6 万人)在公办学校。市、区县两级财政每年为此投入超过 10 亿元。
优化社会管理的惠农政策	随父入户、非婚生育	公安	子女随继父、非婚生育的子女是否允许转入北京户口等问题与《北京人口与计划生育条例》存在冲突。
	取消强制婚检		婚检率显著下降,出生缺陷率呈现上升的势头。
	结婚、离婚无须出具单位证明	民政	在民政部门办理结婚、离婚等手续时,北京减少了相关的资格审查,只需审查当事人的户口簿,而不需要当事人所在单位开具相关证明。这在很大程度上削弱了人口计生部门对人口生育管理的监督力度。特别是政府对离婚后个人的生育行为控制无力容易造成超生问题。

四 惠民背景下未来北京计生利益导向政策面临的挑战

近些年来，在以北京市人口计生委为代表的多个部门努力下，北京市普惠性政策与计生优惠政策的衔接问题已经取得了一些可喜的突破。例如，昌平区政府在推行农村集体产权制度改革中，特别设立独生子女股，保障农村独生子女家庭在分配集体资产时，可多享一个户籍股的政策。在此基础之上，经北京市人口计生委的争取与协调，北京市政府出台了两项政策文件，其中就增补了有利于计生家庭的规定：一个是关于农村产权制度改革的文件，要在村民委员会讨论的基础上，增加照顾计生户的股权；另一个是关于最低生活保障的文件，要适当增加计生户的保障金额等。然而，从全市的整体情况来看，形势仍不容乐观，惠农和计生政策的衔接在政策制定、政策实施、政策保障等具体操作过程中遇到了多方面的困难，这给未来北京计生基本国策的实施带来巨大挑战。

（一）政策制定环节：惠农政策的经济利益大于计生优惠政策，形成激励超生的利益导向

近年来出台的农村合作医疗、公共建设征地补偿等一系列惠农强农政策，大多是面向全体农村居民、不附加任何前置条件的普惠，并通常以现有人口为基数来计算补偿金额，这给农民带来了显著的收入。然而，包括计生奖励扶助金、独生子女父母保健费以及计生家庭特别扶助资金等在内的计生优惠政策，其年龄指向性较强，前置条件较多，补偿标准低且长期保持不变，起不到明显的保障功能。

以计生奖励扶助制度为例，此项政策仅针对年满 60 周岁以上的农村独生子女家庭户，每人每年发放 1200 元，其覆盖面与其他惠农政策相比明显偏低。例如，2000 年，顺义区全区农村家庭户 135649 户，而农村独生子女户 53485户，即仅有不到 40% 的农村家庭户能够享受到计生的奖励扶助政策。由于计生家庭能从计生优惠政策中享受到的经济奖励相对有限，因此，在惠民政策实施以后，计生家庭的比较优势逐步丧失，部分农民宁愿放弃计生奖励而去追求

更多的来自惠民政策的补偿收益，这在很大程度上刺激了农民违法多育子女的行为，抵消了计生奖励效益，在部分农村地区形成了计生户政治上光荣，经济上得不到足够实惠的尴尬局面。目前，按人头平均分配的惠民政策已经直接影响了社会收入分配的公平性。

（二）政策实施环节：惠民政策的风险防范能力优于计生优惠政策，削减了超生的现实成本

惠农政策涉及农村义务教育阶段贫困生的"两免一补"、新型农村合作医疗制度和农村低保制度等问题，这些政策虽然从不同维度化解了农民现在和未来的家庭风险，但在很大程度上削减了非计生家庭的超生成本，强化了超生的额外收益。例如，贫困家庭子女义务教育阶段的费用减免、便民政策为超生子女的出生及出生后上户等问题打开方便之门等。这些政策的出台，在一定程度上弱化了人口计生部门的管理力度，进一步加剧了违法怀孕、生育发现难、取证难、处理难等问题。

另一方面，目前计生优惠政策正处于不断完善的制度探索阶段，对计生家庭，特别是独生子女家庭而言，其风险防范功能还有待进一步强化。从某种程度上说，计生家庭尤其是独生子女家庭，属于风险型家庭，一旦遭遇了成长风险、成才风险和养老风险，独生子女家庭就极有可能马上转化为"弱势家庭""残缺家庭""病态家庭"，这种负向的家庭变迁遂成计生时代社会的巨大创痛。农村计生家庭因少生孩子而增加的生产、生活和养老等方面的困难得不到应有的补偿和帮助，增加的风险得不到化解，导致许多农村计生家庭少生但没有快富，家庭长期利益缺少制度层面上的保障（张原震，2007）。在部分农村地区出现了计生家庭"先富后穷"，超生家庭"先穷后富"的难堪局面（陈建先，2007）。因此，只有全面保障了计生家庭的健康稳定发展，才能充分体现出计生优惠政策的优越性和重要性。

（三）政策保障环节：惠农政策的保障力度强于计生优惠政策，削弱了计生基本国策的执行效果

目前，作为改善民生重要手段之一的惠农政策，在政策保障和实施监管上

力度都较强，确保了各项惠民政策不折不扣地贯彻落实。例如，"财政资金'直通车'，惠民政策到农户"的资金支付模式等。在政策执行中，由于国家和北京市各级政府对惠民政策的重视程度极高，惠民政策的监管和保障力度较强，所以一旦出现政策协调问题，往往出现其他政策为惠民政策"让路"的客观现实，在很大程度上削减了其他社会政策的主导效果。

相比较而言，计生基本国策并没有充分得到"上位性"的地位保障，部分计生家庭利益时常受损，不利于基本国策的执行，在客观上影响群众对基本国策的信任度。例如，在国家权威的上位法中，并未明确规定计生家庭在参与集体利益分配时的分配办法或优惠条件，特别是在土地补偿领域，对集体经济组织成员资格确定标准问题，仍是我国现行法律上的空白点。因此，在基层农村，利益分配于法无据，村规民约将侵权合法化的现象时有发生。为了保障计生家庭的利益，部分区县纷纷出台特惠于计生家庭的解决办法。然而，一旦上位法发生调整，那么区县出台的实施办法和政策都要随之变化或者取消，这在很大程度上有损地方性法规的权威性和连续性。此外，同位法之间发生冲突也会损害计生户的切身利益。目前，计生相关法规与婚姻、民政、社会保障等法规的衔接明显不够，在一些地方形成了"国策执行部门化"的局面，直接影响到了计生政策的执行效度。

五　国内外政策协调的实践经验与借鉴

（一）日本和德国的经验：在政策制定之初确保"国策上位"

日本是大部制国家，内阁的部长仅有 12 位，但其中专设少子化政策推行委员会（类似我国的国家人口计生委），其负责人为内阁成员——"少子化、男女参画担当大臣"（负责在内阁中解决少子化和男女平等问题）。这种设置基于一个基本国情——日本自 2005 年起正式变成一个人口减少的国家，且老龄化程度（65 岁以上人口比例）达到 40%。"少子化政策推行委员会"的主要职责在于推动其他部委出台有利解决少子化问题的政策，其主要协调手段可用"问题共商、文件共审、政策共推"来概括：该委员会大臣作为内阁成员在所有重大事项上参政，审查政府文件是否在条文和导向上不利于解决少子化问题，同时积极促进其他部委出台利益导向政策。

德国强化环境保护基本国策效果的主要方法就是：将环境保护相对于其他政策的上位性法制化。两德统一后，德国1994年的宪法第20条A新规定将"环境保护"提升为国家目标："国家本着对后代负责的精神保护自然的生存基础条件"，这种国家目标超越于其他发展目标。如果相关法律、政策以及有关国家机构、社会组织、团体的行为与此有违，可以通过违宪审查①的方式进行纠正。

（二）美国援助贫困家庭的经验：建立地方政府和受惠个人的双重责任硬约束

在1996年以前的六十余年中，美国利用抚养"未成年子女家庭援助"（简称AFDC）项目，为经济状况得不到保障的单身母亲及其孩子提供援助，但随着项目资格条件的放宽，所有得不到父母抚养的儿童及其父母的收入和财产低于某一特定水平的儿童都能享受该补助。这一福利政策的实施，与生育、就业以及其他社会福利政策产生了导向冲突，如单身母亲在受益期间再生育或为了获得援助而放弃就业等问题。AFDC主要为失去父母经济支持的未成年子女提供援助，但公众对这一收入援助项目的不满越来越多，1995年进行的两次民意调查表明，大约有70%的受访者认为"人们会通过长期依赖和不尽全力摆脱等方式滥用这一福利"；大约有60%的受访者认为"如果不是福利，妇女生育的孩子可能不会像现在这么多"。

美国为了实现福利政策措施与其他政策的协调，政府对此项目的目标定位进行了调整，1996年废止了实行60多年的"未成年子女家庭援助"（AFDC），用家庭临时援助制度（TANF）取代了AFDC项目，采取行为定位，增加行为标准。TANF规定的领取津贴的资格更为严格了，并加进了领取申请者的"个人行为"调查标准，包括生育行为、就业行为和子女养育行为等，只有这三

---

① 所谓"违宪审查"，是指有权审查违宪的国家机构对任何违反宪法的立法以及有关国家机构、社会组织、团体所实施的违反宪法的行为进行的审查。

个方面没有不良记录的家庭才有资格获得补助。

从福利接受者的角度，此制度进行了几项改革：①设定"家庭资助上限"，在接受公共救助期间怀孕和再生育的妇女，只能得到和原来一样的补助金，这样阻止了单身母亲在受益期间再生育的问题；②从自愿到强制性参与工作：TANF 要求妇女在获得援助的两年内每周至少工作 20 个小时，对于抵制就业的妇女，州政府可以降低或中止其经济和医疗援助；③强化孩子养育的家庭责任：受助妇女要想获得全额补助，必须达到一定的养育标准，例如必须证明为子女注射了免疫剂，必须保证子女正常入学等。

从地方政府的责任约束来看，此项制度的改革措施包括：①实行 TANF 总拨款封顶的方式，以 1994 年各州 AFDC 开支总量为基数，每年联邦政府总拨款为 165 亿美元，该基数略高于 1995 年财政年度联邦政府在所取代的四项计划方式上的财政支出；②赋予政府禁止资助的权利：此制度对使用联邦政府的该资金设定了一些更严格的条件。如有一个成年人的家庭获得该联邦资金救助的时间不能超过 60 个月（即 5 年）的限制，禁止对一些"不值得帮助"的贫困者提供这类救助，例如一些还生活在自己父母家里的未成年母亲，以及一些不愿与孩子的父亲一起生活的母亲等；③规定地方政府的责任和义务，各州必须达到一定的增加工作的参与率的比率要求。如果州政府没有促使足够数量的受益人实现就业或未能达到联邦政府所规定的劳动力参与率，则将受到一定的财政制裁，从而避免了与就业政策的冲突。

可见，这些改革的措施不仅规范了受益人的行为，而且避免了在福利政策实施过程中，与生育、就业等政策的冲突，使得社会福利政策与其他政策实现协调。

（三）美国残疾儿童补助制度的经验：限制受益条件，强化政策甄别功能

美国在福利制度改革过程中，不仅改变了国家对贫困家庭提供援助的方式，对残疾补助也进行了改革，尤其是残疾儿童受益条件的调整。在以前，儿童残疾是通过"个别功能评估"来确定，即把没有残疾的同龄儿童的日常生活作为标准，衡量残疾儿童在各种日常活动中的缺陷。但这种"个别功能评

估"存在高度的主观性，且存在利用这一制度，孩子有可能在父母的教唆下假装精神失常，从而达到家庭收入最大化目的的可能性。为了改变这种政策措施与目的不协调的状况，限制父母为取得补助而对儿童进行教唆的行为，美国对残疾补助制度的受益人条件进行改革，限制了受益条件，确定了新的法案。新法案规定，只有"经过医学鉴定证明存在身体或精神上的缺陷，从而导致明显的、严重的功能障碍"的儿童才有资格获得补助。由于通过"个别功能评估"而获得附加社会保障补贴资格的儿童当中，几乎一半是由于精神或情感失常，而在新的指导方针下，这种情况将不会再出现。很显然，美国残疾补助制度改革的目的是为了把残疾仅仅限定在"经过医学鉴定"的范围内，这反映出决策者只想对生理或器官残疾的儿童提供帮助，同时遏制由社会、环境或父母行为不当造成残疾儿童增多的趋势，从而力图达到政策措施与政策目标定位协调的目的。

（四）美国劳动力丧失者补助制度的经验：坚持政策的社会道德导向作用

美国除了对贫困家庭、残疾人的援助进行了调整外，对丧失劳动能力的成年人获得附加社会保障收入的条件也进行了重新规定，以符合社会福利制度的目标定位。在以前，由于吸毒或酗酒而丧失劳动能力的成年人，被看作"DA&A"（Drug Abuse and Alcoholism，毒品成瘾和酗酒）受益人，他们可以获得"附加社会保障"收入补贴。但一直以来，因吸毒或酗酒而丧失劳动能力者是否应该被看成真正的丧失劳动能力者都是争论的焦点，美国在对社会福利制度改革的过程中，重新考虑社会福利制度目标定位问题。美国政府认为：为了维持毒瘾和其他有违反社会道德的行为，受益人会滥用补助。由于因酗酒与吸毒而丧失劳动能力者不应该被看作丧失劳动能力人员。由此，增加了行为标准来适应福利制度定位的要求，规定"如果一个人酗酒或吸毒（它是政府专员判定这个人是否丧失劳动能力的有用材料），那么他不应该被看作一名丧失劳动能力者"（郑秉文，2004）。显然，DA&A对受益人的重新规定，反映出人们不愿把吸毒者归入丧失劳动能力者的范畴，缩小了受益人范围，增加了行为标准，强调了道德的作用，使受益人更加具有选择性。

（五）中国环保部的经验：区域限批

党中央一直在倡导实行科学发展观，提倡建设"环境友好型社会"和"资源节约型社会"，但是一些地方不考虑当地的环境承载力，以牺牲环境为代价发展经济，环境影响评价以及环境保护的基本国策就成了一纸空文。2007年，国家环保总局首次动用"区域限批"政策来惩罚严重违规的行政区域、行业和大型企业，即停止审批其境内或所属的除循环经济类项目外的所有项目，直到它们的违规项目彻底整改为止①。这是我国环保部门成立近30年来首次启用这一行政惩罚手段。实施"区域限批"的意义在于环保部门对违规者的制裁不再限于企业，而是将监管对象由单个项目转向地方政府，地方政府必须对本地区产业发展中的环境违规行为负起行政决策责任。

（六）小结

通过国内外五个政策协调的案例分析，我们可以得到两点启示。

第一，确立基本国策的上位性地位，强化基本国策部门的监督职能，政府部门的违规行为应承担相应的行政决策责任。从德国环境保护的违宪审查、日本少子化政策推行委员会的共审制度，到我国环保部门的区域限批，我们看到了基本国策从制定、实施到保障的各个环节应享受到的应有的地位和权利。对于中国目前而言，除了强调国策上位的理念之外，更应该突出强调对政府部门违规行为追究行政决策责任，坚决贯彻基本国策的一票否决制，把违反基本国策的政策和行为纳入领导干部的政绩考核范畴，增强政府部门对基本国策的重视程度。

第二，确保权利和义务对等，贯彻公平正义，普享性向选择性福利政策的转化已是国际趋势。从美国福利政策与其他政策协调过程中，我们看到的是美国社会福利政策从普享性到选择性调整的过程，强调权利和义务的对等，即通

---

① 这是一种依法行政：《中华人民共和国环境影响评价法》第二十五条规定："建设项目的环境影响评价文件未经法律规定的审批部门审查或者审查后未予批准的，该项目审批部门不得批准其建设，建设单位不得开工建设。"可见，环境审批作为环保"第一审批权"，对一个地区项目建设、经济发展有着巨大影响。

过福利制度的目标定位，把援助锁定于那些行为符合标准的人群，达到缩小受益人范围而削减福利支出的目的，消除与其他政策的冲突。事实上，在推进社会福利的过程中，贯彻公平正义原则成为了当前国际潮流（见表2）。然而，在我国基本国策的协调过程中，我们还应从美国福利制度的改革中得到一点启发，即对违规后的政策选择性，仅针对违规者本人，而不剥夺违规者第二代或相关其他人应享受的权利。

表2 国内外政策协调经验及其启示

政策协调的案例名称	协调经验	经验启示
日本少子化政策推行委员会	问题共商、文件共审、政策共推	提升基本国策的上位性地位,强化基本国策部门的监督功能
德国环境保护	违宪审查	法定基本国策的上位地位,纠正国家机构、社会组织等的违宪行为
美国贫困家庭临时援助制度的改革	行为定位	权利与义务对等;规定父母、及地方政府的义务
美国残疾儿童补助制度	限制受益条件	增强制度对受益人的鉴别能力
美国劳动力丧失者制度	重审受益资格	福利制度应具有价值判断和道德判断,不排除制度的选择性
我国环保部门	区域限批	政府部门应承担行政决策责任,依法增强部门约束,强调部门协作

六 把人口计生政策协调问题纳入改善民生的总体部署

以上的国内外政策协调经验，为我们从理论上提炼政策协调办法提供了鲜活的资料和有益的借鉴。然而，要构建一个较为完善的政策协调制度，还必须以理论为指导，遵循"民生"的原则，设计出具有可操作性的政策协调制度。

（一）改善民生背景下政策协调的基本原则

第一，以"和"为贵。首先，要求各类具体政策的效果要有利于协调社会群体之间的利益关系，推进社会合作与整合，提升社会发展质量，保证社会的安定稳定，促进社会和谐，这是政策协调的大方向。其次，强调不同政策之间的协调，要确定好政策的优先顺序，不能各行其是，彼此冲突。

第二，激励相容。所谓激励相容，是指使自利的个人和人们之间的互利统一起来，使得每个人在追求其个人利益时，同时也达到了制度安排设计者所想要达到的目标。只有在政策协调中注重"激励相容"原则，才有可能实现追求个人利益的行为与实现集体价值最大化的目标相吻合。具体在政策协调中的运用体现在：政策安排要促使政策对象所采取的行为与政策制定者所要实现的目标相吻合，即政策安排中激励措施与激励所要达到的目标是相一致的，当不同的政策发生目标冲突时，次要目标要服从主要目标，确保上位政策实现激励相容。

（二）人口计生工作中的政策协调思路

第一，树立"国策上位"理念，坚持计生基本国策不动摇。

在众多政策目标可能发生冲突的情况下，有必要在观念上和制度安排上确立计生基本国策的上位政策地位，使其他政策在制定实施过程中加强与计生政策的协调和衔接，服务于基本国策的政策目标，保证基本国策的有效实施。

深刻分析当前我国人口发展面临的严峻形势，进一步认识坚持计生基本国策的必要性、重要性和艰巨性。加快机制体制创新，建立健全以宣传教育为先导，"依法管理、村（居）民自治、优质服务、政策推动、综合治理"的长效工作机制，为稳定低生育水平提供制度保障。

第二，建立基本国策协调机制，在政策制定环节切实做到"以和为贵，兼顾优先优惠"。

在内层直接作用手段层面，力争在北京市各级政府建立基本国策的统筹协调机制，由某个特设机构或政府法制办在各项政策法规颁布前进行审查，对不符合基本国策或其他重大执政目标的政策提出修改和完善的意见，交由相关部门进行充分协调，待形成一致意见后再颁布实施。

在政策制定环节，建立基本国策会商制度，各项政策出台之前都应与基本国策的主管部门进行会商，努力使各部门达到和谐统一后，颁布实施。

在外层间接作用手段层面，建立行政性资源分配的基本国策导向机制，在提拔任用干部、政府组织的各类评奖、给予某项政治待遇或经济资助等行政性资源分配时，把遵守基本国策作为一项基本要求；在政策和实施环节，建立决策部门的行政追究机制，确保惠民政策与计生政策的导向一致。

第三，建立健全人口和计生利益导向政策体系，做好惠民政策与计生优惠政策的"加法"。

通过利益导向政策，解决广大群众实行计生的现实困难和后顾之忧，使改革开放的成果能够优先惠及广大计生家庭和群众，是人口计生工作关注民生、改善民生的落脚点，也是统筹解决人口问题的一项重要手段。北京市各级政府可以在已有制度化的政策设计中寻找突破，努力解决惠民政策与计生优惠政策的衔接和配套，做好惠民政策与计生优先优惠政策之间的"加法"，着眼于更广阔的视野，建立长效机制，探索建立优先覆盖计生家庭的农村养老保险制度，充分满足群众的长远利益和现实利益，这将成为当前利益导向机制建设的一个重点。

从目前存在的政策协调难点来看，各类政策冲突需要各级政府的共同努力来协同解决。

对于由征地补偿、农村集体资产配股、农转居、便民政策引发的政策协调问题，可以在北京市内部上进行协调。对于因征地补偿造成的政策冲突，应该加强市、区、乡三级政府部门在开发改造上的宏观指导，确保村委会在开发改造各环节上的监督和管理，杜绝毫无政府监管性的纯商业性运作；对于因农转居造成的政策冲突，可以在市人口计生委的指导下，对农村计生家庭利益导向制度进行进一步的完善，确保计生家庭利益不受损；对于因各委办局推行的便民政策造成的政策冲突，一方面可以在一定限度之内对《北京市人口与计划生育条例》进行修改和完善，另一方面可以通过市委市政府的协调会，在各项便民政策出台之前，进行部门之间的沟通与协调。

对于因教育、医疗等基本公共服务政策的推广而引发的政策协调问题。这一类问题需要得到中央政府的支持，才能确保计生家庭的优先优惠。

第四，以人口计生网络为重要平台推动基本公共服务体系建设，在公共政策的协同中切实解决民生问题

鉴于我国目前公共需求全面快速增长与公共服务不到位、基本公共产品短缺之间的突出矛盾，必须将扩大基本公共服务作为重要的民生问题抓紧抓好，

使广大人民群众都能享受到公共服务的阳光，共享改革和发展的成果。我国正处于经济社会的加速转型阶段，政府部门应该在基本公共服务体系建设方面扮演关键角色，促进部门间形成合力，统筹设计相关的经济社会政策。

各项惠民政策的推出是改善民生的重要举措，而人口管理网络的改革与利用也可以成为现阶段建立基本公共服务网络体系最快捷、最有效的途径。因此，在改善民生、扩大公共服务的共同目标下，其他各项惠民政策可以实现与计生政策的高度协调。

参考文献

陈建先：《计生政策与农村相关政策的反思》，《重庆行政》2007 年第 3 期。

崔丽：《改善民生与统筹解决人口问题》，《人口与计划生育》2008 年第 8 期。

崔丽、杨文庄、苏杨：《惠民政策背景下计划生育政策面临的挑战和对策》，《中国发展观察》2007 年第 9 期。

崔丽、尹德挺、苏杨：《惠农政策挑战计生国策》，《中国改革》2008 年第 4 期。

黄晓玲、齐树同：《逐步实现义务教育阶段教科书免费供给：首都教育现代化的重要选择》，http：//www.bjesr.cn/esrnet/site/0019a300172f90e571.ahtml。

尼尔·吉尔伯特编：《社会福利的目标定位》，郑秉文等译，中国劳动社会保障出版社，2004。

秦仕连：《惠民政策的边际效应与统筹解决人口问题面临的挑战》，《人口与计划生育》2006 年第 8 期。

苏杨、杨文庄：《对我国基本国策若干基本问题的分析和建议》，《经济研究参考》2008 第 15 期。

吴铭：《德国的环保立法》，《环境保护导报》1999 年 10 月 2 日。

杨文庄、苏杨、包凤云、杨蕊：《构建和谐社会中的政策协调问题——以计划生育为例》，《人口研究》2007 年第 5 期。

尹德挺、苏杨、崔丽：《惠农政策与计划生育的政策协调状况及对策研究——基于 8 省 51 区县的局部调研》，《北京行政学院学报》2008 年增刊。

张原震：《河南省农村独生子女家庭利益补偿问题研究》，《河南教育学院学报》（哲学社会科学版）2007 年第 1 期。

北京城市老年人卫生服务问题研究

—— 以东城区为例

闫 萍 李传祥*

摘　要：

依据对北京市东城区 1500 位老年人的抽样调查所获得的原始数据，对抽样调查问卷中的开放性问题的整理以及对部分社区养老服务提供人员和社区养老工作者的访谈的结果的分析发现北京市东城区老年人卫生服务利用情况较好，但社区卫生服务的提供及利用状况却不容乐观。文化程度、自评健康状况和看病方便程度对老年人的卫生服务利用（两周患病就诊）有显著的影响，医疗保障与老年人的卫生服务利用关系密切。

关键词：

老年人　卫生服务利用　医疗保障

一　研究背景和意义

医疗保障和卫生服务虽然分属社会保障和卫生两大领域，但因改革内容的交叉与重叠，在展开、深化的过程中存在千丝万缕的联系和互相影响。

首先，了解北京市老年人卫生服务利用的现状、存在的问题，并提出改善北京市老年人卫生服务的可行性建议，能够为今后有效开展老年人卫生服务工作，优化卫生服务供给系统，进一步健全老龄人口的卫生服务体系，提高老年

---

* 闫萍，北京市委党校社会学教研部讲师，北京市人口研究所、北京人口发展研究中心研究人员；李传祥，临沂大学沂水分校副主任医师。

人生命质量，提供参考依据。

其次，探讨影响北京市老年人卫生服务利用的影响因素，是政府制定卫生政策、合理配置卫生资源，为老年人提供相对公平的基本医疗卫生服务，保障老年人的基本卫生需求的重要依据。

最后，探讨医疗保障与北京市老年人卫生服务利用的关系，了解医疗保障在多大程度上影响老年人卫生服务的利用，对提高老年人卫生服务的利用及可及性具有重要的意义。

二　文献回顾

以往对老年人的卫生服务及医疗保障的研究主要集中在以下几个方面。

（1）关于老年人卫生服务存在的问题方面的研究发现，从老年人卫生服务公平性的视角来看，社会保障等制度因素的不公平是造成老年人住院服务利用不均最重要的因素（胡宏伟等，2011），空巢这一因素也会影响老年人卫生服务利用的公平，与非"空巢"老人相比，"空巢"老人存在健康与卫生服务利用的相对不公平性（刘丽娟等，2011）；从老年人卫生服务满意度的视角来看，影响总体满意度的因素有就诊环境、医生技能、服务态度、服务项目、医疗设备、候诊时间、就诊尊重等（牛田华等，2010），老年人社区卫生服务总体满意度与服务态度满意度、服务价格满意度有着更强的相关性，影响老年人社区卫生服务满意度的因素为性别、文化程度、医疗保险、经济收入和步行距离（薛鹏等，2010）。

（2）关于老年人卫生服务利用影响因素的研究发现，人口社会学特征和经济因素是老年人卫生服务利用的主要影响因素。年龄、文化程度、医疗保障形式、慢性病患病、恩格尔系数、抚养人口数、健康自评和居住地等因素影响老年人卫生服务的需要与利用（牛田华等，2010；熊瑞锦等，2009；曹晶等，2007）；胡宏伟等（2011）发现，影响老年人住院服务利用情况的主要因素是城乡差异、贫富程度、职位等级以及社会保障因素。医疗费用与经济收入成为影响老年人对卫生服务的合理利用的重要因素。完善医疗保障制度，积极开展社区卫生服务是解决老年人医疗保健问题的有效途径（陈方武等，2007）。

（3）关于医疗保障与卫生服务的研究发现，虽然老年人享有基本全覆盖的医疗保障制度，但是现行的医保制度不能对老年人就医发生的医疗费用给予全面报销，他们自己还要为医疗服务承担部分费用，不同的医疗保障制度下，老年人对不同等级医疗部门的门诊服务利用率不同。医疗费用与经济收入成为影响老年人对卫生服务的合理利用的重要因素，经济因素可能影响到低收入组老年人对医疗服务的利用，因此需要社保部门对低收入老年人给予社会救助，提高他们抵御疾病经济风险的能力完善医疗保险制度改革，积极开展社区卫生服务，建立和推广"预防为主"的新医疗保健观念是解决老年人医疗保健问题的有效途径（刘成军等，2010；张桂萍等，2008），享有不同医疗保障的老年人愿意接受社区卫生服务的主要原因是其方便快捷、医疗费用低；不愿意接受社区卫生服务主要原因：非医保定点单位、环境设备差（马菲等，2008）。

总之，通过梳理相关文献发现关于老年人卫生服务的研究大多集中在基层社区卫生服务，本课题的卫生服务是卫生系统向居民提供的医疗、预防、保健、康复等各种活动的总称，不只局限在社区卫生服务；另外以往关于专门针对老年人医疗保障和卫生服务之间关系的探讨不充分，本课题预期在这方面进行深入的研究。

三 调查基本情况的介绍

本课题主要依据对东城区 1500 位老年人的抽样调查所获得的原始数据，抽样调查问卷中的开放性问题的整理以及对部分社区养老服务提供人员和社区养老工作者的访谈的结果，对东城区的老年人的卫生服务及医疗保障问题的现状及存在的问题进行深入分析。

（一）抽样调查实施情况

本次"东城区老年人口状况抽样调查"经过严格的抽样，从东城区四个街道（东华门街道、景山街道、和平里街道和崇文门外街道）的 51 个社区中抽取 1500 位 60 岁及以上居住在东城区的老年人进行了入户问卷调查。发放问卷 1500 份，回收有效问卷 1500 份。入户调查时间为 2011 年 8 月 1~4 日。

调查问卷包含人口学基本特征、经济状况、健康及医疗状况、住房状况、社区服务和社区环境状况、子女和亲属情况、生活照料、居家养老服务状况、心理健康状况等。

问卷设有四个开放式问题，填答率较高。其中与本课题的主题有关的开放式问题是："您认为社区医疗站应做哪方面的改进才更适合您就近就医的愿望"。

（二）调查样本的基本特征

被调查的东城区老年人具有以下特点：以中高龄老年人为主；女性多于男性；汉族为主；受教育程度普遍较高；2/3 以上老年人有配偶；以本市非农业户口的老年人为主。

男性老年人数为 666 人，占样本总体的 44.4%；女性人数为 816 人，占样本总体人数的 54.4%，另有 18 个缺失值；最高年龄为 97 岁。93.4% 的老年人为非农业户口，农业户口的老年人只有 0.5%。70% 以上的老年人接受过初中及以上的教育。85.3% 的老年人户口在本街道，98.7% 的老年人户口都在北京，只有 1.3% 的老年人户口在外省市，这表明这些老年人的流动性不强，外来人口比例较低，长年生活在本街道内。

表 1　东城区老年人的基本状况 *

项目内容	频数	百分比	项目内容	频数	百分比
性别			受教育程度		
男	666	44.4	不识字	91	6.1
女	816	54.4	小学/私塾	318	21.2
年龄			初中	420	28.0
60~69 岁	252	16.8	中专/高中	362	24.1
70~79 岁	558	37.2	大专及以上	294	19.6
80 岁以上	690	46.0	婚姻状况		
民族			有配偶	1043	71.4
汉族	1408	93.9	丧偶/离异	410	28.1
少数民族	92	6.1	未婚	7	0.5

* 以下未标明资料来源的数据均根据本次调查整理。因有缺失值，部分项目的样本量不足 1500 个。

以上这些特点都将对老年人的医疗保障情况、身体及心理健康等产生重要的影响。

四 东城区老年人的健康及生活自理现状

（一）生理健康

1. 老年人慢性疾病患病率较高，获知患有慢性病的主要途径是"看病诊断"

东城区老年人中71.9%的老年人患有慢性疾病。其中71.9%的老年人通过看病诊断的途径获知自己患有慢性疾病；14.2%的老年人是体检诊断得知，2.7%的老年人通过自我判断认为自己有慢性病。

2. 老年人生活自理状况较好，患病后及时治疗的比例较高，生病请医生上门诊治的老年人比例很低

虽然东城区中龄和高龄老年人比例较高，但是老年人生活自理状况较好。86.2%的老年人完全能够自理，半自理的老年人比例为11.5%，不能自理的老年人比例只有1.5%。

在调查前两个星期老年人患病的比例为33.4%，患病后进行了治疗的比例为89.7%。生病但未治疗的主要原因包括自感病轻（40.7%）、医院等待时间过久（28.6%），经济困难（17.9%）和看病没有疗效（10.7%）也占据了一定的比例。

73.4%的老年人上年都去医院或诊所看过病；生病请医生上门诊治的老年人比例很低，仅有2.7%，即使有，次数也很少，一般为一次或两次。上年生病住院的老年人比例为15.9%，其中71.7%的老年人住过一次院，在上年一年间住过两次以上院的老年人所占比例较低。住院的时间一般在半个月至二十天，其中又以住院半个月为主，90%以上的老年人住院天数不超过一个半月。

虽然老年人有慢性疾病的困扰，但是患大病、恶性病的比例还是较低的，健康状况普遍较好。

3. 多数老年人对自己健康状况较为满意

一半左右的老年人认为自己目前的健康状况一般，认为比较差的比例为

12.5%，认为健康状况不错的老年人比例为32.8%，这说明大多数老年人对自己目前的身体状况还是比较满意的。

（二）心理健康

1. 老年人心理状态较好，生活满意度高

60.5%的老年人认为自己已经老了，还有35.0%的老年人认为自己并没有老，这其中包括部分80岁以上的高龄老人（10.5%）。这些老年人年纪虽大，但心态年轻，心理状况较好。

在生活满意度方面，老年人的满意度还是较高的，对目前生活很不满意或不太满意的比例仅占3.8%，95%以上的老年人对目前的生活还是比较认可的（见表2）。

表2　东城区老年人生活满意度状况

项目内容	频数	百分比
非常满意	129	8.6
比较满意	753	50.2
一　般	494	32.9
不太满意	67	4.5
很不满意	44	2.9
缺失值	13	0.9
合　计	1500	100.0

2. 家庭成员对促进老年人心理健康起到积极作用

老年人认为自己和子女或亲戚朋友交流较多的占56.5%，97%以上的老年人或多或少都会和子女、亲戚、朋友等交流，从不与他人交流的老年人只有0.7%。

自己的配偶、子女、朋友、邻居等是老年人诉说心事的主要对象。遇到不顺心事情的时候，55.8%的老年人选择向配偶诉说，65.5%向子女诉说，54.1%会选择和老同事、老朋友聊天，向亲戚倾诉的比例为27.4%，找邻居聊天的比例为30.6%，16.7%的老年人会找居委会，认为没人可聊的比例不高，仅为1.7%。在这些人员或机构中，最主要的聊天者居于第一位的是配偶（50.4%），居于第二位的是子女，第三是老同事、老朋友以及邻居。

寂寞比衰老更可怕。可见，在为老年人减轻心理负担、舒缓精神压力方面，家庭成员扮演了非常重要的角色。

五　东城区老年人的卫生服务利用现状及存在的问题

卫生服务利用以卫生服务需要为基础，是指人们接受卫生服务的机会和可能性，以及有了机会时人们是否能充分利用。本研究分别以老年人的两周患病情况和患病后的就诊情况作为老年人卫生服务需要和利用的衡量指标，另外也专门针对社区卫生服务的利用进行了分析。

1. 东城区老年人卫生服务利用情况较好

表3　东城区老年人卫生服务需求与利用情况 *

指　标		百分比
两周患病情况	患　病	34.2
	未患病	65.8
两周患病治疗情况	治　疗	94.5
	未治疗	5.5

上表可见，东城区老年人的两周患病率为34.2%，两周患病就诊率为94.5%。可见东城区老年人的卫生服务利用情况比较好。

2. 社区卫生服务的提供及利用状况不容乐观

（1）社区卫生服务的提供并不全面和普及，利用率也不高。仅有28.5%的社区"有上门护理服务"，回答"需要这种服务"的人占24.8%，但仅有2.5%的人"用过上门护理服务"；29.1%的社区"有上门看病服务"，回答"需要这种服务"的人占29.5%，但仅有2.3%的人"用过上门看病服务"；16.9%的社区"有陪同看病服务"，回答"需要这种服务"的人占18.7%，但仅有1.1%的人"用过陪同看病服务"；23.3%的社区"有康复治疗服务"，回答"需要这种服务"的人占21.7%，且仅有1.9%的人"用过康复治疗服务"。

（2）老年人对社区医疗服务的满意度一般。

调查发现，48.5%的人对社区医疗服务持满意态度，8.5%的人对社区医疗服务不满意，15.7%的人说不清。

（3）大部分人认为社区医疗站对老年人的健康所发挥的作用一般。

调查显示24.9%的人认为发挥了"重要作用"，47.1%的人认为"发挥的作用一般"，6.5%的人认为"不重要"，7.5%的人认为"根本没发挥作用"，9.5%的人认为"说不好"。

通过对开放式问题"您认为社区医疗站应做哪方面的改进才更适合您就近就医的愿望"的调查发现，社区医疗站目前存在的主要问题有以下几个。

问题一，药品种类不全。老年人希望社区医疗站能增加药品种类，增加常用药，改善药品少尤其是慢性病药品少的现状，并免费发放一些时令季节性的药品。

问题二，医生的业务水平待提高。老年人希望配备医术全面、业务水平高、服务态度好的全科医生。希望经常请大医院的专家来社区医疗站出诊。

问题三，社区医疗站的服务水平待改善。一方面社区医疗站的医疗项目不够完善，希望能增加医疗设备，增加必要的检查项目。另一方面老年人认为社区医疗站的医护人员数量不够，医护力度不够，医生的服务态度不够好，希望社区医疗站能够深入社区调查，了解居民的需求。社区卫生服务站的医生能够经常入户，定期上门了解或电话了解居民的健康状况，为有病的老年人建立监控和预警机制。希望能开展防病知识讲座，给有多种慢性病的老年人制订出营养饮食和运动方面的计划。另外，社区医疗站周末等节假日休息，无法看病，不契合居民的需求。

问题四，社区医疗站的宣传不到位。希望将社区医疗站的诊疗范围、工作内容印发给居民，让广大居民认知并有效利用。

以上分析可见，虽然东城区老年人的卫生服务利用率较高，但是社区卫生服务的利用效率较低，社区卫生服务有待完善和提高。

六 老年人的卫生服务利用的影响因素分析

本研究以两周患病是否就诊为因变量，以性别、年龄、文化程度、是否患有慢性病、自评健康状况、去医院（诊所）看病的方便程度，是否享受医疗保障为自变量，考察老年人的卫生服务的利用的影响因素。

表4　东城区老年人卫生服务利用影响因素分析

	差异显著性检验值	发生比
性别男(参照类:女)	0.229	1.887
年龄	0.862	1.006
文化程度(参照类:大专及以上)	0.050	
不识字	0.263	4.750
私塾	0.328	0.283
小学	0.123	7.571
初中	0.226	0.464
中专高中	0.297	2.164
患有慢性病(参照类:无)	0.066	3.192
自评健康状况(参照类:很好)	0.027	
很差	0.007	83.131
较差	0.002	76.991
一般	0.005	24.876
较好	0.014	22.268
看病方便程度(参照类:不方便)	0.000	
方便	0.000	13.992
一般	0.021	3.910
有医疗保障	0.054	13.191
常数项	0.039	0.002

从表4可见，文化程度、自评健康状况和看病方便程度对老年人的卫生服务利用（两周患病就诊）有显著的影响，男性老年人卫生服务利用是女性老年人的1.887倍；文化程度是不识字、小学、初中、中专高中的老年人的卫生服务利用要高于大专及以上文化程度的老年人，分别是4.75倍、7.571倍、2.164倍；患有慢性病的老年人的卫生服务利用是没有慢性病的老年人的3.192倍，自评健康状况越好，卫生服务利用可能性越低，自评健康状况很差的老年人的卫生服务利用是自评健康状况很好的老年人的83.131倍；看病方便的老年人的卫生服务利用是看病不方便的老年人的13.992倍，看病方便程度一般的老年人的卫生服务利用是看病不方便的老年人的3.910倍；有医疗保障的老年人的卫生服务利用是没有医疗保障老年人的13.191倍。

七 老年人的卫生服务利用与医疗保障的关系

完善的医疗保障制度能够起到分散老年人疾病风险、减轻疾病负担的作用，并很好地缓解了老年人收入减少而卫生服务需求增加的矛盾。北京市是国内率先进入老龄化的城市之一。2000 年全国第五次人口普查时北京市 65 岁及以上人口已达 116 万，占人口总数的 8.4%，2010 年全国第六次人口普查的结果显示 65 岁及以上人口的比重上升了 0.3 个百分点。老年人口占总人口的比重不断上升，作为社会中的越来越庞大的群体，他们需要的不仅仅是提高自身健康意识和来自家庭的养老支持，更需要国家能从制度上给予稳定的医疗保障。

另外，医疗保障制度对老年人卫生服务的利用具有引导性。例如把符合条件的社区卫生服务纳入基本医疗保障范围之内，提高社区卫生服务费用的报销比例，扩大社区卫生服务项目和药品的报销范围等就能够引导老年病人去社区就医。

调查显示，东城区老年人的医疗保险的参保状况较好，98.2% 的老年人参加了医疗保险。医疗保险对减轻老年人医疗负担意义重大，医疗费用支出对一些老年人来说是笔不小的负担。去年一年，没有花费医疗费用的老年人比例为 21.5%，一半以上的老年人的年医疗开支在 5000 元以上。享有城镇职工基本医疗保险的老年人占 70.9%，18.8% 的老年人享有公费医疗，11.3% 的老年人享有城镇居民医疗保险，另有 3.7% 的老年人享受商业医疗保险、新型农村合作医疗等其他形式医疗保险，还有 0.8% 的老年人没有医疗保险。面对如此庞大的医疗开支，医疗保险可以较大地缓解老年人的医疗支出负担。经医疗保险分担后，一半以上的老年人自己负担的医疗费用在 1200 元以下，90% 以上的老年人自己负担的医疗费用在 6000 元以下。

从表 4 的分析结果可知，是否享受医疗保障与老年人卫生服务利用的关系密切，有医疗保障的老年人的卫生服务利用是没有医疗保障老年人的 13.191 倍，有医疗保障会促进老年人的卫生服务利用。

八 讨论

东城区的人口老龄化形势已经比较严峻，面对新形势，探索以社区为依托且适合当代老龄化社会的特点，能够满足老年人各种卫生服务需求的医疗服务体系是实现健康老龄化的必然选择。

第一，继续完善医疗保险制度，构建多层次的老年医疗保障体系，从根本上保障老年人基本医疗需求。通过医疗保险制度的完善，减少老年人口的医疗费用支出。在完善医疗保障制度、积极开展社区卫生服务的同时，为老年人提供集医疗、预防、保健、康复、健康教育、临终关怀等为一体的综合、连续性服务，提高老年人的健康水平，使老年人老有所养，病有所医。

第二，有效整合资源，探索健全社区服务信息平台，最大限度地发挥公益性服务设施的集约效益。社区医疗服务机构以及各种老年服务机构在提供服务方面建立互联互通机制，社区卫生服务站可向老年弱势群体提供基本医疗保健，合理有效地使用有限的医疗卫生资源。

第三，提升专职服务人员的专业化水平和素质，继续健全专职医务人员的职业道德和职业技能培训，健全志愿者队伍，优化志愿者的招募、登记和管理制度，对志愿者进行助老服务的相关培训。专业化的志愿服务人员是居家养老服务不可或缺的重要支撑，应建立一支具备一定专业助老服务技能的志愿者队伍，如定期对志愿者进行助老护理专业知识、老年身心健康常识、老年人居家安全健康基本技能等方面的培训。在针对老年人自身特点提供服务的同时，从服务态度、服务方式等方面改善和提高服务质量，真正为老年人提供满意的医疗服务。

第四，精简就医手续和改善出行环境，是改善老年人医疗服务的重要途径。老年人就医所面临的困难较多，认为在看病过程中遇到的最大困难是手续烦琐的比例为36.7%，是经济困难的为13.9%，还有17%左右的老年人认为是行动不便和交通不便。要重视推进社区卫生服务的发展，提高卫生服务的可及性和服务质量，方便老年人就近就医和住院，减少因就医不便而造成的老年人拖延疾病治疗而加重病情的状况；同时要创新医疗服务形式，对于行动不便、年龄较大的老年人，社区卫生服务机构可以上门提供家庭病床服务。

第五，老年人的身心健康是影响老年人卫生服务利用的重要影响因素，而重在预防疾病对老年人是非常重要的，因此要加强健康教育、健康指导，宣传医学保健知识。随着生活水平不断提高，老年人自我保健意识普遍增强，但往往缺乏系统而正规的自我保健知识，因此，需通过开展健康教育，宣传医疗保健知识，有效地提高老年人的健康水平，如社区卫生服务机构应更多地开设健康课堂及定期体检活动，采用通俗易懂的健康教育形式，让老年人获得必要的保健知识，尤其要将防治老年人的慢性疾病作为工作的重点，从而改善老年人的健康状况。

参考文献

曹晶、徐凌中：《威海市老年人卫生服务利用及影响因素分析》，《中国卫生事业管理》2007 年第 8 期。

陈方武、杨旭丽、刘杰：《老年人卫生服务利用情况及影响因素分析》，《现代预防医学》2007 年第 16 期。

郭平、陈刚主编：《2006 年中国城乡老年人口状况追踪调查数据分析》，中国社会出版社，2009。

胡宏伟、李杨、李玉骄：《城乡差异、富裕程度、制度公平与老年人卫生服务利用——基于老年人住院服务利用的比较分析》，《广西经济管理干部学院学报》2011 年第 3 期。

李兵、张恺悌主编《中外老龄政策与实践》，中国社会出版社，2010。

刘成军、陶红、姚中华、叶盛、张宜民、冯学山：《上海市南汇区老年人住院服务利用及影响因素分析》，《中国初级卫生保健》2010 年第 10 期。

刘丽娟、任为民、王悦：《"空巢"对上海市老年人健康与卫生服务利用公平性的影响》，《中国卫生事业管理》2011 年第 9 期。

马菲、曲成毅、王婷、银炯、张晓东：《太原社区不同医保老年人卫生服务利用研究》，《中国公共卫生管理》2008 年第 3 期。

牛田华、孟庆跃、孟祥臻、李晓妹、翟强、李向云：《农村老年人对社区卫生服务满意度的调查和分析》，《中国卫生统计》2010 年第 5 期。

全国老龄工作委员会办公室编《全国居家养老服务理论与实践》，华龄出版社，2008。

全国老龄工作委员会办公室、中国老龄协会编《中国老龄工作年鉴（2010）》，华龄出版社，2010。

熊瑞锦、赵雅君：《社区老年人卫生服务需求影响因素分析》，《护理实践与研究》2009 年第 8 期。

薛鹏、包士锋、周婷、梁震宇、刘斯静、高霞、王鹏、周思思：《老年人社区卫生服务满意度及影响因素》，《中国老年学杂志》2010 年第 22 期。

张桂萍、陈方武：《从老年人的卫生服务利用现状看社会医疗保险》，《中国实用医药》2008 年第 25 期。

国外长期照料制度建设前沿观察

侯亚非　李兵　李海荣　王雪辉*

摘要：

长期照料（Long-Term Care，LTC），也称长期护理，通常是指向因患有慢性疾病或身心障碍而无法自理的人士提供的一系列服务，一般包括专业护理、基本日常生活护理和独立生活所必要的服务。在传统意义上，此种照料主要以家庭为单位由亲友来提供。现代社会，传统家庭关系松散化、家庭结构小型化；女性在劳动力市场上的比重日益提高，其作为传统意义上照料直接提供者的角色发生转换。因此，传统的提供长期照料服务的单位、人员、筹资方式都发生了转变。国外在长期照料方面起步较早，建立了长期照料的制度框架，本文系统梳理了日本、奥地利、德国、荷兰、以色列长期照料体系的发展现状，包括照料立法、筹资模式、服务供给、服务人员与质量控制五个方面的经验，旨在为我国科学合理地建立本土化的长期照料体系提供一定的参考，以应对中国快速发展的老龄化社会。

关键词：

国外　长期照料　制度建设　前沿

---

* 侯亚非，北京市委党校社会学教研部教授，北京市人口研究所、北京人口发展研究中心研究人员；李兵，北京市委党校社会学教研部副教授，北京市人口研究所、北京人口发展研究中心研究人员；李海荣，中央党校博士研究生；王雪辉，北京市委党校硕士研究生。

　本文为2012年度北京市社科规划办资助北京人口发展研究中心的重点项目（项目编号：12SHA001）的阶段性成果。

一　长期照料立法

截至 20 世纪末，全球共有 5 个国家建立了长期照料服务体系的法律框架，分别是日本、奥地利、德国、荷兰和以色列。这些国家通过立法改变了财政预算的服务项目提供方式，把长期照料服务项目以保险项目的形式重新组织起来，赋予公民在必要时获得服务的权利。

（一）日本的《长期照料公共保险计划》

日本是世界上老龄化程度最高的国家，对老年人的照料成了日本公众和政府日益关注的问题。1989 年，日本卫生和福利省颁布重要文件——《促进老年人健康和福利服务的十年战略规划》（即"黄金计划"），力求为脆弱的老年人提供居家照料服务，为老年人的家庭成员提供帮助。尽管"黄金计划"明确了老年服务的十年发展目标（包括增加照料机构和人员的数量），但预期的服务增加仍然只能满足老年人口需求的 50%。1994 年，日本国会通过"新黄金计划"，把对机构服务的支持扩大到支持对居家老年人的各种服务，目的是改善对失智老年人的照料，强化对居家失能老年人的照料服务。1997 年日本国会通过《长期照料公共保险计划》，并于 2000 年 4 月开始实施，这成为日本长期照料体系改革的一个突出成果。这项法律规定，获得长期照料是公民法定的权利，该项权利的基础则是个人参与的保险原则。

（二）奥地利的《长期照料津贴法案》

1994 年，奥地利国会通过《长期照料津贴法案》，有效整合了《联邦长期照料法案》和《省级长期照料法案》。该法案规定，建立长期照料现金资助计划，为那些符合要求的、需要长期照料服务的人提供现金资助，使他们能够根据自己的情况购买市场提供的正式服务，或支付非正式服务的相关费用，或用于支付其他与照料服务相关的费用。这个法案的目标是帮助需要照料服务的人尽可能地维持居家生活的状态，使他们有能力购买所需要的服务；同时帮助那些不得不寻求养老机构服务的人顺利完成从居家服务到护理院服务的转型。

（三）德国的《社会抚养保险法案》

1994年，经过多年的政策探讨后，德国立法机关通过涉及长期照料的《社会抚养保险法案》，并据此建立起覆盖全民的长期照料保险计划。德国《社会抚养保险法案》的实施分两个阶段：1995年4月开始，该法案在居家服务中实施；1996年7月开始在机构服务中实施。

（四）荷兰的《特别医疗支出法案》

1967年，荷兰通过了有关长期照料的《特别医疗支出法案》。最初，荷兰关于长期照料保险的法律规定是其卫生保险立法的一个组成部分，而且保险政策倾向于支持机构服务。比较慷慨的长期照料保险促使荷兰10%的老年人和失能者住在各类护理机构中，与其他欧洲国家相比，这个比例相当高。但这也促使长期照料费用不断增长，最终迫使政府重新检讨其法律规定。荷兰政府于20世纪80年代进行了一系列改革，将居家护理和家务帮助等服务纳入法案规定的服务范围。从1980年开始，居家照料服务成为法律框架下的主要长期照料服务形式之一；1989年开始实施的《家务帮助促进法案》规定从原有的机构服务扩展到包括机构服务、居家照料服务和家务帮助三项内容。

法规变化的目的是鼓励居家或社区服务的发展，以替代较为昂贵的机构服务，建立个人参与负责的保险规定和对需求的评估制度。这给了老年人更多选择空间，"个人预算账户"的建立也使针对老年人和失能者提供的服务更加灵活和更具有协调性。

（五）以色列的《社区长期照料保险法》

1995年开始实施的《全国卫生保险法》授权全体公民享有社会医疗保险并规定了一揽子服务计划，但是并没有规定要求保险基金支付长期照料的费用，需要照料的老年人和失能的人除了家庭成员的资助外，低收入者还可以借助政府的资金补贴。机构护理服务支出有55%是由公共福利财政支付的，另外45%是由个人或家庭支付的。公共财政对长期照料服务的支持依据是20世纪80年代通过的《社区长期照料保险法》。

1986年，《社区长期照料保险法》在以色列国会通过，并于1988年4月生效。法律要求征收全国卫生保险的雇员缴费的0.2%，建立一个用于实施此项法律的保留基金。该法案增加了现有居家照料和服务提供组织的资源量，促使原有分散和单独预算的服务项目成了法律授权的全民受惠制度。此项法律正式界定了政府的法律责任，即基于个人的权利和界定清晰的资格标准，政府有义务为失能老年人提供最基本的长期照料服务。

表1　日本、奥地利、德国、荷兰和以色列老年长期照料立法对比表

国家	日本	奥地利	德国	荷兰	以色列
立法框架					
1. 基于个人权利的长期照料服务供给立法项目	有	有；两项	有	有	有；三项
2. 项目名称	《长期照料公共保险计划》或《老年长期照料保险法》	《联邦长期照料津贴法案》；《省级长期照料法案》	《长期照料保险计划》或《社会抚养保险法案》	《特别医疗支出法案》	《社区长期照料保险法》
3. 开始实施日期	2000年4月1日	1994年1月1日	1995年4月1日（社区照料）；1996年7月1日扩充到包括机构照料	1968年1月1日，法定服务随时间演变	1988年4月1日
性质和保险机构					
1. 是否为特殊卫生或社会保险或保险项目	特殊项目	特殊项目	特殊项目	特殊项目	特殊项目
2. 保险机构	市政府	劳动、卫生和社会事务部	与疾病基金相关的照料基金	卫生、福利和体育部	国家保险所（社会保障）
受益资格					
1. 年龄	40岁以上	3岁以上	所有年龄	所有年龄	女性60岁以上；男性65岁以上

续表

国家	日本	奥地利	德国	荷兰	以色列
2. 健康、功能状况	40～64 岁：与年龄相关的疾病（如失智）；65 岁以上：ADL、认知能力、感觉能力有困难（预测需要至少 6 个月的照料），最低标准几乎包括能够独立生活的人	ADL 和 IADL 失能（预测需要至少 6 个月的照料）；每月至少需要 50 个小时的帮助（失明/严重视力受损者、失聪者、不能离开轮椅者自动获得受益资格）	ADL 有两项或以上失能（预测需要至少 6 个月的照料）；每天需要至少 1.5 小时的帮助	健康有问题，功能性失能	ADL 失能，需要不间断监护；独立生活，每天至少需要 2 小时的帮助；虽非独自生活，但每天至少需要 1.5 小时帮助
3. 有否家庭成员帮助	不予考虑	不予考虑	不予考虑	要考虑	不予考虑
4. 生计审查	无	无	无	无	有；获得最高受益水平者，其收入不得超过个人工资均值，或夫妇工资均值的 1.5 倍
5. 其他条件	无	无	无	心理和社会状态；居住条件和环境；所提供正式服务的类别和水平	独自生活（资格评定加分）
资格评定					
1. 评估工具	结构化工具；全国统一	结构化工具；全国统一	结构化工具；全国不同	统一范式下自行决定	结构化工具；全国统一
2. 资格分级	按每天照料时数 25～110 分钟分 6 级	按每月照料时数 50～180 小时分 7 级	按每天照料时数 1.5～5 小时分 3 级	按具体情况提供照料	按每天照料时数 2.5～6.5 小时分 2 级
3. 评估责任机构	市政府	保险机构	医务委员会	地区评估委员会	国家保险所
4. 执行评估的专业人员	照料管理者（可以是不同专业背景的人）	医生	医生或护士	多专业团队（社会工作者、护士、医生等）	护士

续表

国家	日本	奥地利	德国	荷兰	以色列
受益内容					
1. 现金补贴（非受限/受限），实物服务，或现金和服务二者兼有	实物服务	现金补贴（非受限）	现金补贴（非受限）实物服务和非受限现金补贴兼有；同等失能级别的现金补贴价值比实物服务价值低45%～53%	实物服务（仍在实验受限现金补贴）	实物服务（在没有所需服务的情况下给予现金补贴，价值相当于实物服务的80%）
2. 机构照料 居家照料 日间照料	都有	所有类别的服务都由受益者自己选择	都有	都有	都有
3. 其他服务	缓解服务、护士家访、提供辅助用具、康复、居室改造、医务督导		缓解服务、夜间照料、提供辅助用具	提供辅助用具、居家护理、缓解服务、康复	更换尿垫、居家护理、洗涤、紧急呼叫系统
4. 每月受益水平（美元）	每月实物服务价值在560～3260美元（2000年数据）	每月现金补贴在160～1686美元（1998年数据）	社区照料：每月实物服务价值375～1400美元，每月现金补贴200～650美元；机构照料：实物服务每月价值1000～1400美元（1999年数据）	无具体规定：没有对总服务受益量的正式限额，也没有对具体服务量的限制	每月实物服务价值在360～540美元（1999年数据）
项目操作					
1. 照料服务提供者责任	政府、非政府组织、营利组织	政府、非政府组织、营利组织	政府、非政府组织、营利组织	政府、非政府组织、营利组织	政府、非政府组织、营利组织
2. 制订照料计划的责任	照料管理者/受益者	受益者	医务委员会/受益者	受益者/服务提供者	地区委员会

续表

国家	日本	奥地利	德国	荷兰	以色列
筹资					
1. 资金来源:特殊 支付/缴费 财政税赋 个人付费	有 有(50%) 有(支付所有 服务)	无 有(100%) 有(支付机构 照料)	有 无 有(支付机构 照料)	有 有 有(支付所有 服务)	有(20%) 无
2. 保险缴费	40~64岁雇员 与雇主分担工 资的0.9%;65 岁以上者每月 退休金中扣除 26美元保费	不相关	缴费额不超过 工 资 的 1.7%,雇员与 雇主分担;退 休者缴费由退 休基金支付	收入的9.6% 由雇主和雇员 分担,雇主承 担大部分,雇 员承担其余部 分	工资的0.16%; 雇主承担 0.1%;雇员承 担0.06%;退休 者免费
覆盖面					
1. 受益人数	135万人 (2000年)	324000人 (1998年)	180万人 (1999年)		88000人 (1999年)
2. 受益者比例	老年人口的 6.2%	总人口的 3.9%;老年人 口的17%	总人口的 2.19%;老年人 口的9.6%	保守估计为老 年人口的20%	老年人口的 12.07%
费用支出					
1. 估计费用支出	390亿美元	17亿美元	155亿美元	130亿美元	370万美元
2. 占GNP比重	0.9%	0.9%	0.9%	3.6%	0.36%

资料来源:裴晓梅、房莉杰《老年长期照护导论》,社会科学文献出版社,2010,第38~42页。

二 长期照料筹资模式

老年长期照料的筹资额主要取决于以下几种因素:老年照料的需求情况、非正式照料的作用、正式照料的供给成本。随着人口老龄化特别是高龄化水平的提高,照料需求不仅在数量上会迅速增长,照料服务的内容也会更加复杂。非正式照料是指由家庭、亲戚、朋友等非正式照料机构和人员提供的照料。如果非正式照料的可及性比较高,对正式照料的需求就会相对较低,这在不同的国家会有很大差异。正式照料的供给成本由不同专业人员的单位成本和雇佣量决定,不同专业人员的雇佣量又取决于长期照料服务的类型。上述三个因素在评估老年长期照料资金需求总额时需要优先考虑,三者比例的变动也形成了不同的筹资模式。

（一）基本安全网模式

这种模式下，国家的干预被最小化，非常有限的公共资源集中提供给特定的人群——这些人因为经济窘迫而无力自己购买服务。实行这类系统的典型国家和地区有澳大利亚、英格兰、爱尔兰、新西兰和美国（见表2）。此一模式下的长期照料筹资通常由两部分组成：一部分是国家和地方的税收，另一部分是使用者自付的费用。

使有限的资源达到效率最大化是这一模式的核心目标，这经常导向非常严苛的、以需求为基础的享受标准，只有少数有迫切需求的个人才有可能获得资格。通常会有一系列严格的标准来确定个人获得财政支持的资格，并对自付费用进行计算。这种建立在资格审查基础上的制度体系会导致一些明显的需求未被满足。而且这种模式对那些节俭的储蓄者来说是不公平的，它会鼓励人们耗尽他们的财产，以及尽量减少自己的收入来获得更多的政府补贴。

表2　基本安全网模式下的典型国家/地区

国家/地区	享受资格	公共资金	个人缴费	使用者付费和分担	个人长期照料保险
英格兰	只支持那些低收入者	税收	缴税	除少数低收入者外,大部分费用由个人承担	没有

资料来源：裴晓梅、房莉杰《老年长期照护导论》，社会科学文献出版社，2010，第38～42页。

（二）普遍性筹资模式

普遍性筹资模式是一种涵盖所有人群的普遍性筹资体系，意味着政府要承担大量的财政支出；这种模式可以促进更大程度的平等和社会凝聚力，确保所有有需要的人都能获得服务，不论其经济条件如何。采用这种模式的典型国家有丹麦、瑞典、挪威和苏格兰（见表3）。在这些国家和地区，税收是长期照料服务的主要筹资来源，服务使用者几乎不用支付任何费用。从筹资方式看，几乎所有以税收为筹资基础的社会服务体系都是累进的。

普遍性筹资模式有助于提高覆盖率，并在授医资格上非常平等；另外，随着用于长期照料的资金日益上涨，人们的长期照料需求得到了更大程度的满足，这对其他相关制度和部门产生了积极的影响，如减轻了对急诊服务的使用。但这是否值得用日益膨胀的公共财政支出来换取有待商榷。尽管目前欧洲国家的公共财政支出已经非常高，但诸如健康服务、教育、长期照料等涉及普遍公民权的制度体系依然受到广泛支持。

表3　普遍性筹资模式下的典型国家/地区

国家/地区	享受资格	公共资金	个人缴费	使用者付费和共付	个人长期照料保险
丹麦	所有有需求的人，不论年龄、经济、非正式照料情况	税收	缴税	家庭服务免费；家庭服务中的服务收费；住院服务的收费与个人收入相关	没有

资料来源：裴晓梅、房莉杰《老年长期照护导论》，社会科学文献出版社，2010，第38~42页。

（三）社会保险筹资模式

社会保险体系是通过保险费筹集资金，对于有工资收入的人，是以工资税的形式抽取；对于没有工资收入的人，如自雇者和无业人员，则由政府财政支付他们的保险费。在那些自付费用相对较多的地方，在其制度安排中，国家与个人之间更像是责任共担、互相合作的伙伴关系。以社会保险作为长期照料的筹资模式的典型国家有德国、日本、卢森堡和荷兰（见表4）。

这一体系的典型特点是，它有一套清楚的对资格进行评估的运算方法，以此为基础，将机能衰退或丧失分为多种级别，然后再与多种政府支持的级别一一对应。这种运算确认资格系统同时考虑了社会照料的公平性和效率。社会保险筹资模式能够更大限度地确保服务的提供，在这种情况下，社会保险的支出是需求导向的，不会受到预算的制约。系统的缺陷在于，制定出一套客观、可靠的资格标准是很难的，尤其是要将诸如态度、家庭和亲友特征、环境因素等各种影响到需求的重要因素融合在一起。

表4　社会保险筹资模式下的典型国家

国家/地区	享受资格	公共资金	个人缴费	使用者付费和共付	个人长期照料保险
日本	40岁及以上有照料需求的人。其中，40~64岁是限制资格，65岁以上是完全资格。不考虑个人经济状况和已有的照料情况	强制性长期照料保险。其中50%来源于保费；50%来源于中央和地方的税收	固定居民：40~64岁由雇主和雇员按工资比例缴保险费；65岁以上的个人按收入	强制性的10%自付费用；为家庭收入较低者设置较低的自付费上限	因额外服务所产生的费用可以由自愿保险提供
德国	凡是参加了国家医疗保险同时又有照料需求的人都有资格，而不论年龄、个人经济状况和非正式照料情况	强制性长期照料保险和医疗保险的资金来源于保险费；税收用于替支付不起保险费的低收入群体缴纳保险费	参加医疗保险的人也必须缴纳长期照料保险费；在一定的上下限之内按收入比例缴纳；依赖性家庭成员、无业者、非正式照料者可以免缴	如果要求的服务数量超出了保险范围，则需自付费；使用者付费的数量各省之间不同	半强制（针对不符合强制性医疗保险者）和半自愿性（针对已经参加强制性医疗保险者），覆盖11%的人口

（四）累进制普遍性筹资模式

第四种筹资模式是在国家支持的普遍性权利制度中融入经济核查的元素，目的是确保那些最需要财政支持的人能够得到最多的资源。实行这种累进制普遍性筹资模式的典型国家是奥地利、比利时、法国和希腊（见表5）。这些国家旨在用最少的财政资源保持制度的普遍性，在限制国家支出的同时促进社会团结，并使所有人都能享受到保障的好处。

累进制普遍性筹资模式的特点在于：一方面，由于本质上是普遍性的，因此它能给所有人提供支持，尽管其中有相当一部分人在基本安全网模式下是不符合扶助条件的；这种模式不仅可以扩大长期照料的服务范围，还可以减少在经济核查制度下，因接受服务而带来的个人名誉受损。另一方面，扶助的水平会随着接受者收入水平的下降而提高。

表5　社会保险筹资模式下的典型国家

国家/地区	享受资格	公共资金	个人缴费	使用者付费和共付	个人长期照料保险
奥地利	有照料需求的人都有资格，不论年龄、收入、非正式照料情况；但24小时的照料津贴是跟收入有关系的	税收	缴税	使用者自己支付服务费用；对低收入者实行费用减免	自愿性个人长期照料保险；覆盖0.5%的人口
法国	60岁以上有照料需求的人都有资格，需要经济核查；同时家庭成员要支付部分家庭护理费用	税收	缴税	共付水平随收入的上升而迅速上升，共付比例在0~90%	自愿性个人长期照料保险，覆盖3%的人口

资料来源：裴晓梅、房莉杰《老年长期照护导论》，社会科学文献出版社，2010，第38~42页。

三　长期照料的服务供给

长期照料在服务供给方面包括一系列的医疗、社会和个人护理服务，而根据服务人员的专业程度，又可以将其分为正式照料和非正式照料两类。目前，大多数长期照料是非医疗性质的照料，主要向被照料者提供日常生活方面的帮助；医疗照料则提供卫生保健方面的服务。国外在服务选择上主要包括以下几类。

（一）居家照料服务

在这种模式下，老年照料的主要场所回到家庭之中，但接受居家照料的老年人除了接受家庭成员的照料之外，还能在家中享受来自家庭之外的照料服务体系提供的各种服务，这些服务统称居家照料服务。此种方式极大地弥补了家庭在老年照料提供中的不足，提高了家庭的照料能力，使得老年人居家养老变为可能。同时，家庭负担起老年照料的责任，也减轻了国家在福利开支上的负担。

居家照料服务在弥合家庭养老不足的同时，需要获得外部各个层面的支持。

1. 国家层面的支持

在国家层面，需要制定政策和法律法规，协调分配资金、资源，包括各项照料服务的开创和评估、人力资源与物质资源的调配等。需强调的是，资源配置必须优先考虑老年人的权利和需要。这需要国家的政府部门、医疗部门以及社会服务部门之间进行包括最低限度的财政、劳动力、教育以及社会支持的合作，统筹规划。另外，国家层面重要的合作者还包括 NGO 和私营部门。

2. 地区层面的支持

区域职能包括资源分配、居家照料的质量监测、服务保障以及人力资源培训、地方性标准和奖励机制的制定等。地区层面的支持可以通过良好的管理、社区参与以及提供可供参照的质量标准实现。特别是政府部门与私营部门、NGO、社区、志愿者以及实习生需建立起稳定的合作关系。

3. 社区层面的支持

社区层面上的互助在很大程度上决定了居家照料是否可能，日常合作也决定了那些接受照顾的人的实际生活质量，社区中的医疗和社会服务资源非常重要。可以说，社区层面的支持是居家照料服务能否实现的关键一环。

（二）社区照料服务

社区照料服务是指依托社区，组织官方或民间以及大量志愿者为生活在社区内的受照料者提供的服务。一般来说，社区照料服务泛指以社区为单位组织的、可以在社区内获得的照料服务。

1. 社区照料所需的条件

要实现就地养老，就需要把社区建设成适合老年人居住的、能够维系老年居民生活连续性并提供安全感的地方。如在住宅设计、装修、改造时提供更多的坡道；社区内应设置相应的日常生活服务机构，如家政公司、日托照料、膳食提供、活动中心等。

2. 社区照料体系的内容

（1）失能评估

由受过专门训练的护士和医生组成社区失能评估小组对社区内失能老年人的基本生理功能、情绪、精神状态、感官功能、社会状况进行评估，并对他们所需要的服务和治疗提出建议。美国、澳大利亚等国家都已经开展了专业的社区老年人评估。

（2）个案管理

在英国肯特郡等地的一些社区，有一些由社会工作者组成的专门小组，每个社会工作者负责25～30个老年人，他们对社区中的老年人进行评估、照料规划、追踪监测、回访以及对照料规划成效进行再评估，基本上是对目标老年人进行长期照料设计的一种尝试。

（3）社区服务的提供

社区服务应坚持需求导向型而不是服务导向型。首先，在社区中应该设置"健康访问员"，负责对社区内老年人进行随机家访，为老年人提供实际的帮助和咨询建议。实践显示，健康访问员对降低老年人死亡率、提高老年人生活质量有很大的作用。其次，应在社区内引入志愿者服务，并在当地健康专家的指导下进行，充分发挥志愿者资源的效果。

（4）缓解照料

缓解照料是指在社区内设置专门的机构，为大病初愈或暂时失能的老年人提供过渡性的照料。当照料者本身因为精神压力等原因需要休整时，社区缓解照料机构可以短期性地接替老年人的照料工作，不仅为老年人提供了帮助，更为居家老年人的照料者提供了支持，提高了家庭照料的能力。

（5）辅助设备和器械

随着年龄的增大，老年人尤其是失能老年人对辅助设备和器械的依赖增加，个人家庭或社区内的辅助设备和器械给老年人生活带来很大便利，某种程度上可以减轻对专业照料人员的依赖，增强老年人独立生活的能力。对辅助设备和器械的使用，需要有全科医师、健康访问员、社区护士等专业人员的指导。

（三）机构照料服务

机构照料是老年人长期照料服务中最常见的类型，欧洲国家推行福利制度时，就是大力发展各种各样的照料机构。经过经济危机后，长期照料服务开始转向市场化。现在西方的老年照料机构不仅局限于大型的提供生活照料和医疗护理全方位服务的养老院，很多社区也兴办一些类似的老年人照料机构，如托老所、社区养老院、生活护理院等。

在英国，老年照料机构可以分为健康老年人居住的老年之家和失能老年人居住的护理之家，这两类普通养老院总体上偏向于日常性的生活照料。

高级的专门养老院是沿着专业化的方向发展的，随着老年照料产业的日益体系化、专业化，对老年照料机构服务的专业化要求也越来越高。提供的服务既包括日常生活帮助，也包括医疗服务，甚至还给老年人提供一定的娱乐活动。

长期照料的发展趋势是服务的居家化和社区化，这要求照料服务的组织平台尽量接近而不是远离人们正常的生活范围，以提高服务的可及性，从而最大限度地发挥了这些服务的作用。具体表现为三种趋势。

1. 服务一体化

居家照料和社区照料不可能孤立存在，它必须成为医疗和生活服务体系的组成部分。一体化可以带来两个方面的益处，首先，一体化使得在满足病人需要并尊重他们的价值喜好的同时，提供一种广泛的、持续性的服务成为可能。其次，一体化服务与其他单独的服务相比花销更少。成功的一体化一方面要限定从业者的资格和技能，保证服务质量；另一方面又要考虑到服务的一体化对从业者构成的挑战。

2. 将长期照料融入医疗体系当中

长期照料的接受者多数是患有慢性病的老年人，对医疗服务的要求就变得尤其突出。因此，为了确保长期照料体系能更有效地运行，将长期照料进一步整合进一般的医疗体系变得十分有必要。在那些拥有一个强大的基础医疗体系的国家，一体化的情况更明显。在这些国家，一体化意味着长期居家照料被以一种综合性的基本医疗保健的路径来实行，同时也意味着这样的照料体系是基本医疗保健组织结构的一部分，有相应明确的财政预算，与其他子部门共享设施、设备和递送渠道。

3. 不同需求和不同年龄群体共享的居家照料一体化

应该努力使长期居家照料项目和政策超越年龄和需求的差别，实现一体化。在适当的监督下，长期居家照料体系应当被建设为在功能上涵盖不同年龄层和不同需求群体的较完备的服务体系，使不同消费者的个性化需求尽可能就近得到满足。

四　长期照料的工作者

长期照料服务的实现还需要通过服务工作者来完成。一般而言，长期照料的直接提供者包括有职业的专业人员、辅助人员和非正式照料者三部分人士。其中，有执照的专业人员包括实习医生、护士，家庭护理和生活协助管理员，其他还有家庭健康和社区服务机构的主管、主任，有证书的护工，有专业执照的人员和职业护士；辅助人员包括家庭健康助理、救护助理、勤务、服侍员、私人和家庭护理助理，还有独立的直接被消费者和家庭雇佣的人员；非正式照顾者则自愿为老人家庭成员提供长期照料等大部分工作。

（一）工作内容

根据工作者专业能力的不同，其工作内容也有区别。

1. 专业人员的工作内容。专业工作者一般具备职业认证资格，医疗知识丰富，护理手段专业，他们的工作内容主要有：诊断、治疗和监测急/慢性病人的健康状况，改善或保持老年人身体机能的康复服务，药物辅助疗法的管理，听力检查以及助听器适合度检查，视觉功能检查，屈光矫正服务和视力保健服务，牙科保健，诊断和治疗心理疾病，对基本需求及发展护理计划的评估，团队管理，对居家照料和集体居住环境中照料递送的管理，提供娱乐和激励，管理长期照料规划等。

2. 一线工作者的内容。一线工作者处于照料服务的前沿，承担着服务的重任。相较专业工作者，他们的工作内容也较为具体，主要包括：辅助运动、洗澡、穿衣、上厕所、翻身、饮食、上床等活动，整理房间、烧饭、洗衣等，协助购物，提供通行服务和护送服务，监督护理病人的安全以防止其受伤害，辅助老年人进行财务管理等。

（二）人员流失问题

长期照料的工作者每天努力为服务对象提供高质量的照料服务的同时，也面临巨大挑战。目前，工作者流失已经对长期照料体系构成一大挑战，而如何在直接照料者中挽留住员工，尤其是那些手把手向服务对象提供服务的照料助理、私人照料陪护和家庭健康助手成为长期照料人力资源管理的一大难题。直接照料人员的高流动率带来了很大的直接损失和间接损失。直接损失主要表现在雇用、培训新职员以及雇用临时员工；间接损失主要表现在生产力下降，组织文化和组织士气退化。

对影响各国工作者招聘和保留的因素有很多，其中一些是显而易见的，主要包括以下几个。

1. 经济因素。妇女在劳动力市场上选择就业的机会增多，导致长期照料的服务工作者人数减少，使得员工与长期照料的工作联系日益减少。

2. 行业刻板印象。长期照料的行业形象使得劳动力招聘更加困难。大文化背景下的年龄歧视，把长期照料与家庭护理等同起来的倾向——老年人不愿接受的一种设定——媒体上关于家庭护理的耸人听闻的故事，辱骂和流言蜚语充斥于公众的言论中。

3. 报酬和福利。对于各种类型的长期照料劳动者来说，工资是一个关键的问题。用于长期照料的工资水平将不得不定在足够吸引数量众多的医生、护士和专业辅助人员的水平上，但这个工资水平是不可得知的。尤其是专业辅助人员的工资和福利问题决定了他们心理上假定的负责任程度，考虑到他们必须忍受的巨大工作负荷和较高的受伤率。

4. 简陋的工作环境。与大型健康护理部门一样，长期照料产业按照几乎军用的、层级的方式来发展成其组织和管理工作。职业辅导、训练、团队的利用，以及决策中的员工参与，这些都属于特殊情况，而不是原有规定。在人力资源实践和系统没有得到实质的改善前，留住长期照料人员的目的不会得到实现。

5. 长期照料劳动力教育和培训的投资不足或者投资错位。专业的长期照料劳动者的培训不是专门为了老年消费者的特殊健康和医疗处理。

为降低长期照料工作者的流动率和人员损失，各国也进行了相应的制度改革，这些措施主要包括：扩大对长期照料领域工作人员的供应，通过提高工资和福利水平来创造更有竞争力的长期照料工作，改善工作环境和提高长期照料工作的质量，对长期照料劳动力的发展和持续教育进行更多更明智的投资，实现长期照料人员需求的现代化，开发长期照料服务组织和宣传的新模型。这些都有效地改善了长期照料工作者人员流失的现象。

五　长期照料的质量控制

老年长期照料质量控制指的是按照一定的质量标准，保障老年人应享有的权利和应得到的服务。这些服务必须符合政府相关部门制定的最低标准，并根据社会和经济发展水平逐渐提高服务质量和服务标准。事实上，老年保障的质量标准在各国的基础性法律中通常都有明确规定，这些权益凸显了该国政府对老年人服务保障应达到的质量标准和服务水平的承诺。

国外长期照料体系发展已成规模并日益成熟，中国面对快速增长的老龄人口，应积极借鉴国外先进经验，建立发展符合中国现阶段国情的、本土化的长期照料体系，为建立人口均衡性社会添砖加力，让改革成果真正惠及全民（见表6）。

表6　英格兰、澳大利亚、德国、日本和美国的长期照料质量保障体系概况

	英格兰	澳大利亚	德国	日本	美国
2005年65岁及以上人口百分比	16.0	12.9	18.9	19.9	12.4
主要的长期照料融资系统	资产调查计划	浮动范围	社会保险	社会保险	资产调查计划
总体方式	监管	磋商和合作	合同执行和磋商	监管、小组活动及工作人员培训	监管（以及消费者信息）
国家或次国家层次的质量保障责任	国家	对于养老院，国家层面负责质量保障；对于家庭和社区服务，由国家和各个州/地区分享责任	疾病基金组织占主导地位，但各个省负责为养老院颁发执照	由国家制定养老院标准，由各个辖区开展检查	国家制定养老院和家庭保健标准，由各个州开展检查；家庭和社区服务是由各州制定标准、开展检查

续表

	英格兰	澳大利亚	德国	日本	美国
质量保障是否与支付者相分离	是	养老院,是;家庭和社区服务,否	否	否	没有要求,但检查养老院和家庭护理中介机构的卫生部门通常是独立于医疗救助计划的
是否使用第三方评估	否	否	一小部分养老院开展自愿性鉴定	要求对痴呆患者的共同生活护理机构开展第三方评估	一小部分养老院和辅助性生活设施开展自愿性鉴定
对准政府机构的使用	是	是	否	否	否
检查频率	至少每三年一次	每三年一次	各个疾病基金的检查频率不一样,有的还没有开展检查	每年一次,每隔一年进行一次现场检查	每年一次
家庭照料监管	监管框架与养老院相同,但不包括消费者导向的护理和辅助生活	进行定期监管	疾病基金组织对此不重视	对家庭护理的监管几乎不存在;主要监管辅助生活设施和老年失智者聚集的住宅设施	各个州都不相同,但与对养老院的监管相比少很多
质量保障的其他替代战略	对工作人员进行监管;推广最佳实践;将检查结果发布在互联网上	对服务提供者开展教育,将检查结果发布在互联网上	制定协议、培训工作人员,开展示范项目,但不将信息发布在互联网上	护理经理和工作人员培训,并以此为重点,发布一些信息在互联网上	养老院和家庭护理中介的检查结果和居民/患者护理质量指标发布在互联网上
是否收集详细的健康和功能数据,并用于质量指数	否	为了进行养老院的报销而开展数据收集,但数据并没有被用于质量指数	否	否	对养老院居民和家庭保健患者,是;对家庭和社区服务使用者,数据很有限

资料来源：裴晓梅、房莉杰《老年长期照护导论》，社会科学文献出版社，2010。

参考文献

姜向群、刘妮娜：《老年人长期照料模式选择的影响因素研究》，《人口学刊》2014 年第 1 期。

裴晓梅、房莉杰：《老年长期照护导论》，社会科学文献出版社，2010。

王照华：《中国老年人的长期照料》，《老年学杂志》1993 年第 6 期。

熊波：《老年人长期照料模式与决策——以个人资本为视角》，华中科技大学博士学位论文，2011。

Ake Blomqvist & Colin Busby，*Long-Term Care for the Elderly：Challenges and Policy Options*，C. D. Howe Institute Commentary，C. D. Howe Institute，issue 367，November 2012.

Lessons for Long-term Care Policy. Geneva，World Health Organization. 2002.

Long-term care：Confronting Today's Challenges，AcademyHealth，June 2003.

2012 Long-Term Care Planning Handbook，http：//www. federalhandbooks. com/.

Mark Merlis，*Long-Term Care Financing：Models and Issues* April 30，2004.

Patti C. Wooten Swanson，Nancilynne Schindler Thom T. Tran，Understanding Long-Term Care，http：//anrcatalog. ucdavis. edu.

World Health Organization，*Ethical Choices in Long-term Care：What Does Justice Require?*

后　记

经过 7 个多月紧张忙碌的准备，《北京人口发展研究报告（2013）》终于付梓印刷了。这本书凝聚了北京人口发展研究中心所有研究人员的心血。侯亚非教授提出了编纂本书的总体设想和指导意见，并多次参与本书编纂工作的讨论；洪小良教授负责本书编纂计划的总体安排和组织保障；马小红副教授、尹德挺副教授和闫萍博士负责编纂计划的具体落实。在编纂过程中，编委会对本书的主题、篇章结构、体例格式及每篇入选论文的题目和内容进行了多次讨论，反复修改。特别需要提出的是，在此过程中，闫萍博士承担了大量的编辑和协调工作，她的辛勤工作是书稿得以顺利交付的重要保证。

多年来，北京人口发展研究中心持续关注和研究北京人口问题，发表了关于北京人口发展的系列研究报告。这些研究报告收录在《北京人口发展研究报告 2006》、《北京人口发展研究报告 2007》以及之后每年由北京市哲学社会科学规划办公室编写的《北京市哲学社会科学研究基地成果选编》中。2013年我们再次得到了北京市哲学社会科学规划办公室的出版资助，使得中心的研究成果得以单独成册出版，成为这一系列报告的延续。

《北京人口发展研究报告（2013）》的出版，要归功于各方面的大力支持。北京市哲学社会科学规划办公室提供的项目资金和出版资助是该书得以出版的前提；社会科学文献出版社为本书的出版提供了一系列便利条件，特别是编辑郑嫚女士高效率的工作使得本书能够顺利付梓；北京市委党校的领导和同仁，特别是科研处的领导和同仁的支持，也是本书顺利出版不可或缺的条件。在此，我们一并表示衷心的感谢。我们期望本书能够进一步发挥北京人口发展研究中心的决策咨询服务作用，以回报大家对我们的信任和支持。

《北京人口发展研究报告（2013）》编委会

2014 年 6 月

图书在版编目（CIP）数据

北京人口发展研究报告. 2013/北京人口发展研究中心编.
—北京：社会科学文献出版社，2014.6
ISBN 978 - 7 - 5097 - 6019 - 2

Ⅰ.①北… Ⅱ.①北… Ⅲ.①人口 - 研究报告 - 北京市 - 2013
Ⅳ.①C924.24

中国版本图书馆 CIP 数据核字（2014）第 099246 号

北京人口发展研究报告（2013）

编　　者／北京人口发展研究中心

出 版 人／谢寿光
出 版 者／社会科学文献出版社
地　　址／北京市西城区北三环中路甲 29 号院 3 号楼华龙大厦
邮政编码／100029

责任部门／社会政法分社（010）59367156　　　　责任编辑／郑　嬿
电子信箱／shekebu@ ssap. cn　　　　　　　　责任校对／王　芳
项目统筹／郑　嬿　　　　　　　　　　　　　责任印制／岳　阳
经　　销／社会科学文献出版社市场营销中心（010）59367081　59367089
读者服务／读者服务中心（010）59367028

印　　装／北京季蜂印刷有限公司
开　　本／787mm×1092mm　1/16　　　　　　印　　张／18.75
版　　次／2014 年 6 月第 1 版　　　　　　　　字　　数／298 千字
印　　次／2014 年 6 月第 1 次印刷
书　　号／ISBN 978 - 7 - 5097 - 6019 - 2
定　　价／69.00 元